本研究得到武汉大学2020年度“自主科研项目”的出版资助，

谨致谢忱

《对蹠人》系列民族志之四

蟒蛇共蝴蝶

周城神话研究

朱炳祥　著

中国社会科学出版社

图书在版编目(CIP)数据

蟒蛇共蝴蝶：周城神话研究／朱炳祥著．—北京：中国社会科学出版社，2021.11

(《对蹠人》系列民族志)

ISBN 978-7-5203-8753-8

Ⅰ.①蟒…　Ⅱ.①朱…　Ⅲ.①白族—神话—研究—大理市
Ⅳ.①B932.2

中国版本图书馆CIP数据核字(2021)第138204号

出 版 人　赵剑英
责任编辑　田　文
特约编辑　金　泓
责任校对　张爱华
责任印制　王　超

出　　版　中国社会科学出版社
社　　址　北京鼓楼西大街甲158号
邮　　编　100720
网　　址　http://www.csspw.cn
发 行 部　010-84083685
门 市 部　010-84029450
经　　销　新华书店及其他书店

印　　刷　北京君升印刷有限公司
装　　订　廊坊市广阳区广增装订厂
版　　次　2021年11月第1版
印　　次　2021年11月第1次印刷

开　　本　710×1000　1/16
印　　张　17.5
字　　数　261千字
定　　价　96.00元

神话过程就是真理再创从而实现自己的过程。

——［德］恩斯特·卡西尔

人已经创造出神，作为回报，神正在创造着人。

——自题

目　录

第一章　神话的“前推”

停留一下吧，你多么美呀！

——［德］歌德

本卷为《对蹠人》系列民族志之四。在本民族志中，我们研究大理市喜洲镇周城白族村的一个闻名遐迩的杜朝选神话。

在周城村后，有一座高耸的神摩山（见图1－1）[①]，神摩山中有一个巨大的蟒蛇洞（见图1－2），在周城村北的棕树河边，有一个美丽的蝴蝶泉（见图1－3），杜朝选神话便是一个“蟒蛇共蝴蝶”的故

图1－1　神摩山峡谷出口处

① 本民族志中所有照片除注明摄影者外，均为笔者在周城田野工作期间拍摄。

图 1－2　神摩山中的蟒蛇洞（当地人拍摄）

图 1－3　周城村北棕树河畔的蝴蝶泉（周城村民委员会提供）

事。蟒蛇大气磅礴，蝴蝶小巧玲珑；蟒蛇在地上爬行，蝴蝶在空中飞行；蟒蛇气吞云雾，蝴蝶似水柔情；蟒蛇大凶大恶，蝴蝶至善至美。在神话中，蟒蛇偏偏遇上了蝴蝶……

第一节　“内部关系”重于“外部关系”

20 世纪人类学的主要理论与思想领域中的“语言转向”相关。“语言转向”的启动人物是德国语言哲学家弗雷格，“转向”所涉及的基本问题简单说来就是符号的内部关系与外部关系中的侧重点的转移问题。

早在 1892 年，弗雷格发表了《论涵义与指称》的著名论文，他指出：“现在，我们似乎有理由指出：和一个指号（名称，词组，表达式）相联系的，不仅有被命名的对象，它也可以称为指号的指称（nominatum），而且还有这个指号的涵义（sense）、内涵（connotation）、意义（meaning），在其涵义中包含了指号出现的方式和语境。”① 他特别指出同一个指称可以有着不同的指号和不同的涵义，如“暮星和晨星的指称虽然是同一个星辰，但这两个名称却有不同的涵义”。“指号，它的涵义和它的指称之间的正常联系是这样的：与某个指号相对应的是特定的涵义，与特定的涵义相对应的是特定的指称，而与一个指称（对象）相对应的可能不是只有一个指号。”② 他又指出：

> 如果一个表达式在形式结构上符合语法并且充当专名的角色，那它就具有涵义。但是，至于是否存在与内涵相对应的外延，则还是不确定的。“离地球最远的天体”这些词具有涵义；至于它们是否有指称则很可疑。“最弱收敛级数”这个表达式

---

① ［德］戈特洛布·弗雷格：《论涵义与指称》，肖阳译，载［美］马蒂尼奇编《语言哲学》，商务印书馆 1998 年版，第 376 页。

② ［德］戈特洛布·弗雷格：《论涵义与指称》，肖阳译，载［美］马蒂尼奇编《语言哲学》，商务印书馆 1998 年版，第 377 页。

有涵义，但是可以证明，它没有指称，因为对于任何收敛级数，我们总能找到另一个收敛性更弱的级数。因此，对于涵义的把握并不能保证相应的指称的存在。①

弗雷格区分出“指号”“涵义”与“指称”三个不同的概念，“指号”是指“名称、词组和表达式”，“涵义”指“意义”，“指称”指“被命名的对象”和“客观事实”。② 弗雷格的开创性贡献在于：传统的看法只关注语言符号与外部事物的关系，即“指号”与“指称”（对象）的关系；而弗雷格关注到除了外部关系之外，语言符号还有一个内部关系，即“指号”与“涵义”的关系。也就是说，弗雷格区分了符号的内部关系与外部关系问题。

到了1916年，索绪尔的讲课稿被他的学生们整理出版，即《普通语言学教程》。索绪尔提出了一个著名的论断：“语言符号连接的不是事物和名称，而是概念和音响形象。”③ 这里的“音响形象”和

---

① ［德］戈特洛布·弗雷格：《论涵义与指称》，肖阳译，载［美］马蒂尼奇编《语言哲学》，商务印书馆1998年版，第377页。

② ［德］戈特洛布·弗雷格：《论涵义与指称》，肖阳译，载［美］马蒂尼奇编《语言哲学》，商务印书馆1998年版，第383页。

③ ［瑞士］费尔迪南·德·索绪尔：《普通语言学教程》，高名凯译，商务印书馆1980年版，第101页。这是索绪尔最重要的思想，但诸译家的译文却有着根本性的差异，意义甚至南辕北辙，因此有必要进行辨析。此处引用的是高名凯的译文，而裴文的译文是：“语言符号不仅把事物与名称结合起来，而且把概念和音响形象也结合起来了。”（［瑞士］费迪南·德·索绪尔：《普通语言学教程》，裴文译，江苏教育出版社2002年版，第74页。）裴文译文意为语言符号既将事物与名称结合起来，又把概念和音响形象结合起来，二者兼而有之；而高名凯的译文则否定了语言符号连接了事物和名称。两种译文的语意完全不同。钱佼汝的译文是：“语言符号不仅把一件东西和一个名称联系在一起，而且还把一个概念和一个音响形象联系在一起。”（转引自［美］弗雷德里克·詹姆逊《语言的牢笼》，钱佼汝译，百花洲文艺出版社1995年版，第25页。）这一译文与裴文的译文语意相同，与高名凯相异。高名凯的译本据岑麒祥的《校后记》中说“这本书是高名凯同志生前于1963年根据原书法文第五版翻译的”，而裴文则说“高名凯先生全文翻译了《普通语言学教程》第三版”，而他自己的译本才是“全文翻译原著第五版”。对上述不同说法，我请华中科技大学社会学院何菊副教授寻找原文作考证。她的回函如下：

中文“语言符号连接的不是事物和名称，而是概念和音响形象”。英文对应：“The linguistic sign unites, not a thing and a name, but a concept and a sound-image”. 法文对应：“Le signe linguistique unit non une chose et un nom, mais un concept et une image acoustique”. （转下页）

“概念”也被称为“能指”与“所指”，相当于弗雷格的“指号”与“涵义”。詹姆逊说：

> 索绪尔语言学的主要的思想武器就是符号这一概念，其独创性在于它从语言现象中分离出了三个，而不是两个成分，即不仅有词和它在现实世界中的指涉物，而且在每个词或符号内部还有能指（或音响形象）与所指（或概念）之间这一层关系。正如我们已经指出的那样，对这一关系的强调往往会忽视实物本身，即忽视“现实世界”中的指涉物。我们也曾把语言学这种宣布独立于纯语义问题的做法比作现象学中胡塞尔的存而不论的方法。①

（接上页）（一）收集到索绪尔《普通语言学教程》4个版本：1. ［瑞士］索绪尔：《普通语言学教程》，高名凯译，商务印书馆2005年版。高名凯根据法文第五版翻译。2. ［瑞士］索绪尔：《普通语言学教程》，裴文译，江苏教育出版社2001年版。裴文根据法文第五版翻译。3. Ferdinand de Saussure, *Cours de Linguistique Generale*, Publie par Charles Bailly et Albert Sechehaye. avec la collaboration de Albert Riedlinger. Edition critique preparee par Tullio de Mauro. 1995, Paris: Payot & Rivages. Mauro根据巴利等人合印法文第三版标准版照排。4. Ferdinand de Saussure, *Course in General Linguistics*, edited by Charles Bally and Albert Sechehaye in collaboration with Albert Riedlinger, translated by Wade Baskin. New York: Philosophical Library, 1959. 英译本的底本为巴利等人合印法文第三版。（二）关于各个译本：高名凯译文的底本是巴利等人合印的1949年第五版；裴文译文的底本也是巴利等人合印的1949年第五版。我找到Tullio de Mauro评注的1995年法文照排版，根据裴文介绍Tullio de Mauro的评注本中《普通语言学教程》正文是按照巴利等人第三版原文照排。Wade Baskin的英译本也是按照巴利等人合印法文第三版翻译。另，法文1949年第五版的底本也是巴利等人合印法文第三版。（三）句子含义辨析。巴利等人合印第三版（第五版）原文“语言符号连接的不是事物和名称，而是概念和音响形象”（高名凯中译本第101页）。我与柏阳月对照法文版与英译本，认为该句的连词应为“不是，而是”，与高名凯中译本的翻译一致。裴文中译本和钱佼汝中译本均将此处连词翻译为“不仅，而且”，与法文版、英译本原文不符。结合该章节上下文内容，索绪尔强调语言学研究对象是符号，符号是概念（所指）与音响形象（能指）的连接。他认为语言符号是心理实体（精神性的），是物理的心理印迹。虽然其要素“音响形象”有着相对于抽象东西而言更物理性的一面，比如它所包含的发音动作，但它终究不是纯粹物质的（物理的），所以索绪尔没有论述语言符号的外部关系（符号与其所指的具体事物的关系，即名称与事物的关系），只讨论了语言符号的内部关系（所指与能指的关系）。他否认了语言符号是名称集合（分类命名集）的观点，认为必须时刻保持所指和能指的连接，才能得到语言学的研究实体。因此，索绪尔的语言学把对语言符号的外部关系的研究排除掉了。单研究符号是属于心理学的，单研究音响形象是属于生理学的。我的这个理解，也可以根据索绪尔对“内部语言学与外部语言学”的区分，以及“语言的实体定义”两部分原文进行推论得出。（参见高名凯中译本，绪论第五章“语言的内部要素与外部要素”，第43—46页；第二编第二章“语言的具体实体”部分，第146页）

根据何菊对原文的考证，本书以高名凯译文为准确依据。

① ［美］弗雷德里克·詹姆逊：《语言的牢笼》，钱佼汝译，百花洲文艺出版社1995年版，第87页。

从著述的出版时间上看，首先“从语言现象中分离出了三个而不是两个成分”的著名论述似应属于弗雷格，当然，索绪尔的《普通语言学教程》的讲课时间早于出版时间，而且更清楚明确地将符号的内部关系从外部关系中区分开来。

1923 年，英国学者奥格登和美国学者理查兹（又译瑞恰兹）合著的《意义的意义：关于语言对思维的影响及记号使用理论科学的研究》一书，将“思想”“词”“事物”三者之间的关系用三角形表示（见图 1－4）。（在图中，“记号”相当于弗雷格的“指号”，索绪尔的“音响形象”；“思想或指称”相当于弗雷格的“涵义”，索绪尔的“概念”；“所指对象”相当于弗雷格的“指称”，索绪尔的“事物”。）

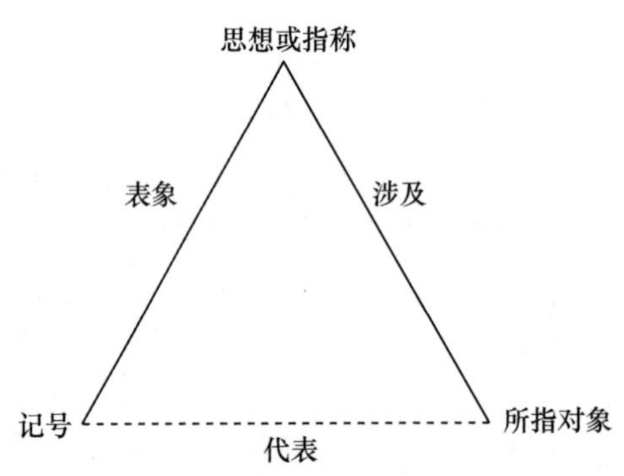

图 1－4　思想、词和事物关系图

对图 1－4，他们作了如下的解释：

> 思想和记号之间有因果关系。……当我们听到一句话时，记号便使我们去进行一种指称行为，同时采用某种态度；根据环境，这些态度多少跟说话人的行为和态度大致相仿。思想和所指对象之间也有一种关系，多少是直接关系，或是间接关系。……在记号与所指对象之间除了间接关系之外没有任何有关的关系。这种间接关系表现在人用它来代表所指对象，这就是说，记号与所指对象不是直接连在一起的（当出于语法的原因我们说有这样

一种关系时，它仅仅是一种转嫁的并非真实的关系），而只是间接地由圆点把三角形的两边连起来。①

他们希望对“思想和记号”之间以及对“思想和所指对象”之间的两种关系进行研究。不过，在思想、记号、所指对象三个要素之中，他们主要关心的是概念的“意义”：“外界研究者只能远远地探索思想，我们需要一种通过思想把词和事物结合起来的理论。这就是说，我们需要对词跟思想、思想跟事物的关系进行独立的分析。……我们这里主要关心的是‘意义’，而对于‘意义’的各种意义的分析，需要从研究思想、词和事物之间的各种关系开始。”② 而据作者自我介绍，这本书的一些章节早在1910年就已脱稿，即在索绪尔的《普通语言学教程》出版之前即已脱稿。

这样看来，在19世纪末20世纪初，“语言转向”已经是思想领域中的一种趋势，一些语言哲学家、语言学家、思想家或者独立发现、或者相互影响都已经对这个问题有所论述。

“语言转向”犹如一束普照的光或者如一场暴风骤雨，照耀或洗刷着其他学科，使20世纪人文社会科学的研究工作的基础出现更新，其总的趋向是“由外向内”转变。但是，在高度分化的现代各学科之间，也存在着“这山不知那山高”的自我封闭现象，有些学科似乎躲在思想变革的皱折里，并没有立即被阳光照亮或被暴雨淋湿。人类学学科正是这样。当19世纪末由弗雷格开启的哲学的“语言转向”已经在20世纪初由维特根斯坦完成的时候，当索绪尔已经创建了结构主义语言学的时候，人类学与民族志还在“本体论”的探索中奋行，孜孜以求用所谓“科学”的方法去“描述异文化”。不过，“语

① ［英］C. K. 奥格登、［美］I. A. 理查兹：《意义之意义：关于语言对思维的影响及记号使用理论科学的研究》，白人立、国庆祝译，北京师范大学出版社2000年版，第8—9页。

② ［英］C. K. 奥格登、［美］I. A. 理查兹：《意义之意义：关于语言对思维的影响及记号使用理论科学的研究》，白人立、国庆祝译，北京师范大学出版社2000年版，第6—8页。

言转向”的影响与冲击或早或迟总会到来，20 世纪的人类学从世纪初涂尔干的社会学理论和马林诺夫斯基等人的功能主义民族志，到 20 世纪中期列维－斯特劳斯的结构人类学，再到 20 世纪中后期格尔兹的解释人类学的历史过程，显示了“语言转向”在人类学领域中的逻辑进展。如果说涂尔干的社会学理论和马林诺夫斯基等人的功能主义民族志实践所关注的是语言符号与外部世界的关系问题，那么列维－斯特劳斯的结构主义理论和格尔兹的解释主义理论则关注符号的内部关系问题，只不过二者亦有所不同：结构主义关注的是“能指”，研究语言符号（特别是神话）内部能指与能指之间的结构关系；解释主义关注的是“所指”，研究文化符号内部能指与所指之间的意义关系。20 世纪人类学三种主要理论的逻辑关系如图 1－5 所示。

在图 1－5 中，存在着三种不同层级的逻辑关系。第一个层级是“A”与“B”的分类，这是符号的外部关系“A”和内部关系“B”的分类。第二个层级是在内部关系的“B”类（内部关系）中，又有能指“C”与所指“D”的分类，“C”“D”皆为“B”的下位类型。第三个层级是在“C”（能指）类中，又有不同能指“E”与“E’”的分类，“E”和“E’”皆为“C”的下位类型。

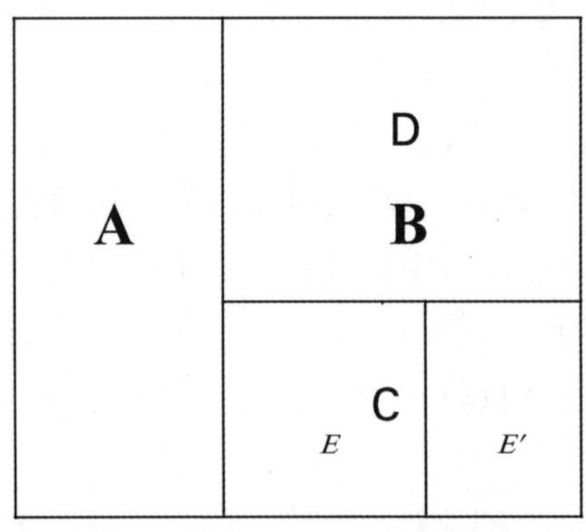

图 1－5　符号内外关系逻辑示意图

在本研究中，我们从语言学和语言哲学理论的几个面向提出问题，将对大理周城白族村杜朝选神话“前推”至一个特殊的凸显位置进行研究，并联结20世纪人类学的三种主要理论进行分析解读与反思对话。本民族志所谓“前推”，是借用了布拉格语言学派的一个理论语词。“一个成分的前推明确地意味着将其置于前景。然而，这一成分在前景是由于与另一个或一些仍然留在背景的成分相比较所致。”[①] 在布拉格学派那里，“前推”概念的核心是将语言“以它本身为目的”进行研究，而将平时我们最重视的语言的表达功能与交流目的都“后置”。文学理论的“前推”概念同样适合于人类学研究领域中的进展。20世纪人类学思想虽然滞后于语言学与语言哲学的发展，但从整体上来说，它也是一个将外部世界作为研究对象转向将语言或其他符号形式自身作为主要研究对象的历史过程。神话是一种语言符号，也从属于这一整体逻辑。20世纪人类学对于神话及宗教研究的主要取向，也同样是一个“前推”的过程，即将符号形式的内部关系推到外部关系之前的过程。早期对于神话（包括仪式）的研究，将它们“嵌入”社会生活的研究倾向几乎压倒一切。这种倾向重在考察神话从社会生活的外部世界中获得起源的土壤与生长的力量，并且回过头去又对社会生活发挥着功能。“嵌入式”研究是一种有着固定模式的研究，它将所有的一切文化现象都与社会紧密地关联在一起，其实质是将社会“前推”到首位，将神话仅仅作为社会生活的附属品来研究。到了20世纪中期以后，才改变了这种喧宾夺主的研究方法。我们需要将神话作为神话来研究，即作为一个独立自主的生命体来研究。当然，我们也不忽略神话与社会生活之间的关系，但只是将其作为次要问题去观察。概而言之，“前推”就是将神话的语言学研究放在首位，而将神话的社会学研究放到次要地位。或者说，“前推”就是将神话的“内部关系”放在首位，而将神话的“外部关系”放在次要地位。“前推”的要义在于重视神话本身的研究。

---

① ［捷］扬·穆卡洛夫斯基：《标准语言与诗歌语言》，竺稼译，载赵毅衡编选《符号学文学论文集》，百花文艺出版社2004年版，第19页。

基于“前推”的理念，本民族志的研究具有三个层次的内涵：首先研究的是图1－5中第三个层级上的“E”与“E′”关系，即符号内部的能指与能指的关系，主要内容是解读列维－斯特劳斯对神话的结构研究，并将杜朝选神话的分析对结构主义理论进行检视。其次研究的是第二个层级上的“C”与“D”关系，即符号内部的能指与所指的关系，主要内容是解读格尔兹的意义理论，并将杜朝选神话的意义解释与之对话。再次研究的是第一个层级上的“A”与“B”关系，即符号与外部世界的关系，主要内容是解读涂尔干社会学理论及功能主义关于宗教与神话的观点，并将杜朝选神话及仪式与社会生活关联的分析用于对功能主义的反思。

第二节　“材料”大于“解释”

材料问题是民族志的基础问题。在以符号的外部关系为研究对象的经典民族志中，所有的材料都是民族志者所转述的材料，并没有真正意义上的当地人讲述的材料。这些转述的材料是服从于作者观点的、被有目的地挑选出来的且被掐头去尾的材料。而当我们强调神话的“前推”理念时，与此相关联的就是将作为“第一主体”的当地人的讲述材料同样“前推”至首要地位。

对于经典民族志的阅读，培养了后来者的一种坚固的理念：只有材料与解释（观点）完全吻合的民族志，才是最上乘的民族志。经典民族志者总是将他们的研究做“圆”，以便可以概括出一个合理的结论。普里查德的《努尔人》可为一例。对于一些人至少“是受牛津影响的那些人来说，该书成为了所有民族志研究的典范和原型。其言简意赅的描述和高度的抽象备受人们的推崇和仿效”。[①] 这种“思想”与“材料”完全吻合的作品往往被看作具有学术严谨性。不过，人们往往很容易看出那些努力追求“自圆其说”的作家，隐匿了与

① ［挪威］弗雷德里克·巴特等：《人类学的四大传统》，高丙中等译，商务印书馆2008年版，第41页。

他的观点不相符合的证据材料。我们这里不将其作为学术伦理问题来讨论，而仅就文章的观点与材料的关系来讨论。“自圆其说”的作品主要是一种因果性解释，而事物之间的关系除了因果性之外，还有无数种其他关系。如果根据因果律，“把文化解释为时空框架上发生的事情，那么，事情的本质、有意识的体验与在体验中主体的自我理解就会消失”①。社会科学的认识只是有限的人类精神对无限的现实的认识，只有现实的一个有限的部分构成研究与理解的对象，它所得到的认识是受“主观”前提制约的。“对象”只是研究者从无限世界中抽离出来的符合他们需要的有限部分，基于这种有限部分研究者构建出了因果关系。故而，这种因果关系仅仅是在主体意义模式中被构建起来的事物之间的一种关系。韦伯曾经说过：“既然对现实的哪怕最小的断面做出详尽无遗的描述也决不是可以想像的，那么，怎么可能对一个个体性的事实做出因果的说明呢？决定着某一个体性的事件的原因，其数目和种类始终是无限的，而且没有任何蕴含在事物自身之中的特征可以把它们的一个部分分离出来单独进行考虑。”② 他还认为：“因果问题并不是一个规律的问题，而是具体的因果联系的问题，不是什么公式把现象当作样本加以归类的问题，而是能够把现象作为结果归属于什么样的个体性的状况的问题。”③

只要坚持将民族志材料与观点完全统一的理念，那么，在研究中必然要对材料进行取舍，以便与自己的观点相吻合；在写作中也必然要对材料进行拼凑，以便首尾一致，达到平衡的效果。这种民族志的叙事朝着一个固定方向前行，自始至终都是一种肯定性的叙述，没有任何自我怀疑的地方，也不对自我进行任何的限定。这是一种具有确定性、一致性和系统性的学术研究。对于这一类做“圆”了的作品，

---

① ［德］彼得·科斯洛夫斯基：《后现代文化》，毛怡红译，中央编译出版社 1999 年版，第 46 页。

② ［德］马克斯·韦伯：《社会科学方法论》，李秋零、田薇译，中国人民大学出版社 1999 年版，第 19 页。

③ ［德］马克斯·韦伯：《社会科学方法论》，李秋零、田薇译，中国人民大学出版社 1999 年版，第 20 页。

如果仅仅作为众多类型中的一种类型而不作为唯一的榜样，当然尚有它存在的地位，它可以作为一种研究路径和方法；但决不能说它是最好的方法，更不能说它是唯一的方法。学术研究并非具有系统性就是最好的形式。萨义德说："我感兴趣的是没有系统的人。"[①] 他列举出葛兰西、范农、詹姆斯、赛沙尔等人的例证，指出他们的写作形式都很奇特：葛兰西写的是笔记，他从未写过任何完整的东西，只是写片段；范农的书原先并不是当作书来写的，而是在持续的斗争过程当中所写的小册子；詹姆斯写历史和剧本。

如果我们认同观点和材料完全统一的民族志由于隐匿证据及人为斧凿而失去真实性并不是最好的民族志形式，更不是唯一的形式，那么，即使并不完全认同萨义德"没有系统"的观点，我们也起码可以从中得到某些启示，并获得另一种书写方式。民族志者应该将第一主体（当地人）直接讲述的材料"前推"到一个最重要的位置，看作是最基本的研究材料并且将其作为研究的出发点。只要民族志仍然是一种"志"书，只要牢记民族志者的使命在于"记载"（志），那么，我们就应该充分尊重当地人的直接讲述；当地人"讲述"的材料较之民族志者"转述"的材料更具有真实性。这种具有真实性的材料本身是一个有机生命体，具有特殊的价值与意义。生命本身是"活"的，它不能被裁剪与截断。又因为生命本身具有整体性，任何对于它的解释只能是局部的解释而不能达到彻底的解释，对于它的研究也只能是有限的研究而不能达到全面的研究。因此，在民族志中，"材料"永远大于"解释"。

"材料大于解释"，应该成为民族志写作的常态。民族志必须充分尊重作为"第一主体"的当地人的讲述并将其系统写入民族志，同时也重视作为"第二主体"的研究者的分析解释智慧，还留给作为"第三主体"的读者或评论家以重新解释的充分条件与空间以及可以推翻第二主体的结论的机会。像《努尔人》那样的经典民族志，一

---

① ［美］爱德华·W. 萨义德：《知识分子论》，单德兴译，生活·读书·新知三联书店2002年版，第112页。

锤定音，将材料锁在思想的铁笼之内，不给读者留下重新解释的机会。马尔库斯和费彻尔批评道：“《努尔人》所存在的问题，在于它所提供的信息十分有限，这在早些时候已为人所知。……埃文思—普里查德只把对论证他的观点有关的材料收录到著作中。他的民族志鲜明地表现出他的理论雄心，但是它经不起再分析的检验。”[①] 由于普里查德式的民族志的每一种材料都严丝合缝地服从于他的观点，于是他就是一切，他就是最高权威，他的民族志充盈着自负与孤傲。我们需要抛弃那种独步天下的写作风格，我们需要的是包容，自己可以说话，也允许别人说话。“材料大于解释”所带来的优势是：有些材料已经解释，但它们可以重新解释；有些材料未经解释，但它们可以等待解释；有些材料永远得不到解释，但它们作为一个整体的有机部分，有着充分的存在理由，就让它们留在那儿。在戏剧中，墙上挂着一把刀，如果这把刀最终不出鞘就要取消这一道具。民族志不是艺术，其分析解释的“不完整性”“残缺性”“自我限定性”应该被看作是这种文体的一种品质、一种样态。在这种理念之下，民族志者甚至可以放弃结论的写作，如詹姆逊所说的“否定结尾”[②]，有意地留出一个开放性的空间。材料本身的价值是“人志”的价值，只有材料是由第一主体直接陈述的，“三重主体叙事”才具有现实性与可能性的基础。

我们反对为了构建一个“圆”而对材料截头去尾，同时我们也并不主张在获取材料的过程中有意地选择所谓“典型材料”。民族志的写作不是文学创作，不追求“典型环境中的典型人物”。材料并没有所谓一般性材料和典型性材料之分。人类学是“研究人类”的科学，任何地方的任何材料，任何文化中的任何材料，都可以作为研究“人”的材料。作为一个有限的个体，我们虽然只能在某个地点、某种文化中做研究，但我们研究的是“人”。殖民时代的民族志者为了

---

① ［美］乔治·E. 马尔库斯、米开尔·M. J. 费彻尔：《作为文化批评的人类学》，王铭铭、蓝达居译，生活·读书·新知三联书店1998年版，第86页。

② ［美］弗雷德里克·詹姆逊：《语言的牢笼》，钱佼汝译，百花洲文艺出版社1995年版，第53页。

殖民帝国的利益，才需要到特定地方去了解特定的文化。而在今天，不仅仅是由于殖民时代已经远去、全球化时代正在到来因而研究对象也出现变化，更是因为研究理念需要变革，需要我们对人类的共同利益予以关怀，需要我们将研究对象从狭小的、具体的社会文化背景中抽离出来，上升到一般的“人类”的大背景中去。像《对蹠人》第一卷中段绍升这样的人，只是一个普通的村民。正因为普通，才具有一般性特征；也正因为普通，他更真实，更有感染力，更耐人寻味，也才具有民族志的意义。典型人物往往很容易成为虚假的人物、人造的人物。这种人物如假山石一样，第一次看时也许给人新奇感，但是人工雕琢那种矫揉造作很快就会让人产生厌倦。我们不需要去专门寻找社区的“核心人物”，社会生活中任何人，任何事情，都是一个网结，一个聚合点，都可以向四面八方延伸。文化研究可以从任何地方的任何人那里开始，偶然性既是我们生活的常态，也是民族志者工作的常态。

第二章　神话的变体

他将经常重复，直到人们理解他为止。

——［法］伏尔泰

主体民族志强调“第一主体”的叙事，所以我们坚决主张将当地人的讲述原样不动地写入民族志之中。同时，在当地人讲述的各个变体中，我们坚决否定存在着某一种权威讲述，认为每一个变体都是神话叙事的存在形态。尽管本民族志中有些变体千言万语，有些变体三言两语，但它们都具有同等地位。这些变体的讲述有同有异，这种“同”与“异”，具有叙事学意义，为本研究提供了不同的观察视角。[①] 周城白族村人口一万，除了年幼者以外，人人会讲杜朝选神话，我们无法竭泽而渔，也没有必要竭泽而渔。我们的工作是随机性的，前提是当地人愿意并且有兴趣向我们讲述，绝不强求当地人为我们专门讲述。本章收集了杜朝选神话的 46 则变体，其中 32 则为口述变体，14 则为文本变体。

---

① 46 个变体的重复阅读会给读者带来疲劳，建议采取“二次阅读法”，即选择 M18 和 M21 两个讲述变体先行阅读，了解神话的大致面貌；在其后诸章中，当读者与作者一起进入对神话的分析解读时，再回过头来阅读其他相关变体。

第一节　当地人的口述叙事①

M1 赵勤 2000（**朱炳祥采录**）②

传说很久很久以前，在神摩山中有一条大蛇，会72变，每年都要吃童男童女。有个猎人叫杜朝选，背了一把剑从海东渡海过来，遇到一对老夫妇在洱海里打鱼，愁眉苦脸。他问道："大爹大妈，我坐你们的船到对面山上打猎。"老人说："去不得，那里有大蟒蛇，能72变，每年要吃童男童女。"杜朝选说："我帮你们杀掉它。"此时，杜朝选就拿了老人的鱼竿朝洱海里点了一下，说："以后你们就在这里打鱼。"这就是弓鱼洞的来源。

当天杜朝选就住在大爹家。第二天，杜朝选刚到大峡谷，就看到了大蟒蛇，他急忙射了一箭，正中蟒蛇的脖子，大蛇很快就不见了。第三天，杜朝选到大峡谷去寻找蟒蛇，看见两个少女一边在洗血衣服，一边哭。杜朝选问她们哭什么，她们说，昨天我们的丈夫出去被人射了一箭，我们是给它洗衣服。杜朝选问道："你们喜欢不喜欢你们的丈夫？"她们回答说："当然喜欢。"杜朝选又问："你们愿不愿意回家？"她们说："我们想回家，不过要杀掉蟒蛇，如果你想杀掉蟒蛇，我们就协助你。大蟒蛇小睡三天三夜，中睡六天六夜，大睡九天九夜。这次中了箭，是大睡，刚睡下了。"杜朝选说："好，你们带我进洞去杀蟒蛇。"于是，大娘娘走在前面，领着杜朝选进洞。那蟒蛇变成的人正在打呼，大娘娘把蟒蛇的宝剑从枕头底下拔出交给杜朝选。杜朝选拿了宝剑猛砍，宝剑都砍断了，蟒蛇被杀死了。

杜朝选杀死蟒蛇后，就出来了。三人来到蝴蝶泉边，两个娘娘

---

① 本节所录神话是我与武汉大学硕博研究生在2000—2018年之间收集的，共32则，都是由当场录音整理的。

② 编辑体例说明："M1 赵勤 2000（朱炳祥采录）"中的"M"为神话（myth）一词的代号；数字"1"为神话讲述变体按时间顺序的编号，编号后面是讲述人和讲述年份，括号内为采录人。讲述人和采录人的个人资料皆为采录时的资料。赵勤，37岁，周城青年诗人，在大理市宣传部工作，出版过个人诗集和白族文化研究著作。采录时间：2000年4月9日。

说："我们做你的媳妇。"杜朝选说："不能，你们年纪还小。"大娘娘、二娘娘被拒绝后，就跳进蝴蝶泉里自杀了。杜朝选很后悔，也跟着跳了进去。三人都化成了蝴蝶，这就是蝴蝶泉的故事。

M2 杨振堂 2000 **（徐良梅采录）**①

本主庙中间的塑像是杜朝选，左边是大娘娘、二娘娘。蟒蛇为害周城百姓，猎人杜朝选杀了蟒蛇，救出了被蟒蛇掳去的两位姑娘。大娘娘嫁了杜朝选，二娘娘认为一夫多妻不好，不愿意。杜朝选领她们回永胜时，路过蝴蝶泉边，她跳进龙潭里，龙潭太感动了，把她化为蝴蝶。龙潭就变成了现在的蝴蝶泉，蝴蝶就是二娘娘的化身。

M3 李恒丰 2000 **（程志君采录）**②

杜朝选把两个娘娘救出来，她们的父母说："你救了她们，就服侍你一辈子。"杜朝选不接受，说为民除害就行了。她们的父母说不行，说姑娘嫁给蟒蛇，几个月后脸色变了。她们的母亲说："原来这个那个不要③，现在嫁的人怎么脸色不对?"两个姑娘说：嫁了蟒蛇，是毒蛇一个，白天是白面书生，晚上蟒蛇一个，所以脸色变了。

杜朝选不得不接受。

M4 段继灿 2000 **（程志君采录）**④

杜朝选是海东永胜的猎人，他要到苍山上打猎。过洱海时，有一对老夫妻把他渡过来。他来打猎，身上没有钱，到了桃源海边，他把老倌倌摇船的竹竿借来，往洱海里戳了两下，戳出两个弓鱼洞，对老倌倌说："大爹大妈，你们两个以后不用再辛苦渡船，就来这里打鱼

① 杨振堂，周城九年制学校教师。徐良梅，武汉大学硕士研究生。采录时间：2000年4月14日。

② 李恒丰，78岁，周城村民。程志君，武汉大学硕士研究生。采录时间：2000年4月17日。

③ "这个那个不要"意为二位姑娘原先对夫婿的选择很挑剔。

④ 段继灿，59岁，周城幼儿园园长。采录时间：2000年4月30日。

吧。”果然，后来这里的弓鱼非常多，这对老夫妻就靠这弓鱼洞度晚年。

杜朝选到桃源下船时，正好是三月三。他看见山脚下烟雾缭绕，就去看个究竟。看见有个妇人在伤心地哭，就上去问。原来在山洞里有个大蟒蛇，每年三月三要吃一对童男女，村子里的人都很害怕。杜朝选想：哼，这个蟒蛇居然在这里作恶，我非要去和他斗一斗。别人都说：“去不得，那个蟒蛇很厉害的，你斗不过它的。”当时刚好飞过一群大雁，杜朝选说：“大姐你看，我射第三只下来。”他一箭射去，就射了第三只下来。他说：“你们就在这儿等我，我上去把大蟒蛇杀掉。”他就从那儿爬上去，爬到蟒蛇洞对面的山凹凹里面。他看见蟒蛇从洞里出来，飞沙走石很吓人，他对准蟒蛇飕的一箭。好，那个蟒蛇左眼中箭了。它疼得很厉害，“哎哟哎哟”地叫，说：“到底哪个是我的仇人，他为什么今天要射我？天下竟还有这么胆子大的人!”它就跑回洞里，对被它抓进来的两个女子即它的大娘娘、二娘娘说：“你们两个赶快把我的衣服拿去洗，我要睡。”这个蟒蛇大睡要七天七夜，小睡要三天三夜。

杜朝选从对面山头下来到洗衣石，看见那两个女子在洗衣服。他说：“吃我一刀。”他要杀那两个女子。两个女子说：“大哥，请你刀下留人，听我们慢慢讲。我们本来是周城的，被蟒蛇捉进来，它不准我们下山。”杜朝选说：“你们为什么不跑下去呢?”她们说：“它划有一个界限，我们越了界它会知道的，回来会被它打得皮开肉绽，要死的。我们不敢。”杜朝选说：“既然如此，那你们两个就在这儿等我。”两个娘娘说：“你去不得。你一进去靠近它，它闻着生人味，就把你吞下去。”杜朝选说：“那怎么办啊?”大娘娘就说：“这几天正好是蟒蛇大睡的时候，它有一个八宝剑，藏在身边，我去把它偷出来。你在这儿，我们接应你，周城的人来助威。”杜朝选说好。

大娘娘就回到洞里面，很温柔地试探蟒蛇，说：“你睡进里面一点。”蟒蛇说：“哎呀，你不要动我，我的眼睛疼得好厉害呀。”它看大娘娘很温柔，就翻了一个身，结果宝剑就被大娘娘拔出来了。杜朝选接过宝剑与蟒蛇搏斗，由于用力过猛，一刀戳进去，宝剑戳断了。

杀了蟒蛇，他告诉两个娘娘，叫她们回家，和家里人团圆。两个娘娘说："你舍身救我们，你家里有没有妻子啊?"杜朝选说"没有"。两个娘娘说："你是我们的救命恩人，你救了我们两个，又救了周城一村的百姓，我们一定要做你的妻子。如果不行，我们就碰死在这儿。"这样，她两个就成杜朝选的妻子了。

周城人为了感谢他，就在杜朝选正月十六生日的前两天的正月十四，把他从本主庙里接出来，接到小街子上拜佛、念经。男男女女老老少少唱戏、耍龙、耍狮，就这样流传下来。

三月三是杜朝选从海东过来那一天，杜朝选杀蟒蛇是在三月初四。

M5 桂大守、杨鹉 2000（程志君采录）[①]

在 1958 年，我们村写过一个故事，叫做《蝴蝶泉》。这个故事可以说是编出来的，但流传时间久了，也可以成真的。这个故事里有一个榆王，一个老百姓的儿子丁贵生，一个姑娘，名字忘记了。这个姑娘的相貌好，榆王想霸占为妻，但是贵生和姑娘感情好，是一对恋人。姑娘被榆王抢走后，贵生在夜里把姑娘抢回来，被榆王发现，逼得走投无路，一直逃到蝴蝶泉，双双跳泉而死，变成蝴蝶。以后每年四月十五蝴蝶泉边的树上，都有一串一串的蝴蝶连起来。以后这个故事就和杜朝选的故事合并了。

以前电影《五朵金花》没有拍之前，四月十五叫"龙皇会"。那天只有周城的、桃源的、上关的、波罗滂的老倌倌、老妈妈去上会，拜佛、烧香、念经，没有姑娘、小伙去谈恋爱。《五朵金花》这个电影拍出来以后，大家对它的兴趣大了，去耍的年轻人多，而且蝴蝶真的很吸引人，这个季节树上挂满蝴蝶，所以人家取个名字叫"蝴蝶会"。大家都来观赏蝴蝶，老人去的少些，但同样也是去的。现在还

---

① 桂大守，57 岁，周城老年协会主任。采录时间：2000 年 5 月 14 日。此变体是邻村仁和村的蝴蝶泉传说，因与杜朝选神话的变迁存在着关联，故作为一种特殊的变体保留，以便用于比较分析。

有人在里面念经拜佛，即“蝴蝶会”与“龙皇会”同时举行。

以前蝴蝶很多，从四月到七月一个衔着一个的尾巴倒挂在树叶上。现在农药影响蝴蝶繁衍，公园里又打扫卫生，把落叶都扫光，蝴蝶少多了。

M6 董立荣 2000（徐良梅、程志君采录）①

“三月三”主要是祭杜朝选，杜朝选为这个地方做了好事。蟒蛇一年要吃一对童男童女，杜朝选用箭把蟒蛇射了。开头没有射死，后来是大夫人和二夫人把蟒蛇枕头底下的宝剑抽出来后，杜朝选用宝剑把蟒蛇杀了。杀它那天是三月三。砍了一刀后蟒蛇还在说话，它说再砍一刀。但是不能再砍一刀，再砍一刀蟒蛇就活了，这个宝剑只能砍一刀。从蟒蛇洞出来有个小水潭，里面的水一直是红的，那是蟒蛇的血水，再怎么洗都是红的。杜朝选为这个地方做了好事，三月三就是祭他。

“三月三”主要是周城、桃源、仁和村的人参加，没有别的村子的人。上兴、仁里邑的人去的也有，但只是凑热闹。一般方广莲池会和洞经会的人都去，其他人都是去逛一逛，凑凑热闹。

“三月三”的对歌是大众化的，所有的人都可以去。以前对歌的多是青年男女表达爱情，这不在祭杜朝选范围之内，是“三月三”之外的娱乐活动。对歌的对象一般不是自己的丈夫。以前有在那里过夜的，解放前这种现象普遍，现在很少。解放前妇女没有说话的地位，汉子几天出去不回来她都不敢问，现在不行了。以前有大姑娘去对歌，她们也是和自己的情人对歌，是很熟悉的，大姑娘也有在那里过夜的。现在大姑娘都不会对歌了。老倌倌、老妈妈在太阳落山前就回家了，剩下的对歌的人，现在叫不务正业的人。现在也有对歌的人，但很少，一般都不过夜。

---

① 董立荣，46 岁。采录时间：2000 年 5 月 19 日。

M7 桂大守 2000（程志君采录）[①]

很久以前，神摩山上有一条大蟒蛇，每年三月三周城人都要往山脚下抬鸡、猪、猪头和一个男娃娃、一个女娃娃给它吃。人们把这些装在篓子里抬上去就跑回来，因为怕蟒蛇。

那天遇到杜朝选来打猎，他是永胜的猎手，穿着草鞋，很朴素的衣裳。他到海边说我要到海西去打猎，坐你们的船。那些船家看他没有钱，一个也不搭他。他说你们搭我过去，我过去了想办法给你们钱。那些人说不行不行，二三十条船都不搭他。最后有一对老倌倌老妈妈说，我们搭你过去，今天我们也回去，我们是桃源的。就把他搭上了。杜朝选说你们这两天可打着鱼？老夫妻说，哎，这两年鱼少，很难打。杜朝选说，我让你们吃不完。船停在海边桃源村的戏台下去六七十米的地方，海边有一棵柳树，他就抓一把柳树叶子“哗”地撒进海里。又说：“把撑船的竹竿拿给我。”老倌倌把竹竿拿给他，他“哗”地插进海里，海里露出一块岩石往外冒清水，没有泥巴，柳树叶子都变成弓鱼从里往外游。以后每年正月鱼就上网，打不完。桃源村的人每天早上可以打几百斤，整个大理的人都吃，现在没有了。弓鱼一斤有三四条，细长，肉很香，刺少。

杜朝选来到周城，看见那些篓子很奇怪，就问他们：“你们为什么把两个娃娃装在篓子里放在这里？”村子里的老妈妈说给他听，这里有一条蟒蛇，三月三这天必须要敬给它一对童男童女，蟒蛇要吃童男童女的眼睛。开头拿给它很多螺蛳，哄它当眼睛吃。后来哄不住，它晓得了，仍然要拿给它童男童女吃。

杜朝选说：“你们不要焦心，我上去瞧瞧，我到蟒蛇洞对面的山头上看看。”他上去后正好瞧着蟒蛇出来，就射了一箭，射中蟒蛇的眼睛。蟒蛇就跑到洞里，也不出来吃童男童女了。第二天杜朝选就找进去。在蟒蛇洞外面有一个大青石，有两个姑娘在那里洗血衣裳。杜朝选想，这两个姑娘一定是蟒蛇变成的，今日非杀它不可。就去追那

---

① 采录时间：2000 年 5 月 25 日。

两个姑娘。那两个姑娘说："我们不是的，我们是以前被蟒蛇捉进来做它的媳妇的，大哥你莫要错怪我们。我们洗衣服是因为有一个人射中它一箭，现在它还睡着。"杜朝选就问她们蟒蛇是怎么睡的。两个姑娘说，这几天遇着它大睡。大睡七天七夜，小睡三天三夜，它已经睡了一天一夜。杜朝选就问蟒蛇有什么特点。两个姑娘说蟒蛇有一把宝剑，放在枕头底下。杜朝选问宝剑能不能拿出来，姑娘说试试看。杜朝选问宝剑怎么用，姑娘说："你拿了它的宝剑砍它一定要注意，你一面砍它一面叫：'再来砍，再来砍。'你就只能砍两刀，不能砍第三刀，砍第三刀它就活回来了。"

两个姑娘回去就这样那样哄蟒蛇："你可吃水？可疼？"哄它，就把它的宝剑偷出来拿给杜朝选。杜朝选就进洞里砍蟒蛇，一面砍，蟒蛇一面叫："再来砍，再来砍。"杜朝选第二下就把宝剑砍断掉，断在蟒蛇的肚子里，所以现在本主庙里的塑像杜朝选拿着一把剑柄，剑头不在了。这样就除掉蟒蛇了，以后每年三月三纪念杜朝选斩蟒蛇。

两个姑娘提出要做他的娘娘，杜朝选就答应了。时间久了，大娘娘对杜朝选有点心不热，可能是不喜欢他。杜朝选刻给她一把锁，挂在她的脖子上，后来她也没有意见了。二娘娘有个娃娃，就一心一意地跟杜朝选过。

M8 桂兴年 2002（朱炳祥采录）①

小时候三月三的时候，听说蟒蛇很可怕，不知道是不是真的。后来问爸爸妈妈，才知道那是传说。蟒蛇每年要吃一对童男童女，如果不给它吃，就要挖村民的眼睛之类的，很恐怖的。有一年，蟒蛇把村里的一对姐妹抓走了，让这对姐妹做它的妻子。有一天，又到了给它吃童男童女的日子，从海东上来了一位猎人叫杜朝选，听了以后，就在那里看。他看到一股黑雾，刚好蟒蛇下来，他就放了一支箭，射伤了蟒蛇。一股水流下来，他就顺着水走，走到山沟里面，水就没有了，找不到那个洞。后来遇到一对青年女子出来洗带血的衣服，他就

① 桂兴年，女，25 岁，当时在大理当导游。采录时间：2002 年 1 月 28 日。

问她们。这两个姐妹边讲边哭，讲述蟒蛇把她们抓去做夫妻的事情。杜朝选又问蟒蛇有没有什么致命的要害，那对青年女子就告诉他说："你要杀蟒蛇最好能砍它三刀，或者一刀也行。一刀可能死不了，因为它有很多眼睛，而且反应很灵敏的。你砍了一刀以后蟒蛇就会说：'再来砍，再来砍'，你迅速要再砍两刀。不要砍了第二刀以后就停了，那样蟒蛇就砍不死。最好看准了要害，看准了头部砍一刀就行了。你砍一刀它会死，你砍两刀它就不会死，你砍三刀它也会死，要看刀数。最保险是你轻轻地靠近它以后用它自己的宝剑，用蟒蛇的宝剑砍。小心一点，就砍一刀。"她们还说它小睡三天三夜，大睡七天七夜。最好等它大睡，砍死它就有把握。杜朝选问什么时候大睡什么时候小睡，这两个姐妹就说现在正是大睡。后来她们冒着生命危险把蟒蛇的宝剑偷出来给杜朝选。杜朝选走近它以后砍了它一刀，它就说："再来砍，再来砍"，他就没有接着砍，就真的砍死了蟒蛇。这两个姐妹以身相许，就做了他的大妻和小妾。

这是小时候听说的，后来看到你们写的书上大娘娘二娘娘是跳了蝴蝶泉了。

M9 桂德本 2002（朱炳祥采录）[①]

现在我们北本主庙的本主是杜朝选。杜朝选这个名字离现在一百年以前还没有出现。我们很小的时候，就知道本主就是这个老公公，身体很结实，塑像很结实，是一个粗壮的猎人，不知道他的名字。他打猎，杀死了蟒蛇，对我们周城有功，就奉为我们的本主。后来杜朝选这个名字又怎么出现的呢？有一点迷信色彩。龙泉寺关帝庙里面有一个假神谕（假神谕的内容未听清），……于是就进行扶乩，请示我们这个本主老公公姓什么叫什么名字，希望在扶乩里面指示出来。比我们大一二十岁的人都参加了。扶乩中指示出来了，说你们的本主姓杜名朝选。这以后我们的本主名字就叫杜朝选，才有 100 年。后来，在凤仪三哨水库附近一块古老的石碑上也提到杜朝选这个人。这个碑

① 桂德本，70 岁，周城文化精英，农民书法家。采录时间：2002 年 1 月 29 日。

具体我没有看见过，据我的朋友跟我讲他看见那个碑提到这个名字，同时还承认杜朝选是猎人。这个碑讲到南诏时期就出现杜朝选这个人了。碑上没有讲到大蟒蛇，仅仅讲到杜朝选是猎人。他对苍山上的路线很熟悉，好像当过向导，在当向导中立了功。我们通过扶乩喊出杜朝选这个人的名字跟这里边的杜朝选是巧合还是一个人说不清。

我们村子里面普遍讲的杜朝选的故事是说神摩山有个蟒蛇洞，里面有个大蟒蛇。这个蟒蛇还不是我们想象中的动物蟒蛇，它还可以变化，变化成人。这个蟒蛇居心不良，危害老百姓，糟蹋庄稼，无恶不作。就是这么个形象。它在每年阴历三月初三这一天，在神摩山山麓“三月三场地”那个地方，要我们周城献给它一对童男童女。不供给就要糟蹋整个村子。

有一年三月三那一天，他们找了一对童男童女带上去了，给蟒蛇吃。家族大大小小的谁也不忍心，孩子的全家老小都跑到三月三场地送他们。哭啊闹啊，场景相当悲惨。就是在这一天，杜朝选——他是永胜县人，打猎游到海东。他要到苍山这一带看一看，打猎。在海东要渡海到对岸桃源，他没有钱付给划船的人。老两口划着一条船，杜朝选就坐在船里面，划过来就到了桃源村。杜朝选上岸，就给老两口讲：“对不起，我没有带钱。不过我发现，就在你们桃源村子岸边不远的地方，有个地方出产弓鱼，很多，你们去看一看。你们好好守在这个地方专门捞弓鱼可以勉强度过你们的晚年了。”这以后他们把桃源村后面出现很多弓鱼的地方归功为杜朝选。我想不会，说穿了是他发现这个地方有很多弓鱼。老两口就在这个地方捞弓鱼，生活得很好。那个时间桃源村喊这个地方叫弓鱼洞。

杜朝选离开弓鱼洞就到云弄峰山麓。看见“三月三场地”很多人，中间围着一对童男童女，大家哭得很伤心。他就问他们为什么哭得这么伤心，人们就告诉他蟒蛇的危害，说不把童男童女送给它吃，它就要搞大破坏。杜朝选听了以后，就问他们蟒蛇是怎么出来接受童男童女的，大家说不知道，说：“我们把童男童女捆在这里，供在这里，我们就忍痛离开了，不愿意看它是怎么吃的。这个结果我们就不看了。”杜朝选内心有一点抱不平。他想我是个猎人，老百姓不敢做的，我有这么个技术，我要看一看蟒蛇到底怎么吃童男童女。他就在小坡坡上躲起来看。好长时间以后，蟒蛇确实出来了。它一下变成一个老公公，一下又变成一个年轻汉子，在三月三这个场地上，变了好几个样子，它就把童男童女带起来了。杜朝选看到它要把童男童女带走，他拿出弓箭，看准了射了一箭，射在蟒蛇身上，蟒蛇受伤了。杜朝选从山包包上转下来，转到箐沟，沿着蟒蛇进去的路线追进去。进去不多远的地方出现一块大石头，水从大石头上淌下来，大石头上蹲着两个年轻妇女，在大石头淌下水的地方搓洗一件衣服。杜朝选洗洗脸，就问她们两个为什么在深箐里面，你们洗的是什么东西。两个年轻妇女就告诉杜朝选，我们也是这里的良家妇女，也是好人呢。蟒蛇把我们掳来，一定要强迫我们做它的媳妇，做它的佣人，随它糟蹋。今天蟒蛇出去要带回一对童男童女吃，就在三月三场地被箭射中了。我们现在洗的就是它的衣服，淌着很多血。故事里流传，箐里大石头上淌下一股水，滴着血漂下来。这个地方的水带有一点红色，实际上石头是红色，不是水是红色。故事就说水变红是蟒蛇的血衣染红的。杜朝选就问这两位年轻妇女，蟒蛇会不会变。她们老老实实地给杜朝选讲，它变化多端。杜朝选问负伤以后还会不会出来，两个年轻妇女说蟒蛇负了伤要在洞中养伤，要好好睡。它睡觉时眼睛闭起说明它还没有睡着，它眼睛睁开就说明它睡了。我们在旁边服侍这么多年发现这一不同的现象。它眼睛睁开动也不动就说明它睡了。杜朝选问它睡多长时间，两个年轻妇女告诉他蟒蛇大睡七天七夜，小睡三天三夜。杜朝选问蟒蛇睡觉会不会打鼾，妇女告诉他蟒蛇从来不会打鼾，它的眼睛睁着，从它旁边出出进进它的眼睛动也不动，这就说明它睡了。杜朝选掌握了蟒蛇这些特点以后，想办法进洞探听蟒蛇的情况。蟒蛇没有什么动静，眼睛眨也不眨，蟒蛇是睡了。他拿起刀来砍，砍下去，刀柄断了，留了一小段在手里拿着。现在杜朝选的塑像就是拿着一小段刀柄。

这以后杜朝选出来，对两个年轻妇女说蟒蛇已经杀了，你们两位也可以回家好好过日子了。这两个年轻妇女对杜朝选有一种感激之情，说你把作恶多端的蟒蛇宰了，我们也该解放了，但我们这一生也不愿意到哪里去了，我们跟随你一起去，我们服侍你一辈子。于是神话传说大娘娘二娘娘就成了杜朝选的两位夫人。我想实际上当时不会一下子做他的两位夫人，这两个年轻妇女一定要服侍他一辈子，慢慢慢慢也会产生感情的，就成了大娘娘二娘娘。

这个故事没有跳蝴蝶泉，以后的人添加了跳蝴蝶泉的情节。还有一些男女之情也有一些不同的说法，说杜朝选除了大娘娘二娘娘以外，仁里邑那里有一位本主，是个女的，说那个女本主又是杜朝选的情妇。过去我们小时候本主节把杜朝选接出来以后，到南广场，把轿子放下来，把杜朝选转过去要让他去看看仁里的那个情妇。现在每年都还有。

剑也有不同的说法，他们说是大娘娘二娘娘从蟒蛇那边偷出来的，我想杜朝选是个猎人要带弓箭和刀，不带刀还是什么猎人！我的想法是这把刀就是杜朝选的。

M10 杨庆志 2010（朱炳祥采录）[①]**：**

关于杜朝选的传说，我认为不管是什么人，要尊重历史，还有就是要尊重现实。特别是对我们周城这个村来讲，因为本主庙塑像已经摆在那个地方了。人们也是按照这一种系统去崇拜，所以，要尊重现在的事实。既然要尊重现实，就要作适当的修改。从杜朝选来讲，一种说法是大娘娘二娘娘跳进蝴蝶泉去了，另一种说法是与蝴蝶泉无关。我认为应该取第二种说法。因为本主庙现实的塑像当中，大娘娘有一把银锁[②]，二娘娘抱着一个娃娃，这个是现实。如果她们两个都投到泉水中去了，那么，二娘娘的这个小娃娃不好解释它，人家问起来我们就说不清楚。所以两个娘娘投到泉水里去的说法我是不赞成的。所以作了一种个人的修改。在修改过程中，有这么几个想法：一个是要扶持杜朝选的高大情操。作为一个为民除害的人，他不是为了

---

① 杨庆志，曾任周城九年制学校校长，60 多岁，已退休。采录时间：2010 年 2 月 26 日上午。

② 本主庙大娘娘塑像双手笼在衣袖内，中间露出一略似锁状物的东西。

某种利益而去做，所以在大娘娘那把银锁上我作了修改。因为大娘娘二娘娘是事先被蟒蛇掳到了山上，所以我个人认为大娘娘因受蟒蛇的惊吓而经气断绝。那么那把锁又怎么样说呢？就是杜朝选打造了一把银锁送给她以慰其心，说白了也就是说："啊，没有娃娃也就算了吧，反正我们二娘娘还有一个娃娃，是我们的娃娃。"用这种方法说明了这把银锁。两位姑娘要嫁给他的时候，我的想法是，主动权是在两个女的。两位姑娘带有羞怯地说："你是我们的救命恩人，大哥，你如果不嫌弃，我们自愿嫁给你，你就娶了我们做你的妻吧。"杜朝选对两位姑娘的诚心诚意面带难色，说："我斩杀蟒蛇是为民除害，别无他求，我们准备下山吧。"两位姑娘"噗"的一声跪在地上，说："你如果不答应，我们就不起来。"杜朝选见状，迟疑了一下，和颜悦色地说："两位姑娘，起来吧，我答应你们。"两位姑娘高兴地站起来，搀扶着杜朝选向山下走去。

我认为这么个样子说了以后，这个杜朝选娶这两个娘娘不是强迫，而是姑娘的主动要求，而且第一次是两位姑娘主动提出来的，杜朝选面带难色，有困难。

我们在讨论这个问题的时候我也曾经提出过，但是没有人回答我的问题。我的意思就是说：你们认为大娘娘二娘娘跳到泉水里面去了，那么跳到泉水里面去的这个二娘娘的那个娃娃又怎么样解释？所以我说：如果你们要按照那种解释，我们这个塑像要重新来，它说不通啊。我们这个地方现在也非常有名，如果懂行的人来，我们如何解释这个问题？解释不清楚。

M11 李天才 2012（张超颖采录）[①]

很久很久以前，我们这个村子后面云弄峰有一个大峡谷，峡谷里面有一个洞，洞里曾经藏着一个大蟒蛇。这蟒蛇经常下来损害我们的庄稼，坑害我们的百姓，人们就过得不安宁。一天，我们隔壁的永胜

---

① 李天才，周城人，大理市大理镇人大主席。张超颖，武汉大学社会学系人类学专业2011级硕士研究生。采录时间：2012年1月8日。

县，那个地方有一个猎人，他打猎来到我们海东。从那个地方上来，他听到我们这个地方有那么一件事，他想上来做一件好事，这是他的一个目的。他从海东乘船到我们这个地方。下面那个村子叫桃源村，那个地方有一个弓鱼洞，那个故事就不讲了。他乘船过来，然后来到我们这个地方，就住在我们这个村子里面。有一对老人，整天在家里哭，杜朝选就问什么原因。他们说，我们这里有一个巨蟒，每年要给它献一对童男童女吃，吃了之后它才不下来糟蹋这些庄稼、牲畜或者人。今年已经轮到他家了，他有个孙子明天就要送去给蟒蛇吃，他们就痛心地哭了。杜朝选一听，说我可以帮你们除害。

第二天大清早，他就到旗山这个地方观看，就是苍山第一峰云弄峰下面的那座小山。他看到有一对女子刚好出来洗东西，他就问那一对，说是不是有那么一台事①。那一对女子告诉他说有那么一台事。杜朝选就说要把这个巨蟒给宰掉，为村里人做点好事。然后他就把蟒蛇各方面的情况弄清楚。之后他就从旗山上拿起弓箭，一箭射下去，射中了蟒蛇。蟒蛇受了重伤，就跑回去了，就不见了。杜朝选就到箐沟里面去看，那一对女子又出来了，给那个蟒蛇在洗血衣裳。那块石头红红的，就是洗衣石。他就问这两个女子，她们告诉他那条巨蟒在外边被人射了一箭受了伤，现在在里面休养。杜朝选就告诉这两个女子说，那个箭就是他射的。她们两个人也是受害者，是蟒蛇的大娘娘二娘娘，两个人就在它身边服侍它。她们乞求杜朝选能不能把她们救出来。杜朝选就答应了她们的请求，然后，就拿起一把宝剑，在蟒蛇睡得很香的时候，把这条蟒蛇宰掉了。

消灭了蟒蛇以后，两个女子感激不已，说一是你救了我们两个人，二是你为我们当地做了一件好事，为民除害，我们要做你的女人。她们跪下去乞求他，用这个方式来表达感谢。猎人当时还拒绝呢，说不要。最后杜朝选就答应了她们这一台事情。这当中穿插着跳到蝴蝶泉那个是另一回事了。从此我们这个地方就平平安安了，所以就把他供奉为我们村的本主。每逢三月三我们全村的男女老少要到这

---

① “一台事”为周城村口语，即为“一件事”。

个箐口祭拜他。每年正月十四我们还接本主，从寺庙里面接出来，整个村子要游行一遍，大家要祭拜他。正月十六过本主节，这天是本主生日，要唱戏。洞经会、莲池会、方广会这些老人，给他诵经、弹洞经。

这个故事归根结底就是说，只要你对人民做了好事，对本地区做了好事，人民永远不会忘记你。虽然人不在世间，人民还是会尊重你。

M12 杨珍华 2012（陈鑫、张超颖采录）①

杜朝选是猎人，祖传打猎。我们这里有蟒蛇，在山上看见两个女人就把她们抢去了做它的媳妇，大娘娘二娘娘。每年三月三，我们这几个村子要送童男童女一对，送给它吃。如果不送，它就下来祸害我们这几个村子。杜朝选听说我们海西这里有个蟒蛇洞，有条蟒蛇大着呢。他从海东坐渔船过来，坐桃源村打鱼的两口子的船，说我上海西去收服这个蟒蛇。到了海西，他给这两个人船钱，这两口子不要。他们两口子心好，杜朝选告诉他们有一个弓鱼洞，说以后打鱼不要到别处去了，很辛苦的，就在桃源码头背后那个弓鱼洞里打鱼。弓鱼我们都见过、抓过、吃过，一小点一小点的是六条一斤，稍微大一点的就是五条一斤。

告诉他们弓鱼洞以后，杜朝选就到我们这个村子了。刚好是三月三那天，要献一对童男童女给那个蟒蛇吃，孩子的父母亲在哭。杜朝选会射箭，他说我去收服它。蟒蛇洞在箐沟的北边，他从南边上去，见到蟒蛇出来了，杜朝选就射了一箭，蟒蛇就退回洞里去了。然后杜朝选就下去，去追蟒蛇了。它的那个大娘娘二娘娘出来洗血衣，那箐沟水里有一块石头，石头被洗衣裳的血水染红了。石头上面是清水，这股清水流到石头那里就是红的，流下去以后，又变成清水了，奇怪呢！那个石头就叫“洗衣石”。杜朝选听说蟒蛇会变人变蛇，他就要

① 杨珍华，女，周城方广莲池会成员，周城石佛路村民。陈鑫、张超颖，武汉大学社会学系人类学专业 2011 级硕士研究生。采录时间：2012 年 1 月 14 日。

杀那两个姑娘。那两个姑娘架住刀，说："大哥，我们你是杀不得的，我们是人呢。我们在上山砍柴被蟒蛇抢去做了它的媳妇。"杜朝选说我来收服它。两个姑娘说，如果你把蟒蛇收服了以后，我们两个要做你的媳妇。后来，她们是做了他的媳妇。杜朝选做了我们村的本主，我们正月十四要敬他。本主从本主庙里抬出来以后，整个村子绕，绕了以后抬到小街子的戏台前，头几天就给本主搭好了房子。正月十四抬出来，正月十五白天晚上唱戏，正月十六是过本主节，正月十七就要送回本主庙去了。那两个姑娘做了杜朝选的媳妇，三个人一起祭。还有南边的本主那些，有两个，叫什么不清楚了，一共五个。五顶花轿抬出来！

刚才说要做他媳妇的这两个说，蟒蛇大睡是七天七夜，小睡是三天三夜。杜朝选问这几天是遇着大睡还是小睡，她们两个说是大睡。他问蟒蛇有什么宝贝，她们说有宝刀。杜朝选说你们两个把宝刀给偷出来。她们本来是它媳妇，进洞去，看蟒蛇睡得好呢，"呼——呼——"。宝刀是挂在它身上，她们就轻轻地慢慢地把宝刀偷出来。偷出来以后就拿给杜朝选，说："你把它收服，我们情愿做你的媳妇。"杜朝选举起那个宝刀就砍，刀都砍断了，我们现在看到杜朝选手里的宝刀只是一半了。蟒蛇洞他们几个都去过，我们没有去过，那里难走，路难走。有一点点（石路）只够脚踩起，很不宽。年轻人才上去看呢。拜杜朝选的经我们也会念。（念了几句莲池会的经句）讲给你们汉话有些变不过腔来，我们念经用白话念。

M13 杨美 2012（陈鑫、张超颖采录）①

正月十六是本主生日，是白族的传统节日本主节。杜朝选，为民除害，除了大蟒蛇。这个故事说起来很长呢。大概是说，我们的山上有一条大蟒蛇，每一年，我们要送一对童男童女，送去给它吃了。杜朝选是海东的打猎人。他渡海来到海西看到那个童男童女的父母亲哭哭啼啼的，他听见以后就问是怎么一回事。他们就给他说，是给那个

① 杨美，女，周城村民。采录时间：2012 年 1 月 16 日。

蟒蛇送童女童男，今年轮到他们家了。杜朝选就说“不怕”。他就上山，用箭把它射死了。哎——，没有射死呢，他没有射中要害部位。那个蟒蛇还养着一对我们白族女娃娃，做它的大娘娘二娘娘。杜朝选进洞后遇见它的这两个娘娘以后，她们就告诉他，说是这两天它要大睡七天七夜。如果是一般的刀子杀不死它，要杀蟒蛇要用蟒蛇的剑。然后，那个大娘娘二娘娘把猎人领进去，偷偷地把蟒蛇的那个剑拿出来给这个猎人。然后把蟒蛇杀死才出来。以后我们就把他供作本主了。

M14 段继灿 2012（张超颖、周璐雪采录）①

我们讲杜朝选的故事。在很久很久以前，苍山云弄峰有个大蟒，它会千变万化，又能呼风唤雨，它经常下来糟蹋村里的老百姓。有一天，从海东那边过来一个青年小伙，他的名字叫杜朝选，他是海东永胜那一边的人。杜朝选自幼父母双亡，就是靠他的叔叔把他抚养成人。杜朝选从小就喜欢弄枪弄棒。他 18 岁以后，就告诉他叔叔说，你把我扶养成人啦，现在我要生活自理了。他就打猎了。他在海东那边一望，就看到海西的苍山。有老两口在那个小船上，他们是以打鱼为生。杜朝选就对他们说老大爹老大妈你们能不能把我渡过去。他们说我们如果把你渡过去今天吃饭就成问题了。杜朝选说了很多话感动了那个老爷爷和那个老妈妈，他们两个就把他渡过来了。到了桃源村那个戏台后面，他把老爷爷撑船的那个竹竿拿过来朝洱海里戳下去，戳了两个洞，顺手在海边上抓了两把柳叶撒下去，那些弓鱼就游出来了，很多很多。他就对两个老人说：“从今往后，你们就不要出去打鱼啦，你们就在这里捞鱼，这里的鱼捞不完。”弓鱼从冬至起到惊蛰都有。那个鱼一跳起来，就成一个弧形了，弓鱼就是这个意思。洱海弓鱼就是这个来历了。过去很多很多，每天早上都可以捞几百斤，味道也相当美。可惜现在没有了。

---

① 周璐雪，武汉大学社会学系人类学专业 2011 级硕士研究生。采录时间：2012 年 2 月某天（未能记下）。

然后他就走，那天刚好遇着农历的三月三，他看见苍山脚下很多很多的人，老妈妈们在那里念经，一个老爷爷抱着他四五岁的孙女，抱头大哭。杜朝选问道："你为什么这样子伤心?"那个就说："呃，说出来我们太悲痛了。"在杜朝选的一再追问之下，那个老爷爷就告诉了他蟒蛇为害的事，并且说："你是帮不了的。"杜朝选说："我是一个打猎的。"这时，天空刚好飞过来一群大雁。那个大雁，它有时候是飞成"一"字形，有时候是"人"字形，有时候是"八"字形。那群大雁"咕咕咕咕"这样叫过来以后，他说："大爹你看，上边有一群大雁，我射第三只下来。"他拿那个弓箭朝天一射，"嗖"的一声，那第三只大雁就被他射下来了。大家都非常惊奇，说："你可以去你可以去，但你要特别小心，因为它会变各种人形，它诡计多端，力大无穷。"他就爬上去了。那个神摩山对面有个水洼洼，他就看见蟒蛇从洞里面钻出来啦，杜朝选对着它就一箭射过去，射中它的左眼。那个蟒蛇就疼得不得了，就地滚了一下就变成一个白面书生，回它那个洞里面去养伤。原先我们周城两个青年女子上山去砍柴被它掳到洞里边了，不准她们出来。蟒蛇回去以后，就告诉那两个女的，说："今天不知哪一个胆大包天射中我的眼睛了，你们把我的衣服去洗一洗。"她们就在那个石头上洗。你们朱教授前年去过蟒蛇洞，见过的。就在蟒蛇洞下面，大大的一个石头，现在还在呢。我们称它洗衣石。我小时候去看过了，这几年没有看，那儿有一个水槽槽，里面的水是红的，就好像血水一样，直到现在都是红的。那个就是洗衣石了，我们白族话叫"瓦衣粽"（记音）。她们两个拿着蟒蛇的衣服在那里洗。杜朝选一路赶过来，蟒蛇一下不见了，他就跟着找上来。看见她们两个在那里洗衣服，他就想：村里人跟我讲蟒蛇会变各种人形，这两个肯定就是蟒蛇了。他就把那个刀拔出来，对着两个女子说："怪物吃我一刀!"那两个女子吓呆了，就对他说："大哥，刀下留人!"那两个女子就说她们是周城的良家女子，上山砍柴的时候被蟒蛇摄到它的洞里面去了。今天不知哪一个射了它一箭，让我们给它洗血衣。杜朝选说既然如此，你们两个就待在这儿不要动，我去杀了蟒蛇，搭救你们回周城。那两个说这个蟒蛇挺厉害的，你是杀不动它的。那个大一点的、我们现在称她大娘娘的就告诉他，这个蟒蛇有一口八宝剑，挺厉害的，所以说你不能去。后来那个大娘娘说，蟒蛇有一个习惯是大睡七天七夜，小睡三天三夜。现在正在洞里面那个石头床上睡觉，在养伤。她说她有一个好的主意：回去把蟒蛇的剑骗出来。那么怎么个骗法呢？因为她们是被抢进去的人，她们都很不如意，后来她们没有办法，就改变了自己的态度，好像对它又和蔼了一些。蟒蛇那个剑是压在枕头下的。大娘娘进去就哄它，说："是我啊，我，我进来陪陪你。"她的目的就是软化它，说："你睡里面一点，我来陪陪你。"那个蟒蛇信以为真，它也不知是计，就把身子挪了一下。它那个剑就露在外面了，大娘娘一下就拔出来了，拔出来就赶忙跑出来了。杜朝选就在那个洞口接着那个剑，就和蟒蛇在洞里面打斗。最后就用剑捅蟒蛇，由于用力过猛那个剑就断了，那个剑断在蟒蛇的肚子里面了。你们已经见着了么，庙里杜朝选手中的剑只有半截，就是这个原因。杜朝选这样就把蟒蛇杀了。

杀了以后，他就把那两个女孩带下山来。她们就问起他家里面有没有媳妇，他说："我没有，我自幼父母双亡。"那个大娘娘是很有胆量的，就跪下去，很真诚地告诉他："大哥你救了我们的命，如果大哥不嫌弃，我们就做你的媳妇。"杜朝选说："不要，不要！我杀蟒不是为了要你们做我的夫人，我是要搭救你们下山回家的。"她们两个就说："如果不领我们这个心，我们就宁愿碰死在这个石头上了。"杜朝选就怕了，把她们两个带回来以后就成为夫妻，就在周城定居了。

后来，杜朝选死了以后，因为他为周城人民做了好事，就做了我们的本主。每年正月十四这一天我们要把他接出来，欢度本主节，唱戏，耍狮，舞龙，老妈妈们念经啊，就是为了表示对他为民除害的纪念。本主要坐着轿子，抬到大桥那边，要歇一下，他的脸要朝这一边（指朝向仁里邑村）。为什么呢？据说，杜朝选有一个恋人，哈哈哈，他有一个恋人是仁里邑的，他们虽然没有成婚，还是要纪念一下他那个恋人。大体情况就是这样了。

M15 杨开基 2012（陈鑫、张超颖采录）[①]

蟒蛇洞以前有蟒蛇，老大的一条，它已经成妖了，可以变人。海东那边过来一个叫杜朝选的猎人，就拿那个箭把它射死了。射了以后，他就拿了个宝剑，到江北那个地方，戳了一个弓鱼洞。现在那个地方建了房子。我们小时候，大概六七岁那时候，有那个弓鱼洞。洞里面的水是不是金沙江过来的，我们不知道，反正水白生生的就滚出来，那么大一坛，那鱼密密麻麻的就出来了。我们小时候，把衣裳裤子卷起，就去抓那个鱼。这么一小条一小条，就是大理弓鱼。人家传说是因为杜朝选也就有了弓鱼。杜朝选是我们的本主。

M16 李永镇 2012（陈鑫、张超颖采录）[②]

那边山上有个蟒蛇洞，这个蟒蛇以前是专门吃童男童女，每年都要献给它一对。杜朝选是个猎人勇士，他从海东上岸以后，用撑竿去掇[③]，就掇出了弓鱼洞。弓鱼洞对大家有好处呢。那个弓鱼以前是相当多的，相当好吃，相当好吃！

本主节那天，游行（本主巡行）过来以后，游到那边，要面朝仁里邑，因为那边有一个女的，是杜朝选的相好。游回到戏台那边，就开始跳财神，是请来的剧团演的。在这个场子里要闹三天：十四、十五、十六。十七早上就将本主送回庙里了。这三天就是唱戏，周德会（即洞经会）弹经，就是这样子。很是热闹的。

本主节接佛要接五尊，杜朝选和他的两个妻子大娘娘二娘娘。这两个妻子就是杜朝选从蟒蛇洞救出来的。蟒蛇把她们摄进去以后，要这两个女人给它做婆娘，杜朝选杀了蟒蛇把这两个娘娘就解放出来了。解放出来就成杜朝选的妻子了，叫做大娘娘二娘娘。大娘娘是有一个小娃娃，二娘娘没有娃娃。此外，还有南边本主赵木郎，还有那

---

① 杨开基，60 岁左右，周城村民。采录时间：2012 年 1 月 17 日。

② 李永镇，60 多岁，洞经古乐会会长。采录时间：2012 年 1 月 17 日。

③ 掇，通“剟”，字典意义为“削”。但在民间用法中有“用力敲击”“戳”的意思。

个景帝，就是这五个。抬本主要今年结婚的新郎来抬。我们整个村子是有七八十个新郎，由这七八十个来抬。热闹呢，你们不要回去，把这个节过了以后再回去。

M17 杨吉 2012（陈鑫、李慧、张超颖采录）①

杜朝选他本来是一个英雄。神摩山里有一个蟒蛇，年年要吃童男童女。杜朝选打猎，从海西过来就看见这么一个怪物，他就跟着上山了。他就在蟒蛇洞那边把那个蟒蛇射死了。他为了这个村子，灭了一个怪物，所以他后来成了本主。

M18 段绍升 2018（朱炳祥采录）②

杜朝选的故事我们这一辈人讲的基本上都差不多。但只能说差不多，它一定有差别，出自张三的口和出自李四的口还是有不同的地方。我是根据儿时就听到的这个故事讲，我的爷爷就讲到蟒蛇的故事。他说我们东边方向丽江地区有一个永胜县，那边有一个猎人经常到我们这边来打猎。有一次他从那边过来。他好像先知先觉，感觉到西边苍山上有一些东西，他要去打猎。他觉得越快越好。他要坐船。他只是一个人，带着一些打猎的东西，那边的人不愿意搭他。但是有一个说，好好好，你要过那边去，我可以把你送过去，就把他从海东送到海西的桃源。那个人是桃源的。杜朝选就问那个船夫以什么为生？那个人说："我专门靠捉鱼，所以也跑到海东那边去。"杜朝选就说："你以后就不需要跑到海东那边去了，你在这儿就行了。"那个人说这儿没有鱼。杜朝选说："我给你想办法就可以有鱼了。"他就将撑船的竹竿拿过来，往海里一戳，又抓了一些海边的柳叶，往下一撒。啊，看着那些柳树叶就变成了鱼。什么鱼呢？很好看的弓鱼，那个弓鱼就很像柳树叶。他说："你以后就专门在这边打鱼，这些鱼

---

① 杨吉，周城南方广莲池会副会长。李慧，武汉大学社会学系社会工作专业 2011 级硕士研究生。采录时间：2012 年 1 月 27 日。

② 段绍升，1938 年生，80 岁。采录时间：2018 年 8 月 10 日。

你抓不完。”所以那边就有一个弓鱼洞。那个洞我们小时候都知道，弓鱼很多。当然以科学来看，我们这边的山多数是石灰岩，下面冒出来的水，可能鱼要产卵的时候它最爱那个形式，它要在上面产卵，所以弓鱼就很多，这一群抓了以后那一群又来了。这个猎人姓杜，叫杜朝选。这是故事的开头。

然后杜朝选就问你们这个地方有什么奇特的动物，他们就说，马鹿也有，老虎豹子都有，但是还有一个最厉害的东西，就是蟒蛇。蟒蛇修行几百年以后就变成人，在我们隔壁的那个村子周城村里面捣乱。它经常要吃人，它变成人以后就提出要求，每年给它送一个男娃娃一个女娃娃，童男童女。每年送这么两个，保一年的平安，它就不来吃了。如果你不送来，它就要来扰乱。是不是真正有这么一回事？他就到周城来问，周城个个都说有这么一回事。有一家哭哭啼啼地跟他诉说，今年分配到他们家一个男娃娃，另外一家又有一个女娃娃，今年要送给蟒蛇吃，如果不送我们整个村子要遭殃，我们觉得相当悲痛。杜朝选问蟒蛇在哪儿，他们就指给他说就在那边的蟒蛇箐山沟沟里边。蟒蛇箐是后来有了蟒蛇的故事才喊的名字。说它不变成人的时候，就是一条蛇，很大的一条蛇。你在对面高高的那座山上往下看就可以看到它的洞。杜朝选就上了苍山，一看那边有云彩，有雾，觉得乌烟瘴气的。他看不清楚，就往下走，慢慢地就把那些沟、那些水都看清楚了。哎，这个山沟沟里面有两个女的在那里洗衣服，洗的衣服里面有血。他问是怎么回事，她们说她们的丈夫就是一条蛇，她们两个被它抓来，要帮它洗衣服。

哦，漏了一点。他到山头上看下去的时候，看到沟底那条蛇了。他就把弓拉起，瞄准那条蛇射下去，就射中了蛇。蛇不见了，他就往下走，往下走才遇着这两个女的在那儿洗衣服，衣服上有血。她们说，它本身就是一条蛇，但是会变成人。是它把我们抢来的，抢来做它的媳妇。杜朝选问：“蟒蛇现在在哪儿？”她们说：“它钻到洞里去了，它受了伤，有人射了它一箭。这些都是它的血。”那边有一块大大的石头，石头旁边洼洼里面的水是红红的。现在都是这样。也奇怪，那个洼洼里面的水红红的，其他的水不是红的，但就那个洼洼里面的水是红红的，就说是蟒蛇的血。杜朝选就问：“那你们现在是不是很愿意做它的媳妇呢？”她们说：“不愿意，但没有办法，逃不走。你如果有办法救救我们就好了。”怎么救呢？她们说：“有一个办法，蟒蛇有一把宝剑，如果不是用那把宝剑就杀不死它。它的宝剑经常在那个枕头下面，那条蛇就睡在那个宝剑上。如果用它的那个宝剑去杀就一定能够把它杀死。”杜朝选问：“那你们能不能把它拿出来呢？”她们回答：“现在行。一个是它受了伤；一个是它如果睡，小睡是三天三夜，大睡是七天七夜，这次它睡着了，起码要睡三天三夜。我们可以把宝剑偷出来，但是我们不敢杀，如果你敢杀，我们可以把那个宝剑偷出来。”杜朝选说：“好啊，我当然敢杀了！我就是一个猎人，我就是专门对付这些坏东西的。”她们就进去在它那个枕头下把宝剑偷出来了，交给这个猎人。猎人进去趁它睡着的时候，一刀砍下去，重重的一剑，就把蟒蛇砍死了。哦，对！砍的时候，他用力过猛，把宝剑都砍断了。现在本主庙里杜朝选那个神像中的宝剑有一截断了。

杀了蟒蛇以后，她们就问他：“大哥，你姓什么，你救了我们，我们还不知道你的名字。”他就说叫杜朝选。她们两个就说：“既然你救了我们，我们已经被蛇糟蹋了，我们回去也没脸见人。你能不能带我们走？我们做你的媳妇。”他说：“哪能？我家里已经有媳妇，我做了一点好事，你们要做我的媳妇，这个我不敢当。”她们请求他，他都不答应。山脚下那边有一潭水。既然回去也见不得人，因为被蟒蛇糟蹋了，做他的媳妇他又不答应，她们就往那个潭子里一跳，不见了。哎呀，这个杜朝选在旁边懊悔了，说她们愿意做我的媳妇我都不答应，把她们害得跳水，跳到这个潭子里面，自杀了，我怎么对得起她们！这时飞出一对蝴蝶，一个跟一个。他一看，哦，这对蝴蝶就是她们两个变的，我也要往潭子里面跳。他就跳进去了，也变成了一只蝴蝶。她们那两只蝴蝶是带色彩的很好看的，他变的那只蝴蝶是红红的，是单独的那么一只，不很好看的那么一只蝴蝶。我们小时候经常看见庭院里面飞的蝴蝶，有一对后面跟着那么一只红红的比较枯燥一点的，我爷爷就说：“前面两个是大娘娘二娘娘，这个是杜朝选！”（笑）那个潭后来蝴蝶越来越多，就成了蝴蝶泉，现在的蝴蝶泉。

我们这里的人因为杜朝选做了好事，把那个扰得不得安宁的蟒蛇消灭了，我们就拜他为我们的本主，让他世世代代保佑我们。我们周城没有姓杜的，就杜朝选姓杜。我们请了一个姓杜的人做我们的本主。

M19 段晓云 2018（朱炳祥采录）[①]

杜朝选的故事我们也就是听上一辈的、上几辈的老人传说下来的，按我的记忆大概说一下。

据说在很早以前，周城这里的神摩山有一条大蟒蛇成精了。这一条大蟒蛇每年农历三月三它都要下来村里面取一对童男童女作为食品。村里人要供奉它，否则它就会危害百姓。人们没有办法，只好每一年按期供奉它一对童男童女，这样一直传下来。

有人说杜朝选是永胜人，他是一个猎人。他在那边听说以后，从那边直接过来要除蟒蛇。有人说他是猎人到处跑，有一次三月三之前的一个晚上，进到村里面，听到一户人家老老少少都在哭，他进去听他们说，第二天他们的女儿要供奉给蟒蛇。到底哪个说法是真哪个是假，反正都是传说，传说故事就会有变化。不管哪一种说法，都有杜朝选出现，都说杜朝选是永胜人。

杜朝选从永胜那边过来，不像现在公路上过来就行，以前要翻山越岭的。永胜是在洱海对面那座山再翻过去的地方。据传他翻山越岭来到洱海的东岸，遇到一对打鱼的老夫妇。他们正在准备去打鱼，杜朝选要求老夫妇用他们的船送他到西岸，他要去做这个事情。那对夫妇当时觉得有点为难，但当他们听他说要来为周城做一台除蟒蛇的事情之后，那对老夫妇被感动就把他送到西岸这一边。送的过程中他知道这对老夫妇打鱼很不容易，来到西岸以后，他对他们说："你们以后就不要东奔西跑去打鱼了，你们就在这个地方打鱼。"就是现在的桃源码头的附近。他上岸以后，顺手在岸边的柳树上摘了一些柳树叶子，撒到洱海水里面，然后拿渔夫撑船的竿子在海里面戳了一下。他

① 段晓云，56 岁，曾任周城村主要领导。采录时间：2018 年 8 月 11 日。

说："你们看，你们就抓这些鱼，抓不完的鱼。"后来那个地方就叫弓鱼洞。洱海里的弓鱼现在已经绝迹了，没有了。我们小时候还吃过，很好吃的一种鱼。如果现在有的话，那是最值钱最好吃的鱼了。那以后从来没有吃过那么好吃的鱼。弓鱼洞，不仅那对老夫妇一直在那里捉鱼，后来一代传一代，传了好几代。弓鱼洞的形成跟杜朝选有一定的关系。

杜朝选来到西岸，他要去完成这个主要任务，就是除蟒蛇。他就去打听在什么位置。打听到以后，他就上到山上，他问清楚蟒蛇洞在什么地方，蟒蛇洞在菁沟里面，然后就到蟒蛇洞的对岸去隐蔽起来观察。他头天下午就去隐蔽起来，第二天早上蟒蛇出来晒太阳，他就拿起弓箭瞄准蟒蛇，一箭射过去就射中了蟒蛇。蟒蛇受伤后大怒，发威打滚，跑回洞里面去了。杜朝选也跟下去，但有一段路程。在他跟到谷底的时候，有一对妇女出来了，两个妇女拿着血衣。他准备除掉这两个人，因为他听说蟒蛇可能变成人。她们就说："请这位大哥刀下留情、刀下留情！我们不是妖，我们是被蟒蛇抓到这里来的。"她们又说："刚才蟒蛇受伤了，跑回来，这是蟒蛇的血衣，我们就帮它洗这个衣服。"她们洗血衣的时候，把那个石头都染红了。那个石头我曾经也去看过，确实是通红通红的，现在还是这样。按照科学的说法，它是一种岩石的颜色，传说就是洗蟒蛇血衣的石头。他问了以后，就急急匆匆要进洞去宰蟒蛇。但两个妇女就说："你现在进去是打不赢它的，它的武功很高强。它受伤以后要休息一段时间，要睡上七天。等它睡着以后，它有一把宝剑，我们把它的宝剑拿出来，你用它的宝剑才能杀得了它。"杜朝选就听她们的。等蟒蛇睡着以后，两个妇女就慢慢地进去把它的宝剑取出来了，拿给杜朝选去宰蟒蛇。杜朝选也就拿着它的宝剑进去宰。由于他急于要把蟒蛇杀掉，一剑下去，就把宝剑折成两段了。把蟒蛇除了，但宝剑也断了。据说杜朝选也受了一点伤，宝剑断的时候受了一点小伤。

蟒蛇除了，他就跟两个妇女说："你们可以回去了，你们回去过正常的生活。"但那两个妇女就不同意了，说："我们是回不去了，因为蟒蛇把我们抓来是做它的妻子的。我们已经做了蟒蛇妻，以后是回不了村了。如果你不嫌弃，我们就跟你走。”他也不同意。他说：“我不是来找你们的，我是来除蟒蛇的。你们这样一跟我走，别人就说我是冲你们来的，要跟蟒蛇争你们。”他就不同意，用现在的话说，共同的意愿达不成。达不成以后，各走各的。杜朝选背起弓箭就走了，沿着谷底往下走。那两个妇女也就跟着他走。走到现在的蝴蝶泉，当时叫无底洞。走到那无底洞旁边，那两个妇女还在哀求他，说我们确实要跟你走。他说你们回村，我去打我的猎，我要去打猎。那两个妇女拉着他，要跟他走，他不同意。那两个妇女想，既然你也看不起我们，我们走投无路，我们只好以死相许，就跳到那个无底洞里面去了。杜朝选也急了，他要去救她们，结果也跳进去了。三个人都不见了，一会儿就飞出来三只蝴蝶。两只非常漂亮，有一只就跟着飞。后来蝴蝶泉的故事就和杜朝选联系在一起。后来发现了很多很多蝴蝶，蝴蝶泉就形成了。

周城有这么一个美丽的传说。一个是杜朝选舍己为人，为民除害；再一个是形成蝴蝶泉的传说。

后面周城村民为了报答杜朝选，纪念杜朝选，就把杜朝选树成了周城的第二本主。周城每年本主节，正月十四接本主，一直到正月十七把本主送回本主庙，接送的就是杜朝选本主。好像人们对杜朝选比原来的开村本主赵木郎还敬重。赵木郎是开村本主，全村人只要有大小事都要去敬香，但是每年过本主节是为杜朝选过的。这说明周城人民重感情，只要你为周城做了好事，就永远不会（被）忘记。朱教授，你也是为周城做了很大的好事，如果要感谢你，要纪念你，你可能是第三、第四本主了。(笑)

M20 杨庆志 2018（朱炳祥采录）[①]

就讲大娘娘二娘娘一小点。杜朝选是鹤庆那边的人，噢，是永胜人。大娘娘二娘娘有点区别，2009 年当时北本主庙新建的时候，原

---

① 采录时间：2018 年 8 月 11 日至 8 月 12 日。分两次采录的原因是头一天中午他妻子端着碗等他吃饭，他要讲完再吃饭，我请他先吃饭，约好第二天上午继续讲。

来大娘娘的神像有个手铐，新塑像怎么处理？大家认为是手铐，我认为这个不可能。因为杜朝选既然是这样一个心慈的人，他不会做出这种事情。当时我的观点就与其他人的观点不同。一般人就认为有一种强制性质（指强迫婚姻）。杜朝选既然是这么一个心善的人，能够为民除害的人，他主要目的是打猎，打猎遇到这么一台事情。他并不是图色、图女人，他不会有这样一种强制性。她们是因为杜朝选救了命，为了感激他，她们才以身相许。既然以身相许，就不会有这么一种强制性。强制性与杜朝选的形象格格不入。

风言风语的，说大娘娘不同意做他的妻子，想要逃跑，有这些闲杂议论。当然这是历史性的传说。但我的这个看法是以杜朝选的个性、特性来看这样一些事情。当时好像跟朱教授也谈过这个问题①，我们要历史地评价一个人。他并不是来这个地方要讨什么媳妇。他既然是为民除害，这（指迫娶）就有损于他的形象。所以当时我们在新建本主庙塑像的时候，就主张把大娘娘手上的锁去掉。我是想强调一下我这个观点，这个观点我是从推断上说的。杜朝选既然是一个善良的人，他不会做出不善良的事。说大一点就是：如果有神性的人，不会有兽性。如果是历史记载那是没有办法，现在是传说性质。这种传说不是有研究的人写的传说，而是群众中各人观点不同的传说。我们这批人活上一百年也好，二百年也好，也弄不清楚真相是什么，因为它只是个传说。从深远的意义来说，这个形象不管是真也好，假也好，既然在人们心目中有这么一个偶像，那么这个偶像我们就要发挥他积极的作用，我们周城人要用他教育下一代，道德上应该像杜朝选一样正直无私。他的形象要从社会道德上、社会公德上发挥正面的作用。

（以上是 2018 年 8 月 11 日中午杨庆志讲述）

杜朝选是永胜的小伙子，从小喜欢打猎。他来到我们大理海东，从海东那里上来。他看到苍山林木茂盛，烟雾缭绕，他就估计在苍山上有猎物可打，就来到我们这边打猎。他从海东乘船来到我们海西。

① 指 2010 年的那次讲述，见 M10。

划船的是两位老人，一个老爷爷，一个老妈妈。老人一边划船，一边与杜朝选聊天。老人就说，我们现在活得比较苦，打鱼打不着。从船里上岸以后，杜朝选就说："我帮你，我会让你们有鱼可打。"到了桃源这个位置，他说把那个撑船的竹竿拿给我，他拿过来就往洱海里一戳，又抓了一把叶子朝洱海里一撒，海里就冒出来很多鱼，就是弓鱼。记得我们小时候，十多岁二十几岁的时候，弓鱼还多得很。弓鱼非常有名，味道香，现在绝迹了。如果大理弓鱼像以前那个样子，大理的旅游还要更加出名，可惜了。在桃源那个地方有个弓鱼洞，就是在古戏台那个地方东面一小点。每年春节前这段时间弓鱼相当多。我们那边的亲戚每年都要给我们送来弓鱼，相当好吃。小时候都有那个弓鱼，以后搞经济发展，那个地方建工厂就把来源堵住了，弓鱼就没有了。

然后他继续走，走到我们周城。那天刚好是农历三月三，看到苍山下边有许多人，念经，做佛事。在这个过程中，他也听见有人在哭。他问什么情况，你们在这里做什么，为什么有人哭。群众就给他讲，有一条大蟒蛇，每年这一天都要从村子里面选一对童男童女送给它吃掉。这些人哭就是因为他们的子女放在那个地方要准备送给蟒蛇。杜朝选问蟒蛇在什么地方，人们就指给他苍山那边有个蟒蛇洞，还说蟒蛇有个特性，大睡七天七夜，小睡三天三夜。他说我上去看一下。

杜朝选背着弓箭走上去，看见两个女子在那个地方洗着血衣，她们告诉他说蟒蛇现在是大睡的时间。他到了洞里，弓箭使不开，就用刀向蟒蛇砍去。但是这个蟒蛇被砍就会发作，他就再砍上几刀。砍上几刀以后他就走到洞外，把刚才的情况给这两个女子说清楚。下山以后他就到"三月三场地"跟老百姓讲蟒蛇已经被他杀了，至于两个女子就让她们回家去。大家就感谢他。这两个女子为了感谢杜朝选的救命之恩，也就愿意以身相许嫁给杜朝选。从此周城过上了安宁的日子。若干年之后，周城老百姓就把杜朝选奉为本主崇拜。杜朝选是属于第二本主，北本主。第一本主是赵木郎，南本主，他是南诏时期上关的一个守将。随着人口的增长，祭奉第二本主的基本上就是"苏、周、王、桂、倪、何、陈、费”这八个姓，其他姓大多数祭奉南本主。如果是方广莲池会的老妈妈，她们两处都要祭。

信仰程度影响比较远的还是南本主，敬拜多的也是南本主，从功德捐款看南本主也要比北本主多。他们几个会长每个月统计功德箱的那些钱都是南本主多，最起码要翻倍。从整个村庄经济来看，南边经济要弱一些，北边经济要好一些。

还有，跳蝴蝶泉那是后来引申出来的，这有一小点矛盾。杜朝选说，我是为了救人，而不是为了娶媳妇，他就消失了。消失掉了以后两个女的寻找她，一直没有找到，所以到了蝴蝶泉那个地方就跳到水塘里面，后来双双变成两只蝴蝶飞走。这是引申出来的。从这里面的观点来说，我是为了救人，所以就自然消失了。郭沫若的诗里就有两个女人跳到水塘里变成了蝴蝶的故事情节。好像不同的人就有不同的说法，这是为了蝴蝶泉的名声借用一下杜朝选的故事。蝴蝶泉那边曾经塑过杜朝选的像，现在不知道在什么地方。

那个血衣不是杜朝选射箭射的，那是以前蟒蛇伤害过人的血衣。杜朝选杀蟒蛇是一次性的，一次性把它整死了。射伤估计不可能，因为这个蟒蛇比较厉害，不打则已，一打就要一次性把它整死。

（以上是2018年8月12日上午杨庆志讲述）

M21 段继灿 2018（朱炳祥采录）[①]

很久很久以前，永胜有一个猎人，他的名字叫杜朝选。他忠厚老实，从小就丧父丧母，由他叔叔把他抚养长大。闲着的时候，他拉弓呀，射箭呀，是一个到处乱跑的野孩子，很顽皮的一个。到20岁出头以后，他说叔叔这么白白地养我，我要出去打猎为生。他叔叔说你还小，他说不怕，一个人出去锻炼。他带上弓箭，在祖宗面前磕个头就出门了。

他来到海东，要过海西必须乘船。有两个六十多岁的老妈妈老大爷，撑着一只小船。他说老大爷老妈妈，你们能不能带我到海西去。

① 采录时间：2018年8月12日。

他们说行，你上船。他就上船了。来到桃源村，他因为身无分文，没有钱付船费。他就接过老大爷的竹竿，在戏台那边海里左插一下，右插一下，又在海边抓了一把柳叶，撒进去，那些弓鱼就一条条游出来了。他说你们今后从冬至开始到惊蛰节，你们不要到处去了，就在这儿打鱼。

他就告别两位老人一路上来。他刚到神摩山脚下“三月三场地”那个地方，你去过的。那天刚好是三月三，老妈妈在念经，在祷告。他看见一个五十多岁的老汉抱着一个小女孩在那里啼哭，他就问：“老大爷，今天大家这么热闹，你为什么这么伤心流泪？你讲给我听听。”那个老大爷说：“我的事情你帮不了。”他说：“没有事，你好好跟我讲，我能帮忙一定会帮忙。”老大爷就给他讲，说我们这儿蟒蛇洞里有一个大蟒，它修炼千年了，现在已经成精，会变各种人形，变老虎，千变万化，还能够呼风唤雨。杜朝选听了后说：“啊，世上有这等事！我上去一定把那个大蟒杀掉。”老大爷说：“千万不能上去，任何人都对付不了它。”大家都不准他去。刚好天空飞过来一群“人”字形的大雁，杜朝选就说：“老大爹你看，我射只大雁下来。”他把箭搭在弓上，“嗖”的一声箭射出去，射下一只大雁。大家称赞说好武艺。以后杜朝选就告别了乡亲，沿着菁沟上去爬到猴子台。从猴子台上去不远，又到洗衣石——你那年去过的，看见两个女子在那里洗衣。他想深山野岭哪有人在这儿，肯定是大蟒变的。他拿出他的剑大吼一声，说：“看剑！”两个女子就赶忙阻挡他的剑，说：“大哥，刀下留人。我们不是妖怪，我们是好人，我们是周城村的良家姐妹。今天不知哪个人射中它了，我们来给它洗血衣。”杜朝选就说：“你们两个在这儿等我，我去把蟒蛇杀了。”两个女子就说：“不行，蟒蛇相当厉害，你靠近它不得，它闻到生人的气味，它就醒来，醒来会把你吃掉。”在左右为难的时候，那个大娘娘就说：“这个蟒蛇大睡要七天七夜，小睡要三天三夜。现在正是它大睡的时候，待我进去，观察动静。我去盗出它的宝剑来，你再过去与它打斗。”大娘娘就走到洞穴里面，她很温存地问：“大王，你好点了吗？”那蟒蛇就“嗯”地翻了一个身，它那个剑是压在它身下的。她说，“你好好养伤，你睡进里面去一点。”大蟒蛇见她这么温柔，也就不把什么放在心上。然后大娘娘就把它那个剑一抽，抽出来就赶忙跑出来。杜朝选接过宝剑，跑进去狠狠地朝蟒蛇肚子刺。刺进肚子后又搅了一下，就把剑折断了，现在我们本主庙的杜朝选手里只有一个剑柄。他把蟒蛇杀死掉了。

蟒蛇杀了以后，他对大娘娘二娘娘说：“你们两姐妹，蟒蛇已经死了，送你们两个回家。”一路上，这两位周城女子诉说了她们的苦处，也问了杜朝选的身世。最后大娘娘就说：“你家里是否有妻子儿女？”杜朝选说没有。她说：“既然这样，你是我们的救命恩人，我们愿以身相许，做你的夫人。”杜朝选就说：“不行，我杀蟒是为了解救平民百姓，不是为了家庭。”大娘娘二娘娘说：“你如此深恩厚义，我们也没有什么报答你。你如果不接受我们两姐妹，我们就跳进水里去死。”猴子台上边有大大的一摊水，猴子台就是从菁沟爬上去，就在洗衣石的下面。杜朝选连忙说：“不要不要。人的生命是宝贵的，你们回去吧。”她们回来了，村子里的人就非常感激他，后来两个娘娘就跟了他，他就在周城安居了。他们死了以后，为了纪念他，每年正月十四到正月十六这三天，就把他接到小街子，家家户户都要敬香火，表示对英雄的敬仰，以后就追认杜朝选为周城的本主。

杜朝选的故事没有跳蝴蝶泉。大理文化局的领导尹明举写了一个《蝴蝶泉的故事》，那个是文姑和霞郎的故事，与杜朝选的故事没有关系。

刚才讲漏了一点洗血衣。杜朝选先是爬到对面那个射蟒台，看见蟒蛇就射了一箭，把蟒蛇射伤了。射蟒台我去过，小时候去过。

弓鱼洞就在桃源戏台背后。弓鱼是从金沙江那儿过来的，1958年、1959年下关建闸搞电站，弓鱼就上不来了，就没有了！原来的弓鱼，味道最好了，又鲜嫩。四十岁以下的人都没有见着过，我家老大在下雨的时候出去都可以捉许多回来，相当好。我今年七十八。

M22 杨麟 2018 （徐嘉鸿采录）[①]

以前蟒蛇洞那个大蟒蛇，一年要敬给它童男童女让它吃，还有供品。周城人是民不聊生，生活过得一塌糊涂。没办法，搬走么又搬不成。最后贴出个告示，告示的意思说：哪个把蟒蛇宰了就咋样咋样。杜朝选是永胜人士，他从海东坐船过来。到周城以后，他看到有个老妈妈和老倌倌在那里哭。杜朝选就问他们，他们说孙女要敬给蟒蛇吃。这个杜朝选是打猎为生，他是打抱不平这样一个人，就是忠民为民的这样一个武者。他说："我可以代你们制服蟒蛇。"

杜朝选进了山，找见了蟒蛇，射了一箭，射中蟒蛇的眼睛。蟒蛇逃掉了，杜朝选沿着菁沟找过来，看见两位女子在那里洗血衣，在石头上洗。这个蟒蛇不但要吃一对童男童女，还把周城最好看的两个姑娘掳去做了它的妻子，就是大娘娘二娘娘，去服侍它。他问这两个人，她们就告诉他，这个蟒蛇大睡是七天七夜，小睡是三天三夜。还有，必须是蟒蛇的宝剑才能把它杀掉，要偷了它的宝剑才能杀死它。杜朝选这把宝剑杀不了它，杜朝选是有刀还有弓箭的。最后在蟒蛇大睡这段时间里，她们把蟒蛇的宝剑从枕头底下翻出来，杜朝选就拿着这把宝剑斩了蟒蛇。一剑斩过去，第二剑第三剑又斩过去，蟒蛇滚了几滚，被杀死了。杜朝选把那个宝剑拔出来，有一段断在蟒蛇的心脏里面。寺庙里面敬供这个本主杜朝选，他手上的宝剑断了，就是因为断在蟒蛇肚子里了。

把蟒蛇杀死以后，大娘娘为了感谢他就做了他的妻子，以后他们就在周城生活。他们死了以后，我们周城人把杜朝选供奉起来做我们的本主。（徐嘉鸿：那二娘娘呢?）二娘娘跟着其他人了，他基本上是一夫一妻。过去可以有很多，只是为了感情上的忠贞，干脆只要一个。所以这个杜朝选是很真挚的一个人，两个都说给他，他不要，这个人就是为了感情的忠贞真挚。（徐嘉鸿：可是本主庙还是有大娘娘

---

① 杨麟，66 岁，周城文化站站长。徐嘉鸿，武汉大学社会学博士，现任武汉大学讲师。采录时间：2018 年 8 月 12 日。

二娘娘的塑像啊）那个意思肯定是：二娘娘不是他的真实妻子。真实妻子是大娘娘，二娘娘是服侍他们两个，组成一个家庭，只能是这种样子。

还有一点是，大娘娘说："你如果把蟒蛇杀掉以后，我愿意做你的妻子。"大娘娘有个手镯，扒下来以后拿给杜朝选。杜朝选不接，说："我为了杀蟒蛇，不是为了让你做我的妻子。我是为民除害。"

我这里还有白剧《杜朝选》剧本。在这个剧中我演蟒蛇（找剧本）。这个剧本就说得很全面了。我讲的这些都是按照剧本，这是古代传下来的东西。我们演了好几次，基本上我导演。我是导演，我演蟒蛇，有图片呢，穿着蟒蛇的衣服，古戏服。我一演出，人家就恨蟒蛇，我演反面人物，哈哈哈！蟒蛇是最难演的了，它有那个气势，压倒一切那种气势（徐嘉鸿注：他当场演唱了一段白剧中蟒蛇的唱段，声音洪大）。

M23 段德道 2018（徐嘉鸿、朱炳祥采录）①

我们周城这个村子有两个本主，第一个是南本主赵木郎，第二个就是杜朝选。杨宗运老师给我说过，原来不知道他是什么地方人，叫什么名字，他斩蟒为民除害之后也不知道他是何方人士，也不清楚他姓甚名谁。我们是在 1938 年的时候在龙泉寺武庙那个地方扶乩，使用那个蝴蝶罗盘，一笔一画，一笔一画，划出以后组成一个一个字，指出来他姓杜，名朝选，是永胜人。

以前周城每一年都要送给这条蟒蛇一对童男童女，杜朝选他从旗山与鼓山之间的白石涧进去，看到了大娘娘二娘娘在那个洗衣石上洗衣裳。那个石头后来在蟒蛇斩了以后叫作洗衣石。杜朝选进到白石涧看到大娘娘二娘娘，她们两个哭了。蟒蛇七天一大睡，五天一小睡。现在遇到他七天大睡的时候，就可以把这条蟒蛇斩掉了。杜朝选就进去把那条蟒蛇斩掉了。

杨宗运老师给我们说，他们到了蝴蝶泉旁边以后，就跳进了蝴蝶

---

① 段德道，71 岁，曾任周城村民委员会文书。采录时间：2018 年 8 月 12 日。

泉那个池子里面，然后就变成了蝴蝶。杜朝选是为民除害，所以我们周城就把他敬奉为周城的本主。我们周城原先有个本主赵木郎，杜朝选就成为北本主。周城的几大姓，张、杨、李、董、段这几个大姓家族，就敬南本主，到景帝庙；苏、周、王、桂、倪、何、陈、费这几个小姓家族，从那个时候起，就去敬北本主，到灵帝庙。现在周城的家族，不管办什么事情，不管是红事或者是白事，两边都要敬。过去只是敬一边。

为什么庙里塑像那个大娘娘的手被铐起来？各种说法不一。杜朝选把那个蟒蛇斩掉以后，可能大娘娘对和杜朝选成亲有点看法吧，她不同意，杜朝选就把她铐起来。杨宗运老师就是这么解释的。

二娘娘没有铐，就是铐着大娘娘的手。在我们编写的《周城村寺庙纪事与本主传说》[①] 中说得比较含糊。小时候听这个故事也是各有各的讲法，但杜朝选斩蟒除害这个是定了，其他一些细节说法不一。

这个《周城村寺庙纪事与本主传说》有 20 多人参加讨论，主要是杨宗运老师讲。不光是杨宗运老师讲，周德会（洞经会）懂得一些的也讲，南北方广莲池会的会长们都要参加，让大家都讲讲清楚，别搞错了，然后把它综合起来。我修改了好多次。

M24 杨自芳 2018（徐嘉鸿采录）[②]

在很早很早以前，我们也不知道是哪个年代了，有一个人，不是我们这边周城村里的人。……啊，如果讲错了的话，我可以再讲一下吗？我也是心里慌张。（徐嘉鸿：没事，你就随便讲，不要紧）那重新开始一下。

我们这边有一个杜朝选斩蟒蛇的故事，这个故事是老一辈传下来的。不知道是哪个朝代，我们村子里面发生了一件怪事，就是在三月三期间，我们的那个山沟沟里面住着一个大蟒蛇，逼我们村子里面送一对童男童女给它吃，不然它就会起山风下大雪，把我们的村子搞得

---

① 参见“M38 周城村 2009”。

② 杨自芳，女，50 岁左右。讲述时间：2018 年 8 月 12 日。

一塌糊涂。每年都是这个样子。有一年，来了一位身材高大，很大很大的一个人。他不是我们本地人，后来他把蟒蛇制服以后我们才听说他的身世，是永胜那一边的人，叫杜朝选。他从小父母双亡，跟他的叔叔生活在一起，从小在山里射箭打猎，练了一身好本领。

有一天杜朝选来到海东，见到一个大爹，他就说："大爹大爹，我想到处走走，坐你们渡船可以吗?"那个大爹说可以，就把他带到桃源的那边。桃源那边可以看到我们周城村，他问那边起烟雾是干什么，那个喊叫声是干什么？那个大爹说今天是三月三，周城那边山上有一条蟒蛇，必须要每年都拿一对童男童女给它吃。杜朝选说要上去看一下，那个大爹说："不要去不要去，年青人，你也不是本地人，它会伤到你的。"他说："我不怕。"那位老人是打鱼的，是桃源村的。杜朝选说："大爹，谢谢你渡我过来，我身上也没有钱。"杜朝选就拿他手里的那个叉叉，你听懂么？（徐嘉鸿：叉鱼的?）不是，就是打猎用的那个叉叉，不是弓，就是一个棍子，上面有一个叉叉那种。他就一叉叉下去，说："老大爹，我也没钱给你，从今天以后你不要到别的地方打鱼，就在这里打鱼。"从此以后那个大爹就在那边打鱼了，那里有那个弓鱼。弓鱼只有桃源那边有，那个洞很深。你们去过没有？现在变成什么样子也不清楚。小时候记得我才八岁，盖房子的时候跟我的母亲天天到桃源那边买鱼，八角一斤，一块一斤，我记得相当清楚。40多年前了。弓鱼就是这么一条条（按：一边说一边比画着），细长细长的，很好吃。煮鱼的时候不用油，很好吃的。我现在想起来还记得它那个味道。弓鱼现在没有了。

然后他就告别那个老大爹，顺着路，就是我们昨天去苍山的那条路[①]，穿到对面北边那一边，我们叫它……（说白语），镇北路还要再往北，从那条路上去，到"三月三"那个地方。村里面的人把那对童男童女祭在那边，上面摆着一炷香，他们在那里磕头。杜朝选就说："你们不要磕头了，你们把这个小孩领回去，我来制服蟒蛇。"

---

① 2018年暑假去周城，杨自芳之父杨宗运老师已经去世，这里的"我们昨天去苍山的那条路"指我与研究生8月11日请杨自芳带路去苍山墓地祭奠杨宗运所走的路。

……那个蟒蛇就出来了，腾着云雾出来了。他就一箭射去，射了它的左眼，射瞎了它的一只眼睛，蟒蛇就流着血逃走了。杜朝选沿着那个白石沟走进去，按照那个血迹。刚走到洞口，就出来两个妇女，就是我们的金花姑娘，两个姑娘，年纪也大了，不是小姑娘那种。“妖怪!”杜朝选这样叫她们。她们说：“大哥大哥，妖怪不是我们。我们是被它抓来侍候它的。”他说：“我要进去把它制服掉。”那两个姑娘说：“去不得，蟒蛇很厉害。蟒蛇小睡三天三夜，大睡七天七夜，现在蟒蛇正在小睡。它负了伤，叫我们帮它把衣服拿出来洗。”杜朝选说：“不怕，没关系。”然后杜朝选就悄悄地跟她们走进去。两个姑娘在旁边看着，蟒蛇就很疼。那两个姑娘说：“不怕不怕，是我们。”蟒蛇就没有回答。两个女的就去帮它翻身，杜朝选就拿一把刀，一刀把那个蟒蛇的头斩下来。就这样斩掉了。

斩掉以后杜朝选就出来了。那两个姑娘一定要给杜朝选做媳妇，两个都是。但是杜朝选不喜欢。从那个白石沟到了蝴蝶泉。杜朝选不接受她们的爱，那两个姑娘就跳进那个潭里面，两个人都死掉了，就变成了蝴蝶。蝴蝶泉从那时候就开始有了。杜朝选也很感激她们的爱，就把她们算成是他的两个妻子了，就是大娘娘二娘娘。杜朝选是我们的一个本主。杜朝选为我们村里作了贡献，然后把他供成本主。

杜朝选不要那两个姑娘做他的媳妇，但是后来我们村里也感念两个姑娘，把她们树成杜朝选的两个妻子，就是这个意思了。传下来的故事是杜朝选不愿意，到底他愿意不愿意我也不清楚。还有，他在我们这个村子里面生活下去还是到别的地方去了也不清楚。杜朝选不愿意娶她们，他一个人可能是自由惯了，他到永德（永胜）去了。他到底回到那个永德去了，还是一直在周城村住着也不清楚。只是他帮我们村除害，我们把他树起做我们的本主。

M25 苏步堂 2018（徐嘉鸿采录）[①]

杜朝选是一个打猎的人，有人说他是永胜人。他来我们大理这边

---

① 苏步堂，70 多岁，苏姓家族长辈。采录时间：2018 年 8 月 14 日。

打猎。我们这个苍山，很早以前山上有一条大蟒蛇，它收了两个婆娘在洞里，大娘娘二娘娘。每一年还要给它献一对童男童女吃，老百姓受苦。杜朝选从海东坐船来到我们这里，知道这个事情以后，就上山去打这条蛇。蟒蛇千变万化，一下子变成一个人，或者一条蛇，或者一个白面书生。以前唱戏唱的就是这么一种变化。杜朝选来到我们山上，拿了弓箭和一把宝剑去打这条蟒蛇，把那个宝剑都砍断掉了。你看庙里那个塑像就看得出来，他的宝剑就断了一截。他为民除害，以后老百姓就对这个杜朝选很崇拜，供奉他，尊崇他做本主。南边的本主是赵木郎；我们北边是杜朝选，我们苏、周、王、桂、倪、何、陈、费八个家族服侍他的香火，敬香都在这边。

（徐嘉鸿：跟蝴蝶有关系吗?）这个随人编。蝴蝶泉是蝴蝶泉的一台事情，跟杜朝选没有关系。但是他们又把两个故事结合起来，随人讲不同。蝴蝶泉是蝴蝶泉的一码事，怎么能够跟杜朝选一样呢？那个是恋爱关系。你到蝴蝶泉去就看到那里写了什么，有介绍。

（徐嘉鸿：听杜朝选的故事是什么时候?）小时候，而且我们村编了一场白剧，以前过节的时候在戏台上演。演的人大多数都不在世了。编这个白剧的是段兆甲，周城人，是一个老知识分子，早就不在了。最近没演过。

（徐嘉鸿：灵帝庙大娘娘手上有锁链是怎么回事?）大娘娘手上的那个是一种佩戴，就像一种装饰，手镯。不是杜朝选把她锁起来，是一种装饰，不是锁起来。（徐嘉鸿：我怎么看了像手铐一样?）没有，不是铐起来。铐起，它的意思就不一样了。大娘娘还有一个小娃娃，二娘娘抱着，你看见没有？你看木头雕刻那里就是有了。（徐嘉鸿：为什么她自己不抱着啊?）给二娘娘抱，是因为她是大娘娘，二娘娘就等于说是服侍她的，给她帮忙的意思，她们是姐妹。老二帮老大领①一下还不是可以，对不对?

---

① “领”意为“带”。

M26 素洁 2018（徐嘉鸿采录）[①]

大娘娘二娘娘，这两个是蟒蛇的老婆。她们进去以后就是天天做给它饭吃[②]，还要洗给它衣服。

杜朝选来我们这里，是农历的三月三。周城送一男一女给蟒蛇吃。蟒蛇就是杜朝选杀掉了么。大娘娘二娘娘说一定把这个蟒蛇杀掉。大娘娘二娘娘跟杜朝选合伙说："你光射箭不行，射了箭还要刀。你进到它的洞里面偷它的剑，用蟒蛇的那个剑才杀得死它。"他们就在洞门口那里商量。杜朝选说："你们两个跟着蟒蛇，蟒蛇睡着的时候，你们两个出来，我进去。"她们两个出来，杜朝选就进去，把蟒蛇的剑偷出来了。偷了以后，蟒蛇知道了，它醒来了，就跑出来了，说："我的剑怎么没有了？"最后蟒蛇知道，就是大娘娘二娘娘跟杜朝选商量好了这些事情。蟒蛇就唱歌，就是"蟒蛇歌"。我也不会讲汉话，说白族话我会说。（素洁唱起了白语歌）我妈妈也会讲，我们小时候，睡在我妈妈旁边，她就唱给我们听。蟒蛇就唱歌："大娘娘二娘娘，你们跟杜朝选合伙杀我，还要拿我的东西，偷我的东西，你们三个就是合伙了。"蟒蛇知道大娘娘二娘娘和杜朝选合伙，就要杀这两个，杀它的老婆大娘娘二娘娘。大娘娘二娘娘就在洞里面唱给它，意思是说："大哥，不要杀我，我也是好的。"这句是两个娘娘唱给蟒蛇听的。

这个时候，杜朝选在她们旁边，蟒蛇没有看到。他就射箭，然后拿着蟒蛇的刀进去把蟒蛇杀掉了。假如你现在去蟒蛇洞那边，水里面还有血呢，大石头还是红的。那里有很大的洞呢。我们怕，也没有去过。他们去砍柴路过，回来说："哎呀，这几年呀，雨这么大，蟒蛇的血还有呢。"

---

① 素洁，女，40 多岁，周城法师苏泗之妻。采录时间：2018 年 8 月 14 日。

② "做给它饭吃"即"做饭给它吃"。下文"洗给它衣服"即"给它洗衣服"。

M27 杨月香 2018（徐嘉鸿采录）[①]

听她们讲杜朝选是一个打猎人。在神摩山那里，有一条蟒蛇出来，蟒蛇旁边好像是有一对女的伺候它。蟒蛇是专门吃人。杜朝选出来打猎，射了那条大蟒蛇一箭，大蟒蛇身上流出血。然后它回去后换下来衣服让它的大娘娘二娘娘出来洗衣服，在池子里面洗衣服。杜朝选遇见她们，问她们出来干什么。然后这两人跟他讲，她们是伺候蟒蛇的，现在给它洗衣服。杜朝选进去杀了蟒蛇就救了这对姑娘，这对姑娘就跟了杜朝选做媳妇，一个是大媳妇，一个是二媳妇，大家就叫大娘娘二娘娘。……啊，忘记后面怎么说了。小时候她们经常讲，忘记了。

M28 苏诗杰 2018（徐嘉鸿采录）[②]

还没准备好就讲啊？（徐嘉鸿：随便讲）小时候听到的这个故事，说山上有一条大蟒蛇，就像一般的故事里面讲的，说蟒蛇就是要吃人的。然后有一天，一个叫杜朝选的人就准备要为民除害，要杀掉这条蟒蛇。后来他就到了山上蟒蛇的老巢，找到了蟒蛇。是不是我讲的特烂？（徐嘉鸿：没有，我觉得你讲的特别好玩）是吗？然后，杜朝选就找到了蟒蛇的老巢，发现蟒蛇拐了两个女子，专门服侍它。然后杜朝选在蟒蛇离开的时候他就和被蟒蛇拐来的这两个女子之间达成了一致：要杀掉这条蟒蛇。三个人串通好了以后，蟒蛇回来了，蟒蛇回来以后两个女的给它下了迷药。然后它就睡着了。后来就被杜朝选给杀了。

要不要再补充一点细节？我觉得还是要补充一点。故事总要有个起因，如果不知道什么原因应该要编一个原因，不能说不知道是什么原因，这样显得特别不专业。什么原因呢？像《西游记》里面讲的

---

① 杨月香，女，40 多岁，周城“书苑客栈”经营者。采录时间：2018 年 8 月 14 日。

② 苏诗杰，16 岁，杨月香的小儿子，初中刚毕业，即将上高中。采录时间：2018 年 8 月 14 日。

那样，就是蟒蛇每年都会下来叫人们给它供童男童女让它吃掉。后来杜朝选为民除害，才有后面的故事一系列情节的发生。

是不是比较草率啊？我讲得比较草率。（徐嘉鸿：没有，一点都不草率）那这里应该还再补充一点吧。怎么下了迷药？蟒蛇是可以变成人的，好像我记得是这么说的，以前我爷爷还是我爸爸给我讲的，说蟒蛇是可以变成人的。蟒蛇如果在外面的话它就是一条蟒蛇，如果回到了自己的洞穴里面就会变成人，这样，就会有这两个女的来伺候它。然后这两个女的才能在蟒蛇喝的酒里面下了迷药，蟒蛇喝了这个迷药就晕过去了。后来杜朝选就杀了它。

应该还有个故事情节吧，就是他们商量的过程。接着上面的，蟒蛇离开了洞穴以后，杜朝选就跟两个女子说可以救她们出去，但前提就是要杀掉这条蟒蛇。然后这两位女子就跟他说，如果说要正面跟它搏斗的话，肯定是打不过它的，那么就只能用一些手段了。后来就想出了一个办法，就是在蟒蛇回来以后，在它喝的酒里下迷药，将它迷倒之后再杀了它。

杀掉蟒蛇以后，这两个女子就嫁给了杜朝选，然后开始了幸福快乐的生活。应该就是这样子。后来人们才把杜朝选尊为本主，就是因为他是个英雄，他除掉了蟒蛇，为民除害呀。

（阿杰母亲喊阿杰，他就出去了）

M29 段继仁 2018（黎筱兰采录）①

杜朝选是打蛇家出身，他是仙家那边的人。我们一般的人，是收服不了蟒蛇的。他的本事是相当好的，他是观音现身。他不光收服我们这边的蟒蛇，下关过去凤仪那边也有条蟒蛇，他把那边的收服以后，才过来收服我们这边的蟒蛇的。

很早以前，蟒蛇会变化成一个人，两个女的去山上砍柴，就被它整进洞里面去了，做了它的大娘娘二娘娘。每年周城还要送一对童男

---

① 段继仁，70 多岁，周城北方广莲池会会长。黎筱兰，武汉大学社会学系人类学专业 2017 级硕士研究生。采录时间：2018 年 8 月 11 日。

童女给它吃，人们就没有后代了。最后，天上仙家晓得这个事情，把观音打发下来，变成一个打蛇家，专门打恶魔这种，收服这条蟒蛇。收服这条蟒蛇，主要是为了传后代。观音斩了蟒蛇以后，大娘娘二娘娘就要跟杜朝选走。但是走不成啊，观音是个女的，她是变化成打蛇家的。这两个女的就跳到蝴蝶泉死了。她们跳进去以后，变成蝴蝶飞出来了。过去蝴蝶多，随便下了一点雨，一小点水，蝴蝶飞到它旁边吃水，路边上都是有的。以前我们进去蝴蝶泉，树上的蝴蝶接起来，有几丈长的啊，一个一个接起来的。反正现在是三十、四十、五十岁的人，都没见过，六十岁的这些人也没见过。我们七十几岁了，是见过的。但现在，没得几个了。为什么现在蝴蝶泉的蝴蝶少了？是因为有一个人钻到蝴蝶泉把蝴蝶王捉走了，想把蝴蝶王绑到他们那边去。把蝴蝶王捉了以后，蝴蝶就少了。不管去哪里，下去到喜洲，上去到沙坪，蝴蝶有是有，但是没有这么多，飞来飞去的有几个。就是我们这边蝴蝶多，海边也是，山脚也是，到处都是，一串一串的，接起来就是成百上千的。一种是黑的，一种是黄的；黑的少，黄的多。黑的接在一起是一串一串的，黄的接在一起是斑斑点点的。

总的意思是说，杜朝选能收拾得了蟒蛇，这个不是平民百姓，是天上仙家晓得这个事情，派他下来的。蟒蛇把童男童女吃了不少，后代就没有了。现在发展，人多。原来这个村子没有那么多人，后来陆陆续续地多起来。把这条蟒蛇收服了以后，人口就发展起来了，这个村子才大。

他从海东那边过来，是要坐船的。两个老的撑一个船，杜朝选就跟他们说："你要向我拿钱，没有，因为我是打蛇家，没赚什么钱。你把我从海东渡到海西，渡过去以后，我叫你吃不完。"到了桃源，杜朝选就拿起他们撑船的竹子，长长的一根竹子，朝洱海里这边戳一下，那边戳一下，就出来弓鱼了。白色的，长条长条的。以后那两个老的，确实也吃不完，多少的鱼啊，捉不完的啊！桃源海边那里有个弓鱼洞，就是这个杜朝选戳的。不是仙家，是不会有这个事情的。蝴蝶泉的蝴蝶多是关于他的历史，弓鱼洞也是关于他的历史。不是仙家，收服不了蟒蛇；不是仙家，也戳不成弓鱼洞。

M30 孙加明 2018（黎筱兰采录）①

杜朝选是洱海过来打猎的猎人。原来周城后边苍山上有个蟒蛇洞，洞现在还在，里面的蟒蛇被杜朝选杀死了。蟒蛇每年要吃一对童男童女，大娘娘二娘娘是蟒蛇的老婆。杜朝选就利用大娘娘二娘娘和蟒蛇的关系，把蟒蛇捉了。捉了以后，救了周城的童男童女，也救了她们两个，他就搬到海东去住了。杜朝选救了周城人，周城就把他认作本主。

但是周城人找到海东，找不到这个人。周城派几个人去问那个打猎的叫什么名字，只问出他姓杜，不知道他的名字。后来周城人就给他取了名字，叫朝选。周城人民就赞扬他、佩服他是英雄好汉，一代传一代，就传下来了，就来拜他。家里面不管发生什么事，都来请杜朝选帮忙，保佑家人不生病，健健康康。每年正月本主节，很多人就抬着他们去游村、看戏。杜朝选大娘娘二娘娘，还有两位太子。大娘娘二娘娘原来是蟒蛇的老婆，蟒蛇把她们骗进去。杜朝选把蟒蛇斩了，大娘娘二娘娘就佩服他是个男子汉，就嫁给他了。

蝴蝶泉跟大娘娘二娘娘没有关系，是跟三锅石有关系。杜朝选就是这个斩蟒蛇的故事，跟蝴蝶泉没有关系。

M31 苏泗 2018（任九菊采录）②

在很久以前，云弄峰蟒蛇洞里有一条蟒蛇，每年三月三要村子里送去童男童女给它吃掉。

有一年三月三，杜朝选从海东过来打猎。他看到有一个老人在那边打鱼，这个老人就跟他讲，我们这边有一条蟒蛇，每年三月三要吃童男童女。他用一根竹子往那个海里边戳了三下，说以后你就在这里抓鱼。

他就坐船到了我们周城这边，刚好是三月三那天。他就往山里面

---

① 孙加明，灵帝庙守庙人。采录时间：2018 年 8 月 12 日。

② 苏泗，周城村法师。任九菊，武汉大学社会学系人类学专业 2017 级硕士研究生。采录时间：2018 年 8 月 12 日。

去，碰到了大娘娘二娘娘在蟒蛇洞前面帮蟒蛇洗衣服，一边洗一边哭。她们向他诉说蟒蛇把她们抢来做压寨夫人，还告诉杜朝选每年三月三村子里要送童男童女给蟒蛇吃。杜朝选要了解蟒蛇的情况，她们就说："蟒蛇小睡是七天，大睡是四十九天。你要是斩蟒蛇就选这两个机会。"杜朝选就说："趁它睡着的时候，你把它的刀拿出来。"这里有两种说法。一种说杜朝选把全身装上小刀，去杀蟒蛇的。还有说杜朝选射了蟒蛇一箭，没死，然后拿刀剁下去，现在本主庙里杜朝选的剑断了一截就是斩蟒蛇断的。

斩完了以后，他就把大娘娘二娘娘救出来。她们俩就说要做他的夫人，被他拒绝了。有两种说法，蝴蝶泉那边的人（仁和村）说大娘娘二娘娘被拒绝后就跳进蝴蝶泉，好像是杜朝选也跳进去了。我们这边是说他没有拒绝，庙里就有大娘娘二娘娘在他两边，是他的夫人。

M32 张庆绅 2018（苏亚曦采录）①

从前，大理洱海海西苍山上的一个洞里住着一条大蟒蛇，修行多年已成妖魔。它作恶多端，每年都要吃一对童男童女，如不照办它就会祸害百姓。当地人民苦不堪言，人心惶惶，对它极为憎恨。杜朝选是海东的一个猎人，他听说了这件事，愿意帮助海西的百姓除掉这个恶魔。蟒蛇有两个夫人大娘娘二娘娘，她们也是受到胁迫才不得不和蟒蛇生活在一起。一天，杜朝选射中了蟒蛇的一只眼睛，两位夫人为蟒蛇清洗伤口，血染红了河水。看到蟒蛇受伤严重，失去了以往的无穷气力，两位夫人壮起胆子，一起把宝剑刺向蟒蛇。这时杜朝选也赶到了，三人齐心协力终于制服了蟒蛇，最后把这条罪孽深重的蟒蛇杀死了。为了感谢和纪念这位英勇的猎人，周城村民把杜朝选奉为本主，做了塑像供奉在本主庙中，世代尊崇膜拜。

---

① 张庆绅，周城村民。苏亚曦，云南民族大学讲师，2018 年在武汉大学社会学系做访问学者。采录时间：2018 年 8 月 11 日。

第二节　当地人的文本叙事①

M33 段兆甲等《杜朝选》（白剧）1959（段继灿、杨麟提供）②

第一场　点苍山下，路上。

杜朝选（唱，下简称“杜”）：离海东，过洱海，急急前往。走啊，要到那点苍山打虎狼。自幼儿学就那全身武艺，管叫那豺狼虎豹尽把命亡。

诗：父母双亡家贫穷，叔父养育恩义重；自幼胸怀凌云志，为民除害建奇功。

杜（白）：我，杜朝选是也，永北③人氏，自幼父母双亡，承蒙叔父养育成人。我喜爱打猎，曾跟村中老猎人学得刀、枪、弓箭等各种本领。只因年年荒旱，生活艰难，故而携带弓箭，遍游各地，捕打野兽为生。今日由海东而来，观看天色不早，不免去到苍山脚下找个村舍借宿一晚，明日再作道理。说走就走！

杜（唱）：正行之间举目望，不觉来到点苍山。群峰屏立入云表，茫茫洱海波浪翻。心中欢悦朝前赶，见一泉水闪银光。两树交错似覆伞，万紫千红花争妍。引来蝴蝶一串串，翩翩飞舞称奇观。前面村落已不远，急忙行走不迟延。一路行走抬眼望，子父啼哭为哪般？

杜（白）：待我上前问个明白，再作道理。

---

① 本节共有9则材料，包括一个白剧《杜朝选》剧本和8则书面材料。此处的所谓“文本叙事”，指的是我所收集到的所有纸质文本材料，包括当地人写的未出版的剧本，当地人自己采录所写成的纸质材料，当地人抄录的莲池会的经文，周城村组织人员编写的内部资料；也包括当地人自己用文字书写的已经被载入出版物的材料，当地人口头讲述的已经被载入出版物的材料；还包括武汉大学的人类学硕博研究生采录的杨宗运先生的口头讲述经整理成册的文字材料。

② 段兆甲，周城知识分子。编写时间：1959年10月。我一共得到了两个纸质文本，内容相同：第一个是2002年11月段继灿向我提供的；第二个是2018年杨麟提供的，徐嘉鸿博士收集的。

③ “永北”即“永胜”。下同。

第二场

李忠厚（白，下简称“李”）：老汉李中厚，周城人氏。不幸老妻亡故，留下一女尚在年幼，是我苦心抚养，渐渐长大。父女相依为命，苦度光阴。谁知此地神摩山上出了一条恶蟒，每年三月初三吞食童男童女；可恨官府居心不良，苦苦逼我献出小女。眼看骨肉分离，好不痛煞人也。（哭）

李（唱）：年迈苍苍多苦命，全得一女慰我心，不料官府心太狠，逼我骨肉分。呼天喊地无声应，大难临头难脱身。眼看娇儿把命损，难过这一生。

李（白）：我不如一死。（欲奔出）

小莲：（哭着追上）阿爹，你要去哪里？

李：（吞吐地）我找你妈去。

小莲：我妈早死了，你去哪里找呀？

李：（沉痛地）阴司路上找。

小莲：（哭，着急地）阿爹你死不得。

李：（悲痛地）小莲呀，你妈临终之时，再三嘱咐于我，要我好好把你抚养成人，怎奈蟒蛇为害，明天你……你就要丢下爹爹我……（欲言又止，泣不成声）这叫我怎能活下去啊！

小莲：啊，爹呀！（父女抱头悲痛地哭）

（乡亲上）

老倌（唱）：一年一度三月三

妇：要献童女与蟒王

壮青：今年轮到李忠厚

四人齐：一人遭灾众人怜。

老倌：（叫门）李大哥，开门来。

（父女惊）

小莲：阿爹，我害怕。

（李摇手细听，老倌再叫，李听清楚后开门）

老倌：李大哥，我们家务累赘，来迟一步，你父女多受孤凄了。

李：谢谢众位乡亲关照，我父女……

小莲：我爹要去寻死。

妇：（劝解）李大哥，千万不可，古话说："留得青山在，哪怕无柴烧。"去年我还是和你一样啊。

李：段大嫂，我没有三男二女，怎能比你啊。（唱）我四十多岁有此女，生后不久娘命终。我东家要乳把她喂，西家讨奶抱怀中。好容易养到八九岁，恶蟒作孽害儿童。眼睁睁把命送，我百年归山谁送终？

小莲：（大哭）阿爹！

老倌：李大哥啊，（唱）大哥苦情众人见，

妇：苦似黄连不一般。

壮：老天何时才睁眼，

青：灭除恶蟒降平安。

壮：各位乡亲，恶蟒年年作恶，害我百姓，难道我们就这样忍气吞声，任它蹂躏不成！

妇：这是天意，我们只好顺受。

青：大妈不能这样说，想它一条恶蟒再有天大本事，总没有我们人多。只要大家同心合力，与它拼上一个死活，说不定会有再生之道。

妇：阿弥陀佛，少说两句。

老倌：年青人，你们想得倒是很好，我们以前也曾与它斗过，怎奈妖蟒神通广大，到后来落得一败涂地，结果更是凄惨。

青：我们斗它不过，还有四方能人，就该前去寻找才是。

老倌：娃娃家你真说得轻巧，眼前可不顶事啊。（对李）李大哥，只好如此罢了。

李：唉！（唱）思前想后痛断肠，两眼发黑日无光。横祸无情从天降，血泪如泉湿衣裳。

小莲：阿爹啊！

众（唱）：他父女哭得多凄惨，众人心上如刀割。

杜（上场接唱）：大门外来了杜朝选，哭声动地为哪般？（白）

听这屋内哭哭啼啼好不凄惨，待我上前看个明白。（叫门）开门来！（众惊慌）

老倌：哎，难道官府就来要人不成？

李：唉，天啊！（唱）拍门声声催得紧，满腔怒火冲顶门。官府做事心肠狠，欺我年迈人。越思越想咬牙恨，不如与他把命拼。这里用尽平生劲，只好把命拼。（李开门，用拐杖打杜朝选，杜闪过。一连三次，杜拉住拐杖）

杜：啊，这是为何？

李：我与你拼了。

杜：大爹不可！

李：为何不可？

杜：大爹啊（唱）初次相逢无仇恨，与我来拼为何情？

李（唱）：你等做事心太狠，不该害我命苦人。

杜（唱）：平生为人皆公正，大爹为何错怪人。

李（唱）：装错卖傻逗人恨，人面兽心休骗人。

杜（唱）：为何冤枉飞头顶，请把事实来说明。

李（唱）：怪蟒作恶伤人命，一年一度献亲人。我有一女称苦命，不该选上我家门。官府做事伤天理，存心绝我后代人。

杜（唱）：大爹莫把我认错，本是山中打猎人。

李（唱）：啊，听此言来猛一怔，心中惭愧悲又生。（白）你……你……

杜：我不是官人，我是猎人。

李：刚才得罪你了。

杜：大爹，你们如此悲痛不知为了何事，还望详细告知于我。

李：我们的事，你是没法管的。

老倌：大哥哪里知道，此地神摩山上出了恶蟒，时常下山残害庄稼人畜，我们周城百姓再三哀求于它，方准我们每年三月初三献出童男童女，供它吸食方肯罢休。可是今年啊……（看着小莲揩泪）不幸轮到他的小囡。

李：唉，大哥，想我老汉年近花甲，只有这一点骨血，明天若不献与蟒王吸食，不但官府不容，村中百姓也要尽遭其害。若是献么……唉，我如何过得下去啊！

老倌：前不久村中两个砍柴的姑娘也被掳进洞去，是生是死，至今杳无音讯。

妇：明天是我儿的忌日，我又凄凄惨惨过了一年。

杜：啊！蟒蛇如此恶毒，我不除此害，誓不为人。大爹不必悲伤，待我上山杀了此蟒搭救你的女儿也就是了。

众：好志气！

老倌：大哥不可造次，此蟒厉害非常，你恐怕不是它的对手。

妇：大哥还是少管为妙。

杜：不怕，我从小学得一身武艺，练就百步穿杨神箭，大爹大妈，只管放心。

李：大哥有所不知，此蟒眼如铜铃，身粗尾长，又能变化各种形象，村中人人惧怕，个个胆寒。

杜：这……（天空一阵归雁声，引动了他的心绪）大爹，你看，天空飞着什么？

众：（抬头望）那是大雁。

杜：你们看，我要射第四只下来。

众：（不相信）能射得着吗？

（杜朝选张弓搭箭，弓弦响处，大雁带箭落地，众惊奇）

小莲：（跑去捡起大雁，惊奇地）天鹅，天鹅。

杜：（对众）众位父老，看我有此武艺，可是怪蟒的对手？

众：大哥有此武艺，何愁怪蟒不除！

杜：既然如此，我就告辞了。（欲走）

老倌：大哥请转回，眼看日落西山，山路崎岖难行，再说你孤身一人，我们也不放心。

杜：（为难地）这又如何是好？

李：（想了想）如不嫌房屋简陋，今晚暂宿我家。

杜：解民倒悬之苦，岂能耽搁？这……

老倌：大哥，住一晚吧，等到明天一早，我们约齐三老四少，商讨计谋，一同随大哥上山杀蟒报仇也就是了。

众：对，明日一早上山杀蟒报仇。

杜：众乡亲言之有理。

李：动问大哥，高姓大名何方人氏？

杜：不敢，小侄姓杜名朝选，永胜人氏。

众：哦，杜大哥行路辛苦，早点安歇，我们告辞了。

李：慢来。这正是：

众（念）：壮士英雄去斩蟒

杜（念）：为民除害理应当。

众（白）：杜大哥，李大爹请。

杜、李：众位乡亲请。

（众分两旁下）

第三场　野外

（紧张的音乐声中，杜朝选身背弓箭，手提钢刀上）

杜（唱）：今日时逢三月三，恶蟒吃人要下山。昨晚村中商量定，上山寻蟒除祸殃。

李：（内叫）杜大哥等着！（气喘地追上唱）猎人真是铁脚杆，上山犹如走平川。

众：（锣鼓声中，手执刀矛等物齐出场，接唱）大家随后忙追赶，气喘呼呼汗流淌。（白）杜大哥，走得好快啊！

杜：乡亲们也到了，我们抖擞精神，上山寻蟒去吧。

众：（齐声）是！（锣鼓声中跑圆场下）

（突然狂风大作，地动山摇。在风声中四妖兵上，跳场，蟒王上）

蟒（唱）：苦修苦炼几千年，能变人形吐人言。八宝神剑腰中挂，时常逞凶到人间。要叫众生都毁灭，要叫乾坤颠倒颠。不是本王夸海口，不怕地来不怕天。今日时逢三月三，下山吃人受香烟。

（白）俺，蟒王是也，原是一条花蛇，在这山中苦修苦炼两千多年，受了日精月华，能变各种模样，兼有八宝神剑一口，厉害非常。村中人人惧怕，个个胆寒。每年三月三日，敬我童男童女一对，倒也逍遥自在。今乃三月初三祭我之期，我不免去到山神庙前取食童男童女。（念）摇头摆尾出洞口，随着狂风下山洞。霎时见了童男女，任我吸食乐安然。

（蟒王及四妖兵下）

杜（从左边上，唱）：找巨蟒走得我浑身大汗，为民除害理应当。哪怕它逞凶显霸，灭除恶蟒心才安。（突然吹起一阵狂风，杜暗暗吃惊，唱）忽听一阵狂风响，见一怪物下山岗。血盆大口喷毒雾，身子长得几丈长，舌如利箭吐出口，眼如铜铃闪青光，此刻若不将它斩，更待何时除祸殃。（白）哎呀，且住，看此怪蟒来势凶猛，我若在此必受其害，我不如躲在这小山峡后，等它来时，射它一箭。对！就是这个主意！（躲在山峡内，插好钢刀，张弓搭箭，抬头细看等待）

（在紧张的音乐声中，蟒王大摇大摆从台左走出，杜朝选看着怪蟒来近，叫了一声“着”，“嗖”的一声，箭随声起，射中怪蟒左眼，怪蟒大叫一声，负痛而逃。杜朝选背好弓箭，抽出钢刀，从山峡内追了出来，众乡亲执刀齐上）

杜：众位乡亲，我已射中怪蟒左眼，现已负痛逃走了。

众：（兴高采烈地）杜大哥真是勇敢，好本事！

李：说得对，我们抖擞精神，一鼓作气，乘胜追上山去。

（片刻，怪蟒捂着左眼，狼狈地从右边出来）

蟒（唱）：今日下山受香烟，左眼带箭血涟涟。一箭之仇咬牙根，此仇不报要翻天。（白）啊……唷，今日下山取食童男童女，不料被人暗算，左眼中箭疼痛难忍，眼看后面有人追赶，我不免变化人形逃回山洞。（口中念念有词）一变、二变，原形改变；三变、四变白面书生出现。（蟒王就地一滚，向台右，化一白面书生出场，左眼仍流血不止。唱）地下一滚变了样，化作书生回山冈，手软脚麻痛难忍，愤怒上了神摩山。左眼鲜血淋身上，速速回洞去养伤。（捂着左眼，白）啊唷，来此已是神摩山上，本王回洞去小睡三天，等我养好箭伤，再去寻找仇人。我还要将村中男女老幼吃尽方消我心头之恨。（稍停，想了想）不对，唯恐放箭之人上山找到本王，本王回去，不免叫出我去年摄来的那两个女子，将我的血衣洗尽。吩咐小妖们小心

看守洞门，以免仇人再来害我。（唱）含悲忍痛石洞住，仇人暗箭要提防。待等本王箭伤好，报仇雪恨下山岗。（哼着从左边下）

（杜朝选急匆匆提刀由右边追上，四处寻找，众追上）

众：杜大哥，怪蟒逃向哪里去了？

杜：啊呀，真是奇怪！我追至小山峡之内，怪蟒一滚就不见了。（众惊奇）

李：（想了想）怪蟒变化逃走，必然回洞。我们追赶一路还需要加倍小心才是。

杜：不错，我们快追！

（齐追下）

第四场　溪边

（音乐中，村姑姐妹手持血衣先后从左边三幕前上场）

姐：（向内喊）阿妹，来呀！

妹：（应声）来了。

（二姐妹出场，轮唱《二黄腔》）

姐（唱）：自那日被蟒王摄入山洞，思想起不由人珠泪涟涟。

妹（唱）：姐妹们陷魔掌身受磨难，哪日里才能够重返家园？

姐（唱）：今早上恶魔王左眼中箭，满脸上鲜血淋湿透衣裳。

妹（唱）：恶魔王回洞来忙把衣换，叫姐姐洗血衣来到山前。

姐（唱）：眼望着溪中水心乱如麻，哭啼啼来到了洗衣石边。

（二人洗血衣）

妹：阿姐，我们哪日才能回去？

姐：唉，阿妹呀，（唱）恶蟒施法划界线，姐妹只能到溪边。除非有人将蟒斩，姐妹才能转回家。

妹：但愿乾坤早转变，英雄斩蟒上山冈。搭救姐妹脱苦难，大恩大德记心间。

姐：唉，阿妹不要憨想了，我们还是洗衣吧。

妹：是。

（二人边哭边洗衣，杜朝选身背弓箭，手提钢刀，从右边上，边

走边揩汗）

杜（唱）：适才一箭中恶蟒，不知带箭逃何方。来到山前抬头看——（看见二女洗衣，吃惊夹白）啊，又见二女洗衣裳。（白）啊呀，且住，在这深山野谷之中，哪里来的洗衣女子？（想了想）莫非就是怪蟒所变？我不免张弓放出双箭，将她俩射死。（欲抽箭又止，想想不对）哎，使不得，闻听李大爹言讲，村中有姐妹被怪蟒摄入洞中，倘若真是这两姐妹，我岂不是误伤好人性命。（为难）这又如何是好？（又想想）又道是：害人之心不可有，防人之心不可无。我不免拔刀上前，见机行事便了。（拔刀急走半圆场）呔，恶蟒你的末日到了！

（姐妹二人被这突然的吼声所惊，不由自主地丢掉血衣，站起来用手架住刀柄）

姐（唱）：钢刀闪吓得我魂飞魄散，

妹（唱）：问大哥要杀人所为哪般？

杜（唱）：孽畜做事好大胆，危害生灵罪不宽。

姐（唱）：叫大哥且息怒慢把人砍，

妹（唱）：我本是良家女守己相安。

杜（唱）：深山野谷人稀罕，哪有女子洗衣裳。（白）看刀！

（姐妹急忙架住刀柄，跪）

姐（唱）：叫声大哥泪满面，

妹（唱）：刀下留人听细端。

姐（唱）：家住神摩山脚下，

妹（唱）：自幼种庄稼。

杜（唱）：既然山下有家园，为何留居在深山？

姐妹（唱）：提起此事好悲痛，姐妹好心伤。一日打柴山坡上，恶蟒施法摄上山。

杜（唱）：摄上山来遭磨难，就该设法逃下山。

姐妹（唱）：姐妹也曾有打算，无奈恶蟒法术强。拉回山洞遭拷打，洞内受风霜。倘如姐妹出一步，它说打我成肉酱。命丧黄泉心胆寒，不敢走四方。

杜（白）：啊，竟有此事？（唱）恶蟒害人真凶险，不除此害心不甘。二位大姐既遭陷，为何洗衣裳？

姐（唱）： 今日恶蟒回山洞，左眼带箭血涟涟。浑身衣裳鲜血染，因此洗衣到山前。不知何人放此箭，不愧英雄男。

杜：（已知误会，放下钢刀，往腰间一插）哦，原来如此，我错怪好人了，二位大姐请起。

（妹急扶起姐）

姐： 请问大哥，姓甚名谁，因何到此？

杜： 二位大姐请听了。（唱）杜朝选孤身一人，与叔父打猎过活。昨日打猎村前过，怪蟒要行恶。山前射着它一箭，狂风乱起它逃脱。因此追赶到山上，不知蟒蛇下落。

姐： 哦，杜大哥真是打猎而来的？

杜： 也是除害而来的。

妹： 杜大哥，就是你一人孤身到此么？

杜： 村中众乡亲也持刀提枪在后面赶上来了。

姐： 阿妹，如此说来我们姐妹的性命有救了。

杜： 二位大姐，怪蟒现在何处？相烦告知，以便早日除掉此害，搭救你们下山。你们看如何？

妹： 果能如此，大哥恩情永世不忘。怪蟒刚才带伤归来，它说要小睡三天养伤。现在洞中石床上睡着了。

杜： 正好，待我进洞斩了此蟒。

姐： 不可如此，你这样前去恐遭它的毒手。

杜： 它不是睡着了吗？

姐： 它虽然睡着了，但它的魂魄不睡。若有生人进洞就会醒来，大哥啊！（唱）此蟒神通甚广大，浑身如同钢铁甲。钢刀不能将它斩，强弓硬弩也无法。大哥若要除此蟒，还得另外再设法。

杜： 这又如何是好？

妹：（思索片刻）哦，有了。（唱）它有八宝剑一口，时常防身挂腰中。若将此剑盗在手，定能将这怪蟒斩。

杜： 如此我去盗取它的八宝神剑。（拔刀欲走）

姐：（急忙挡住）大哥，此蟒防备甚严，神剑不能轻易到手。

杜：这又如何是好……

妹：（向姐）阿姐我有个主意了。（向杜）杜大哥，这蟒洞内我们姐妹熟悉，待我们进洞盗出它的宝剑来交付于你，再去杀它，岂不甚好。

杜：这计甚好，（想）只怕你们遭它的暗算。

姐：杜大哥，不必担心，我们姐妹和它常来常往，不妨事的。

杜：既然如此，我有钢刀一把，二位大姐随身带去，我在山下张弓防备，如有不测你们举刀为号，我前来接应。（递刀与姐）

姐：杜大哥，你在山下等候我们便是了。

杜：有劳二位大姐。（拱手）

（二姐妹望了杜一眼，捡起血衣，带刀从左下）

杜：（望着二人背影）二位大姐要小心行事。

姐妹：（幕后回答）记下了。

杜：（高兴地，唱）今日此蟒恶贯满，姐妹相助除祸根。（幕后群众呐喊声由远而近，杜听……）乡亲助威已到此，神摩洞外等信音。（白）眼看众位乡亲已到，我不免吩咐他们，要他们在洞外埋伏，如有不测也好接应。（下）

第五场

（中幕开：台左稍后有一山洞，直通幕后，洞内有石床一张，蟒王仰卧石床上，宝剑横于枕下。在紧张的音乐声中，村姑姐妹手持血衣和钢刀从左边出来走圆场）

姐妹（齐唱）：霞移溪边洗血衣，姐妹二人把苦叙，来了壮士杜朝选，少年英俊好武艺。山遥路远来斩蟒，为民除害有志气。三人溪边订妙计，盗剑杀蟒齐出力。

姐：（白）阿妹，我们此番盗剑需加小心，你在洞外等候我，我去看看恶蟒睡着了没有？（把刀递与妹，进洞察看。见蟒睡着了返身出来，轻声地对妹讲）阿妹，恶蟒已经睡着了，你到那边山包后面等我，我就叫你举刀通知杜大哥前来接应。

妹：阿姐，你要多加小心，谨慎行事。（把血衣递与姐下）

姐：知道。（提心吊胆地拿着血衣，走到石床旁边，看了看宝剑，音乐配合她的行动忽松忽紧）蟒王，血衣洗好了。（蟒不应）啊，睡着了。（轻轻地抽宝剑，谁知蟒王“嗯”一声，急忙缩回。抓起血衣想往外跑，又回头细看，蟒王翻了个身又睡着了。拍拍胸口，放下血衣，定定神。然后又紧张地走到床前，还要动手，蟒王又“嗯”了一声，又退回，细看，蟒王又睡着了。又轻轻地走至床前，抽出宝剑，急促地跑出洞来，惊喜地向妹招手）阿妹快来！

妹：（跑上，见姐提着宝剑，声音稍大）阿姐，宝剑拿到手了？

姐：（急忙捂住妹的嘴）小声些，到手了，快快举刀告诉杜大哥。

妹：是！（持刀连举三下）

杜：（急上）大姐，宝剑可曾到手？

姐：（举剑）宝剑在此，大哥请看。

杜：（接剑赞赏）真是一口神剑！（向姐妹）二位姐姐请到山前等候，待我斩除此蟒，再来相见。

姐妹：（同声）大哥要小心行事。（二人提钢刀同下）

杜：知道了。（整顿行装弓箭，抽出宝剑，运动全身力量，舞剑，感到很称心如意。然后走到洞口大叫）恶蟒，你的末日到了，快快出来受死。（四妖兵上，与杜开打。四妖兵败下，蟒王提剑与杜对杀）

蟒：（念）仇人做事好大胆，竟敢盗我八宝剑。

杜：（唱）恶蟒你把天良丧，残害众生为哪般？

蟒：（念）本王修炼几千年，不怕地来不怕天。

杜：（唱）今日遇我杜朝选，叫你一命丧黄泉。

（杜与蟒开打，蟒凶猛异常，杜未能取胜，从右边退下）

蟒：你往哪里走？（急下）

杜：（上，唱）适才与蟒斗一阵，未能斩蟒除祸根。（幕后喊声四起）耳边又听吼声震，舍生忘死又相迎。（四妖兵、四女兵从两边上对打，蟒王与杜朝选又从两边上，蟒王对杜朝选，四妖兵对四女兵，全体开打。蟒王与四妖兵渐渐不支败下，杜朝选与四女兵追下。杜朝选与四妖兵上，开打，四妖兵败，被杜杀死。杜欲入洞，突然奔出一只猛虎，向杜扑来。杜与猛虎搏斗，猛虎支持不下，退回洞中。

此刻蟒王急出，风声、吼声不断）

蟒：（边开打边念韵白）呼风唤雨天地动，不怕地来不怕天。今日下山受香烟，是你放箭伤左眼。又来洞中盗宝剑，此仇不报我不依。

杜：（唱）恶蟒做事太胆大，危害百姓罪难当。为民除害舍生死，不除恶蟒心不甘。（白）恶蟒，你的末日到了，看刀！（奋力与蟒搏斗，刀刺入蟒腹，因用力过猛，刀被折断，只剩刀柄。蟒被刺死，二姐妹及众乡亲上）

李：杜大哥，真正勇敢，出生入死，为民除了大害，我的女儿得救了。

小莲：叔叔是你救了我们一家。（扑向杜，杜将小莲抱起）

老倌：杜大哥，了不起，真了不起呀！哈……

杜：众位乡亲，恶蟒已除，天色已晓，小生告辞了。

李：杜大哥，这是哪里话呀？你出生入死，为民除了一大害，救出我女儿和二姐妹，我们应当好生招待才是。

姐：大爹说得对，杜大哥一定要到村中闲住几日，哪怕是粗茶淡饭，也表表我们的一片心意啊。

李：杜大哥，情深似海，恩重如山，我们难以报答啊……

老倌：杜大哥，家里可曾有妻室？

杜：我自幼父母双亡，承蒙叔父养育成人，家中别无他人。

老倌：杜大哥，如不嫌弃，她姐妹二人还未婚配。

姐妹：（齐声）愿与大哥结为夫妻。

杜：使不得。我打猎为生，四海为家，岂敢劳累父老乡亲。谢谢众位及两位姐姐的厚爱了。

姐：杜大哥，是你把我们姐妹从苦海里救出来，如不依从大爹之言，那我们姐妹二人就……

妹：如若杜大哥嫌弃我们姐妹二人，那我们就以死殉情来报答大哥的大恩大德。

（二姐妹欲撞山崖被杜阻止）

杜：二位大姐请起，承蒙二位姐妹相亲相爱，我是三生有幸了。

李：如今二姐妹与杜大哥相亲相爱，让苍天作证，愿他们夫妻三人永结同心，百年到老。

杜、二姐妹：（齐声）谢过众位父老乡亲。

老倌：（白）时候不早，我们下山吧。（众下山）

姐：（唱）霞移溪边花吐艳，万紫千红逗人爱。

杜：斩蟒除恶民安乐。

妹：今日回家勤耕作，欢欢乐乐度年岁。

杜：妻在家中种庄稼，我上高山去除害。

姐：拨开乌云见太阳，霞光万丈彩虹现。

妹：夫妻恩爱苦也甜，海枯石烂心不变。

众：（齐唱）永北出了杜朝选，美名传千秋万代。

（在欢乐的唢呐声中，全剧终）

M34 **张斋生** 1959 **（李星华采录）**①：

滇西洱海东岸的永胜县，有个猎人名叫杜朝选。他到处打猎，海东海西的荒山野箐里都让他走遍了。有一天，他背着弓箭，从永胜县来到宾川县的海东，想乘船到海西打猎。可巧在离海岸不远白茫茫的海面上，有一对捉鱼的老夫妇，正划着渔船，一心一意地撒网捉鱼。杜朝选站在海岸上亲切地向老两口打招呼：

"大爹，大妈，请把我划到海西去吧！我要到那边打猎去呢！"

老两口摆摆手说："不能，不能，要是划你过去，我们老两口今天的生活向谁要啊！"

杜朝选说："尽管划我过去，我能解决你们吃食困难。"

捉鱼的老夫妇就把杜朝选从东岸渡到西岸。杜朝选登上了洱海西岸，用拄棍在离海岸不远的地方，轻轻戳了三戳，戳出一个窟窿，里面冒出一股清汪汪的水来。霎时间银闪闪的弓鱼，在那水里成串地游来荡去。杜朝选用手一指对老两口说："大爹，大妈，你老两个就在这儿捞鱼吧！这里的鱼保你老两个一辈子也捞不完。"

---

① 李星华：《白族民间故事传说集》，中国民间文艺出版社1982年版，第38—43页。

捉鱼的老夫妇很高兴，想让杜朝选在他们家里住几天。杜朝选说：“我现在要到山里去打猎，等以后来看望你们吧!”说着他就走远了。

从此，打鱼的老夫妇再也用不着下海撑船捞鱼了，他们天天守着那个小窟窿捞鱼，果真鱼越捞越多。他们的日子比以前好过了。老两口在靠近捞鱼的小窟窿旁边搭起了一个棚子，就搬进去住下了。以后，这个荒凉的洱海西岸，慢慢成了一个小村庄，这就是现在周城左近的桃源村。

杜朝选来到海西，在周城左近的一个小村庄里住下了。每天东方一发白，他便背起了弓箭，到深山老林去打猎，一直到太阳落山，才转回村庄来过夜。

有一天夜里，杜朝选听见从隔壁邻居家传来一阵悲切凄惨的哭声，他顺着哭声走去一看，只见一个妇女抱着个娃娃正在痛哭。他觉得很奇怪，上前问缘由：“大嫂，你的娃娃又没有生病，为什么哭得这般伤心?”

妇女没有答话，还是埋着头哭个不休。杜朝选耐心地再三叮问，那个妇女才说了话：“你是客人，哪晓得我们的苦情！在我们这一带的深山里，有个没人敢到的神魔涧。那儿有个蟒蛇洞，洞里藏着一条会变人形的大蟒蛇。每年一到三月初三，那条蟒蛇就向我们这一方的老百姓要一对童男童女，要是不按时送到，我们这里的人就得遭殃。明天就是三月三了，该轮到我家的娃娃了!”妇女刚一说完又呜呜咽咽地哭了起来。

杜朝选又问：“那只妖蟒有多大?”

妇女说：“它的原形没人晓得，它能变大也能变小。”

杜朝选说：“大嫂，你不要着急，明天我去神魔涧串串，我有办法治服这个害人的家伙，你心放宽一点，不要哭了!”

妇女听罢，擦干眼泪，不再哭了。

第二天，杜朝选独自朝从来没人敢到的神魔涧走去。他果真老远就瞧见一条白光闪闪的大蟒正在沟里喝水。杜朝选瞄准蟒身射出一箭，眨眼间大蟒不见了。

第三天一早，杜朝选又到神魔洞寻找大蟒的下落，找来找去却找不到蟒蛇的踪迹，只见在山沟沟的泉水旁边，有两个年轻的女子，抱着沾满血迹的白衣服，在大石头上搓洗（当地人传说，那块搓血衣的大石头，直到如今，还染着鲜红的血迹）。杜朝选想：两个年轻漂亮的妇女，在这荒凉没有人烟的地方洗血衣，她们莫不是蟒蛇变的？杜朝选便走上前去盘问："你们两人给哪个洗血衣？快讲给我听！"

两个女子见有人问，很害怕，吞吞吐吐地说："我们洗自己的衣服！"

杜朝选不信，很生气地说："你们两人一定是妖蟒变的，要不照实说，你们跟天上的飞鸟一样的结果，看我的箭法！"说着他就朝天空的飞鸟射出一箭，一只小鸟从天空跌落下来了。

两个女子看见杜朝选有这般惊人的武艺，长得又很入眼，心里暗暗佩服。她们两人向杜朝选苦苦哀告："我们都是好人，不幸去年被一条妖蟒劫到蟒蛇洞，大蟒硬逼我们做了它的媳妇。昨天大蟒出洞游玩，没想到去了一会，就受伤逃了回来，衣服染满鲜血，到现在箭还带在身上没有拔出来呢！这血衣就是给它洗的。"

杜朝选问："它现在在洞里干什么？"

"睡觉呢！"

"它一觉能睡多久？"

"大睡七天七夜，小睡三天三夜！"

杜朝选又问："它今天是大睡还是小睡？"

两个女子回答："今天正好是大睡！"

"它有什么宝贝吗？"

"别的宝贝我们不知道，只晓得它有一把宝剑，这把宝剑日夜不离它的身边。"

杜朝选一听很高兴，连忙又说："你们能不能把那宝剑给我盗了来？"

两人都说："能！能！那把宝剑现在正搁在大蟒的枕头旁边！"

两个女子回到蟒蛇洞，一会儿就把宝剑盗出来了。

杜朝选随即手提宝剑，跟着两个女子走进了蟒蛇洞。看见妖蟒正闭眼熟睡。杜朝选举起了宝剑“咔嚓”一声向蟒蛇身上剁了下去，两剑把妖蟒剁成了三节。但是，宝剑也断了，杜朝选手里只握着一个剑把。

两个女子亲眼看到年轻的猎人除去了这个眼中的祸害，满心佩服，她们两人商量了一下，对杜朝选说：

“你替我们村杀死了吃人的妖蟒，又搭救了我们两人的性命，你待我们的恩德深如大海，无法报答，我们做你的妻子，你可愿意?”

杜朝选一听，一边摆手一面说：

“使不得，使不得！我杀了大蟒，替大家除害，是分内的事。咋能让你们两个做我的媳妇呢!”

两个女子无论怎样求告，杜朝选硬是不依。他竟然头也不回，上山打猎去了。两个女子紧紧跟随在后面，哪里追赶得上。跟了一阵，她们终于被落下了。

天黑下来的时候，两个女子没处投宿，只好转回洱海西岸，宿在捉鱼的老夫妇家里（现在的桃源村）。次日，她们又折回原路，一心去寻找那个为民除害的杀蟒英雄。不知不觉来到苍山脚下，她们已经走得脚酸腿痛，再也不能向前移动了，就在一个龙潭的旁边歇脚。她们一想起那个寻找不到的猎人，很伤心，就朝着龙潭哭了一阵；越哭越伤心，越伤心就越哭，直哭得山摇地动；千愁万恨，没法解开，两人一齐扑通一声就跳进龙潭去了。

杜朝选打罢猎回到自己家里，心里总是记挂着蟒蛇洞里搭救的那两个女子。天一亮，他就到处去探问那两个女子的下落，后来才听说她们两人跳龙潭寻短见了。杜朝选一听，立刻赶到龙潭，到泉边一看，两个女子已经死在泉里，他伤心不已，自己也跟着跳下龙潭去了。

杜朝选跳进了龙潭后，立即从龙潭里飞出来三只美丽的彩蝶，两前一后，在龙潭的水面上飞上飞下，形影不离。

传说，杜朝选是在四月二十五日投潭身死的。因为杜朝选为众除害有功，他们把他奉为周城的本主。

年长日久，这三只蝴蝶一代一代传了下来，每年一到这个时候，龙潭的前前后后，就聚来许许多多五颜六色的彩蝶，绕着龙潭飞来飞去，小的像铜元，大的像银元，龙潭周围立刻成了蝴蝶世界。人们就叫龙潭为蝴蝶泉。

龙潭的水清汪汪的可以看到潭底，潭底水珠成年累月地往上翻腾。在蝴蝶泉的旁边，有一棵大树，叫蝴蝶树，每年一到这个时候，树上开满金黄色的小花朵，散着清香的气味。蝴蝶树上有一根粗大的树枝，像把大雨伞，横遮在整个龙潭上。各色各样的彩蝶，一个叼着一个的尾巴，从蝴蝶树的各个枝头上，一串一串吊到龙潭的水面上。

M35 张圭铭、杨汉文 1980（段继灿采录）①

每年农历正月十四到十六日，居住在苍山云弄峰神摩山脚下的周城人总是在一起欢度一个盛大的白族节日——本主节。

话还得从头说起，在很古很古的时候，神摩山大石洞内有一条大蟒蛇，自称蟒王。原是一条花蛇，在山中修炼了两千多年，受了日月精华，能变各种样儿，又有八宝神剑一口，非常厉害，经常下山残害百姓人畜。周城百姓再三哀求于它，每年三月三日献出童男童女一对供蟒蛇吸食。

猎人杜朝选，自幼父母双亡，承蒙叔父养育成人。杜朝选从小喜欢拉弓射箭，又跟村中老猎人学得一手武艺。只因连年荒旱，生活艰难，在家难以度日，只好带上弓箭，遍游各地捕打野兽为生。

一日，杜朝选来到海东，见两位老夫妇在洱海中撒网捉鱼，便问："二位老人可否渡我到对岸？"老渔夫吃力地摇着桨没有吭声。杜朝选亲切问道："老大爹为何愁眉不展？"老大爷回答道："小侄有所不知，我们年过半百，无依无靠，在洱海打鱼讨口，今日如若渡你过海，我们的生活就无有着落。"说完抬起头看看"闪倒中"②，见他个子不高，眉清目秀，粗壮结实，身背弓箭，问道："你不是本地人

---

① 此文本是段继灿2000年向我提供的他自己手写文本的复印件，文尾注："讲述者：张圭铭，男，70岁，周城大队第二队；杨汉文，男，70岁，周城大队第九队。时间：1980年12月26日。地点：大理周城，记录整理：段继灿。"

② "闪倒中"，白语，即"小伙子"。

吧？”“小侄永北人氏，自幼父母双亡，家乡常年遭灾，为了谋生，翻山越岭捕打野兽。如若二位老人渡我过海，小侄感激不尽。”

船到桃源村登岸，杜朝选因无力付船费，就用竹竿在海里戳了三个洞，随手在岸边抓了一把柳叶撒在海里，洞中即涌出弓鱼。从此以后，居住在洱海岸边的渔民，世世代代在弓鱼洞里撒网捉鱼，每年冬至到惊蛰是弓鱼最多最肥的季节。

三月初二这一天，神摩山脚下处处香烟缭绕，周城百姓个个愁眉苦脸，人人唉声叹气。李忠厚老汉，拉着十一二岁的独生小囡，泣不成声。这一天杜朝选来到山前，见这般情景，不知何故，上前问道："请问大爹为何这么伤心；有甚为难之事，望详细告知。"李忠厚悲痛地告诉杜朝选："大哥，想我年近花甲，只有这个独囡，明日如若不献与蟒蛇吸食，不但官府不容，村中百姓也要遭受其害，我妻临终之时再三嘱咐，要我好好把孩子扶养成人，怎奈蟒蛇为害，眼看骨肉分离，好不凄惨。前不久村中两个砍柴的姑娘也被摄进洞去，是死是活，至今杳无音信。"杜朝选听了心头万丈火起，蟒蛇这般恶毒，我不除此害，誓不为人。"大爹不必悲伤，待我上山杀了此蟒，搭救你的女儿。"

"此蟒非常厉害，你恐怕不是它的对手，弄得不好会自伤其身。"

"大爹不必担心，我从小学得一身武艺，众位乡亲只管放心。"

"小侄有所不知，此蟒眼如铜铃，身粗尾长，又能变化各种形象，人人惧怕，个个胆寒，所以……"这时天空中有"咕咕"的大雁声，杜朝选拿起弓，箭上弦，只听得"嗖"的一声，一只大雁带箭而落。众乡亲见猎人一箭射落大雁，个个称赞好武艺。眼看日落西山，众乡亲一再留杜朝选住一晚，约齐村中强壮青年一齐上山杀蟒。

次日，天刚蒙蒙亮，杜朝选带上弓箭，到神摩山蟒蛇洞对面的山坳里等候恶蟒，众乡亲在山脚下敲锣打鼓助威。片刻，突然狂风四起，飞沙起石，蟒蛇摇头摆尾随风走出洞来。杜朝选对准蟒蛇放出一箭，一箭正好射中蟒蛇左眼，鲜血淋淋，虽说它能千变万化，这一箭只痛得它六神无主，地下一滚，变成一个白面书生逃回洞内。

二村姑见蟒蛇左眼鲜血淋淋转回洞里，心里暗暗高兴。蟒蛇说：

“今日我下山吸食童男童女，不知被谁射了一箭，你二人替我洗净血衣，快去快回，待本王小睡三天，养好箭伤再去寻找仇人。”二村姑拿了血衣到洗衣石去洗。

杜朝选射了一箭，只见恶蟒地下一滚不知去向；赶上来，正行间见二村姑在洗衣裳。他吃了一惊，暗暗想道：这深山野谷之中，哪里来的洗衣女子？昨晚村中老人曾讲蟒蛇能千变万化，想来这两个女子是蟒蛇变的，待我上前将她们一刀砍死。

杜朝选雷声般吼道：“恶蟒看刀！”

二姐妹吓得丢掉血衣，站起来挡住刀柄，把蟒蛇将她们姐妹摄上山来的经过细说一遍。

“待我去杀了恶蟒。”

姐姐说：“大哥，不可，刚才恶蟒带伤回洞，它说要小睡三天养伤，现在洞内石床上睡着。”

“我进洞去斩了此蟒，救你姐妹下山。”

“这样进去恐怕遭它的毒手。”

杜朝选问道：“蟒蛇不是睡着了吗？”

“它虽然睡着了，但它的魂魄不睡，若有生人进入洞内就会醒来。”妹妹接着说：“此蟒神通广大，身如钢铁甲，两眼闪电光，刀砍难伤身，硬箭也无妨。”

杜朝选听了二姐妹这么说，心如火烧，说：“这又如何是好？”姐姐想了想对杜朝选说道：“它有八宝神剑一把，时刻挂在身边，如若将此剑盗在手中，一定会把蟒蛇杀掉。”杜朝选高兴得连声叫好：“我去盗它的八宝神剑来。”说完就走，妹妹拦住杜朝选，说：“大哥，此蟒防备甚严，神剑是不能轻易到手的。”姐姐说：“我想出一个办法，蟒蛇洞内我们姐妹熟悉，待我们进洞盗出它的宝剑来交给你，再去杀它。”“多谢二位大姐相帮，我有钢刀一把，你们随身带，我在下面张弓防备，如有不测，你们举刀为号，我来接应，望二位大姐千万小心行事。”

姐妹二人回到洞中，见蟒蛇在石床上睡着了。姐姐说：“妹妹，你到外面等着，我去盗取八宝剑。如有不测，我就叫你，你马上举刀通知杜大哥前来接应我们。”妹妹回答道：“记下了，姐姐要多加小心。”姐姐手捧血衣，提心吊胆走到石床前。她叫了一声：“蟒王，血衣洗好了。”不见蟒蛇应声，她就轻轻地去抽八宝神剑。这时蟒蛇“嗯”了一声，吓得大姐忙缩回手，只见蟒蛇翻了个身又睡着了。“大王，箭伤可疼？”没有动静，大姐抽出八宝神剑跑出洞外，惊喜地向妹妹招手：“阿妹过来，宝剑到手了，快快举刀告诉杜大哥。”

妹妹将刀连举三下，杜朝选见宝剑已经到手，叫二姐妹到洞外等着，提着蟒蛇的八宝神剑来到洞内大声吼道：“恶蟒，快快出来受死。”蟒蛇听到吼声，不知何故。急忙从石床上翻身起来，不见了八宝神剑，随手又拿一把剑与杜朝选厮杀，狂叫道：“你是何方仇人，胆敢盗我八宝神剑？吾修炼几千年，我吼一声山河动，一脚能使地翻天，快快还我宝剑，不然的话我要扒你的五脏六腑。”杜朝选答道：“不怕你神通广大，法术无边，伤害百姓罪恶滔天。我不斩你在剑下，誓不为人！”

一阵厮杀后，蟒蛇渐渐支撑不住，退回洞中。杜朝选紧紧追赶，突然一只猛虎奔出，向杜朝选扑来，杜朝选奋力拼杀，蟒蛇又现出原形。杜朝选看出破绽，照着蟒蛇脖子一剑，蟒蛇措手不及，被杜朝选一剑砍死。一声巨响，蟒王原形出现，一条小花蛇躺在地上不动了。

杜朝选杀蟒时用力过猛，把八宝神剑砍成两段，手中只剩下一个剑柄。洗衣石上两摊血，直到现在还有哩。乡亲们得知杜朝选杀了蟒，人人眉开眼笑，把杜朝选围在中间，问长问短。李忠厚的独生小囡，拉着救命恩人的手不放。孩子们这个拉拉弓，那个摸摸箭，大家争着请杜朝选到家中坐坐。

杜朝选斩了蟒蛇，救出了姐妹下山。两姐妹对杜朝选舍生忘死、为民除害之恩感激不尽。叙谈中得知杜朝选家无妻室，就一心要做杜朝选的妻子。杜朝选一再推辞，不肯接受。经村中父老劝说，杜朝选才答应和二姐妹结为夫妻，在周城安家落户。

杜朝选夫妇死后，周城人民为怀念这位杀蟒英雄，把他奉为本主，在村北盖起本主庙，用柏树雕成木像三尊供在本主庙内，杜朝选雕像手持当年斩蟒时砍断的剑柄。每年正月十四以前，村中当年结婚的新郎要到本主庙内用土布把轿子扎成二龙抢宝、双凤戏珠的八抬大轿。正月十四，男女老少会聚在本主庙前接本主，鞭炮齐鸣，锣鼓唢呐声震荡山河。杜朝选和两个妻子的轿子由新郎抬着从本主庙穿过村中到村南桥头放着，脸向东方，停放片刻，那是杜朝选的故乡永胜方向。

杜朝选的雕像抬回到小街子的小庙内放着，一年中最欢乐的时刻到了。男女老少穿起节日的服装，家家户户请来村内村外的亲戚朋友来过本主节，就连出去做买卖的人也要赶回来过这一年一度的盛大节日。从正月十四到十六这三天要龙、要狮、要凤、要猴、唱戏等娱乐活动日夜不停，大街小巷人山人海。

杜朝选为民除害的美名就这样不知经过多少年多少代传到现在。

M36 张圭 1988（赵守值、段继灿采录）[①]

很早以前，永胜县金沙江边住着一个年轻猎人，名叫杜朝选。他从小失去父母，跟着叔父过活。叔父是个十里八乡有名的猎手，杜朝选跟着他围山打猎，练就了一身好本领。他不满十八岁就打死过一只老虎、三只豹子、十头野猪。他的事迹感动了猎神，猎神传给了他拔树摇山的力气。但是到了二十岁那年，家乡发生了荒旱，叔父病逝，生活无着，他只好掩埋了叔父，带上弓箭到外地打猎度日。

一天杜朝选来到了一个海子边，海的西面是一座高山，风景十分秀丽，这究竟是什么地方呢？他想找个人打听一下，忽然耳边飘来一阵歌声……

啊！原来已经到了有名的洱海边。那么，对面的大山就是苍山了，那里正是打猎的好地方。杜朝选见一对年老的夫妇在海边整理网具，就走过去说："大爹、大妈，能不能借你家的小船，渡我到海西去？"

两位老人把他上下打量了一下，看出他是个本分老实人，就让杜朝选跳上渔船。老人一面划船一面问道："小伙子，你到海西做哪样？"

---

① 载大理市文化局编《白族本主神话》，中国民间文艺出版社 1988 年版，第 16—21 页。张圭、赵守值，周城人。采录时间：1988 年。

“打猎谋生。”

老人皱了皱眉头，说：“苍山可去不得啊！”

“为哪样？”

“唉！”老人叹了一口气：“前几年，苍山来了个怪物，是蛇精大蟒王，会变化，不但吸食牛羊，还常吃人呢！你最好另寻活路，切莫上苍山送命啊！”

杜朝选只当是老人吓唬他，就微微一笑：“管他什么蟒王蛇王，我打我的猎，与它何干！”

“不听老人言，吃亏在眼前。你可要小心啊！”

他们讲着划着，在海西桃源村靠了岸。杜朝选摸摸身上，并无一文钱，怎么感谢两位老人呢？正无法可想，忽然看见老人手里的竹篙，不觉喜上眉梢：“大爹，把竹篙给我。”老人不解地将竹篙递过去，杜朝选接篙在手，深深地朝海里插下去，嘴里还念念有词，然后猛地一下将竹篙拔起，只听“哗啦”一声响，出现了一个深水洞，无数弓鱼游来游去。他把竹篙还给老人说：“大爹、大妈，我没有什么感谢你们的，从今天起，你们天天在洞边撒网吧，这洞里有打不完的鱼。”从此人们就把这个洞称为弓鱼洞。

杜朝选告别了老人，一路朝苍山走来。他走呀走，来到一座高大的佛寺前，里面没有和尚，也没有烟火，菩萨身上积满了灰尘，到处乱七八糟，显得阴森恐怖。他正在观看，忽听到一阵哭泣声，只见对面小路上，有两位老人牵着一对童男童女，悲悲切切地走上来。他急忙迎上去，问道：“大爹，你们为哪样这样悲伤？”

“唉！大哥，难道你还不知道？”老人擦了擦眼泪说，“神摩山出了一条恶蟒，会变人形，能讲话，经常下山作孽。数年前，它硬定下一条：每年三月三，叫村里送一对童男童女，供它食用。若不及时送去，我们蝴蝶泉边的周城村就要惨遭灾祸。今天又是三月三了，轮着我们两家送。我们都是年过花甲的人，只有独儿独女，可马上就要骨肉分离啦。”老人哽咽着，眼泪哗哗往下流。

杜朝选听了这话，不禁怒火燃胸，说：“大爹，且把小弟小妹带回去，待我去杀死这条可恶的大蟒。”

“大哥，这蟒力大无穷，很难制服。你还是不要去，免得连累我们全村遭殃。”

杜朝选一声不吭，取下弓箭，对准前面的山岩一箭射去，只听“轰隆”一声，山岩上火光迸射，一块块斗大的石头直滚下来。两位老人见他武艺高强，又惊又喜，说：“既然大哥一心为民除害，请在这里稍等，午时三刻，恶蟒就要到这里来，待我们回去喊上一些人来助你。”

两位老人带着小孩回家以后，杜朝选赶紧准备好刀和弓箭，藏在一棵大树后面，两眼紧盯神摩山。过了一会儿，神摩山猛地腾起一片乌云，像滚滚的浓烟涌下山岗，抖落了满山的树叶，卷起了满天的风沙。顷刻间，乌云飞到古庙，只见一个怪物在云团里大笑。它不像老虎豹子，也不像野猪豺狼，桶粗的身子长数丈，斗大的头像树桩，嘴里吐出一股股黑雾，在那里狂叫。杜朝选怒从心起，举起神臂，张开大弓，一箭射去。恶蟒见利箭飞来，正要躲避，左眼早被射穿，痛得它大叫一声，顿时狂风骤起，黑雾弥漫，弄得人们无法睁眼。待风平雾散，恶蟒早已不知去向。杜朝选一看，那腥臭的血一路向着神摩山滴去，他便顺着血迹向前追，一直追到一条大溪旁边。忽然发现有两个美丽的白族姑娘在洗血衣，心想，这里数十里没有人烟，怎么会有这样漂亮的姑娘来洗血衣呢？莫非是恶蟒所变？他“唰”地抽出钢刀，大吼一声：“妖怪，看你往哪里躲！”两个女子吓得面如土色，连声叫道：“大哥，为什么要杀我们？”

“蛇精，你还想装成美女蒙混过去吗？”

“大哥刀下留人！”两个姑娘泪流满面，双双跪下：“我俩是周城村的，有一天来山上砍柴，被恶蟒施妖法摄到这里，叫我们服侍它，受尽了苦啊！”

“既是这样，为什么不逃走？”

“大哥，你哪里知道，恶蟒用尾巴划了一条界线，我们一出界线它就知道了。它说要是我们逃走，就把我们打成肉饼，这怎么逃啊！”

“噢，那你们洗的血衣是谁的？”

“昨天恶蟒下山吃童男童女，被人用神箭射穿了左眼，鲜血淋淋逃回洞里，今早叫我们帮它洗血衣。大哥，你莫非就是那位英雄？”

杜朝选点了点头，两位姑娘转悲为喜：“大哥要斩妖魔，跟我们来。”杜朝选就跟她俩来到一个黑洞旁边。他正要闯进去，被两个姑娘拦住：“大哥不可莽撞，恶蟒受伤回来，说要小睡三天养伤。它虽然睡着了，但它有狮、虎、豹、蟒四个灵魂，还有一把八宝神剑，不先盗出这把剑，是很难把四个灵魂杀死的。大哥在洞外等着，我们盗出宝剑后，你再进去杀它。”

于是，两个姑娘就先进洞去。只见大石门里有座用人骨砌成的大殿，一个怪物睡在一张青黑色的石床上，脚踩铁锤、头枕神剑正在“呼噜呼噜”打着鼾。两个姑娘走到石床边，轻声地说：“大王，往里睡一睡，小心跌下来。”蟒王往里一滚，一个姑娘趁机抽出宝剑，急忙往洞外跑。不料恶蟒的灵魂已被惊醒，跳下床来夺剑。另外一个姑娘急中生智，猛将血衣丢过去，刚好裹住恶蟒的头，它不知飞来什么法宝，一时分不清东西南北。这时，杜朝选已闯进来，接过八宝神剑，向恶蟒猛砍。恶蟒慌忙举起铁锤相迎。杜朝选的剑好像闪电猛雨，直杀得恶蟒气喘如牛，渐渐败下阵去，忽然一滚不见了踪影。他正在惊疑，忽见一只豹子扑来，急忙取下了弓箭，“嗖”的一声，箭中豹子心间。豹子刚刚死去，又有一只白额吊睛虎扑来，他将身一闪，飞起一脚，把猛虎踢倒在地，顺手一挥神剑，剖开了它的五脏。接着后面卷起一阵狂风，一头狮子向他冲来，他奋举铁一般的手臂，扭住狮子就打，从洞里一直打到洞外，在一个悬崖边，他猛地抓住狮子的鬃毛，将它摔下了万丈深渊。

三个精灵已被杀死，恶蟒现出了真形。它盘住山岩张开巨口，喷出毒雾，直扑杜朝选。杜朝选面不改色，手执宝剑向恶蟒连连砍去，杀得恶蟒又败回洞里。杜朝选追进洞中，又一阵猛砍猛劈，迸飞的一条条蟒皮忽地变成一条条小蛇，将杜朝选缠住。恶蟒猛笑道：“你杀死我的几个精灵，今天我要吃你的心肝，吸你的脑髓！”恶蟒笑声未落，杜朝选深深吸了一口气，身子使劲一挣，缠身的小蛇就断成几截。他又伸出铁臂，将它的七寸紧紧掐住，直掐得恶蟒眼皮上翻，舌头拖地，忙向杜朝选求饶：“饶……饶了我吧，只要你给我一条活命，我的金银随你拿，珠宝随你背，我愿永远服侍你。”

杜朝选哪里肯听它的花言巧语，狠狠一剑刺进恶蟒腹内。因为用力过猛，宝剑已断成两截。恶蟒被杀死！杜朝选和两个姑娘搬来一堆干柴，将蟒尸和它的宫殿一起烧毁，然后才走下山来。

两个姑娘亲眼看到杜朝选为民除害，杀掉蟒王，深受感动，从心底爱上了他，于是在路上双双向他吐露了爱慕之情。杜朝选见两个姑娘善良勇敢，便和她俩订下了终身，一起来到蝴蝶泉边。这时，周城的男女老幼早已汇聚在那里，等待着杜朝选归来。当人们知道两个姑娘已许给杜朝选时，全村设宴三天，为他们举行了婚礼。后来，周城人为了纪念杜朝选，便把他奉为本主，用香柏木雕出了他和两个姑娘的像，杜朝选手里还拿着当年斩蟒时砍断的半截宝剑。每年农历正月十四到十六这三天，是周城的本主节。节日期间，人们用轿子抬着杜朝选的像游村，还要龙、要狮、要虎、唱白戏，吹吹打打，十分热闹。

M37 **赵勤** 1994①

从周城村后面步行二里，便到了神摩洞溪口，沿着两山耸峙的溪边羊肠小道行约三百多米，在一条清泉流淌的右端悬崖峭壁上，有一幽深古洞——蟒蛇洞。相传，在很久年代，这个古洞里盘踞着一条变化多端的妖蟒。它能七十二变，专食人畜，又淫辱妇女。它还指令蝴蝶泉附近村庄，每年农历三月初三这天要送给它一对童男童女，否则就要下山吃绝村里的生灵。有一天，有个青年人叫杜朝选，爬到洞旁，恰遇这条恶蟒，立即射了一箭，蟒蛇突然不见了。第二天，杜朝选又去寻找妖蟒，却在山洞边见到两位洗血衣的女子，经问，方知她们是被蟒蛇抢到洞里为妻的。最后，杜朝选在二女的帮助下，勇敢地杀死了妖蟒，救出二女。这里的人为了怀念这位勇敢、刚强的英雄，把他奉为“本主”。把两位姑娘洗血衣的深潭称为“洗衣塘”，把此洞称为“蟒蛇洞”。

① 赵勤：《大理周城风物录》，德宏民族出版社1994年版，第29页。

M38 周城村 2009①

周城村西面的云弄峰下的神摩山和旗山中间有个大峡谷，相传峡谷中有一条修炼千年的恶蟒。恶蟒能千变万化，经常伤害人畜，逼迫周城百姓于每年农历三月初三献给它一对童男童女作为食物，并掳掠了两名姑娘作为夫人。百姓恐慌度日，苦不堪言。

有一天，一位年轻猎人从海东乘船到海西打猎，时辰将晚，猎人在周城村的一户人家住下。晚上，这位猎人听到隔壁人家哭声凄惨，登门问明缘由，得知该户养有童女即将献给恶蟒。猎人气得咬牙切齿，一夜睡不好觉。

第二天一早，猎人身背弓弩、手执宝剑雄赳赳地奔进峡谷寻找恶蟒。猎人找到恶蟒后几经周旋，在两位姑娘的帮助、配合下，勇敢地把恶蟒砍死。恶蟒被斩除以后，猎人委婉地向两位姑娘求爱，两位姑娘未作任何应允却沿神摩山脚往北跑去，猎人在后追赶。两位姑娘跑到了一个泉水潭边就跳进了绿茵茵的泉水。猎人纵身跳进潭中抢救，两位姑娘化成两只蝴蝶飞走，猎人也变成蝴蝶飞追。从此，泉水潭就叫蝴蝶泉。蝴蝶泉的蝴蝶，几乎是两只在前飞，一只在后追。周城祖先为了纪念这位为民除害的斩蟒英雄，把猎人尊奉为“打猎匠”本主，两位姑娘被追奉为“打猎匠”本主的大娘娘和二娘娘。后来通过扶乩，才知道猎人的名字叫杜朝选。

M39 周城村 2011②

很久以前，神摩山上有一条大蟒蛇，每年三月初三这天，周城村人都要往山脚抬鸡、猪、猪头和一对童男童女给它吃，不然，整个村子将遭到它的报复。人们把这些装在篓子里择时送上去就跑回来，无可奈何地供蟒蛇“享受”。

---

① 《周城村寺庙纪事与本主传说》编写组：《周城村寺庙纪事和本主传说》（内部资料，2009 年）。笔者从周城村委会获得此文本。

② 《周城宗教文化概述》编写组：《周城宗教文化概述》（内部资料，2011 年）。笔者从周城村委会获得此文本。

有一天，永胜小伙子杜朝选要到海西苍山上去打猎。他脚穿草鞋，衣着朴素，很慈祥的样子。只见他腰挂剑盒，肩背弓弩，迈着刚健的步伐来到洱海海边。海边很安静，停靠着几条渔船，杜朝选身无分文，一个渔夫也不愿搭载他。他来到一对老年夫妇船前，毕恭毕敬地说："大爹大妈，我想到海西去打猎，因我家境贫寒，身上无钱，那些船夫一个也不搭理我。我想您老人家菩萨心肠，恳求你们搭我过去。"这对老人家见小伙子体魄健壮，态度端正，语气和蔼，深感同情地说："快上来吧，我们搭你去桃源村，我们是桃源人，今天正好要回家。"小伙子飞身跃上了渔船，他环视四周，只见海面上船帆点点，海鸥时隐时现，波浪有节奏地拍打着船头，老年夫妇整齐划一地摇着桨，渔船在缓缓西行。他昂首眺望苍山，只见山顶乌云笼罩，山腰树木葱郁，心想那肯定是打猎的好地方。一声海鸥的叫声打断了他的思绪，他回过头来对两位老人家说："大爹大妈，你们捕捞的鱼多吗？"老年夫妻说："哎，这两年鱼少很难打，我们的网朝撒晚收，但捕到的鱼却寥寥无几，只能勉强度日而已。"杜朝选胸有成竹地说："大爹大妈，你们别担心，我会让你们有打不完的鱼，到时候，您二老不必在风里浪里奔波，好好的安度你们的晚年。"二老疑惑地望着小伙子，默默无言。

船停泊在距桃源古戏台东七八米远的地方，旁边有一株柳树。杜朝选说："大爷，请把您撑船用的竹竿拿给我。"只见他手抓一把柳树叶子紧紧地捏着，"哗"的一声撒到海里，又将竹竿往海里猛地一插。只见海底一块岩石往外沁水，没有泥巴，只有沙子和石头。稍后，只见一片片柳树叶子都变成一条条弓鱼从洞里往外游，连绵不断，层出不穷。它就是名扬四海的弓鱼洞。两位老人看傻了眼，打心眼里感激这位半仙似的小伙子。说起这弓鱼，外形酷似柳叶，无鳞，体肥刺少，美味无穷。如果用芋头和腌菜煮食，那真是山珍海味，无与伦比。以后每年的正月时节，弓鱼纷纷蜂拥而出，打也打不完。桃源村人一个早上能捞上几百斤，洱海周围的白族人民，世世代代享受着这美味佳肴，无不铭记杜朝选的功德。

杜朝选来到周城，只见一对童男童女被装在篓子里，父母爷奶在旁号啕大哭。他感到非常奇怪，上前问道：“你们为什么把娃娃装在里面，要把他们送往哪里？”村里的老妈妈说：“你是一个好心人。我们这儿的神摩山上有一个大洞，洞里有一条巨蟒，每年三月三这天，我们必须要敬给它一对童男童女——蟒蛇专吃童男童女的眼睛，如果不送，整个村子将遭来横祸。”杜朝选说：“今年你们就不用送了，把这对童男童女放掉。”“那怎么行呢？我们可得罪不起蟒蛇！”老妈妈说。杜朝选回答说：“你们不必担心，一切包在我身上，你们就按我说的办。”人们纷纷议论：“这个蟒蛇非常厉害，力大无穷，你斗不过它的。”这时，天空中正好飞来了一群大雁，杜朝选说：“大爹大妈，你们看，我要把第三只雁给射下来。”只见他拉弓搭箭，“嗖”的一声，正好射中第三只雁，大雁“啪”的一声落在人们的面前。“哈，好本事！”人们都惊呼起来。他果敢地说：“你们在这儿等我，大家都不必害怕，我非要除掉这个恶魔不可。”话音刚落，他就沿着神摩山对面山路走去。人们目送他一步步往上爬，默默地为他祷告平安，祝愿他斩蟒成功。

杜朝选沿着崎岖的山路一步一步往上走，来到蟒蛇洞对面的山头上。只听见鼓音似的流水声不绝于耳，洞口周围树木葱郁，偶尔也有几只无名小鸟时隐时现地穿梭于茂林之中，加之薄雾笼罩于上空，确有一股阴森森的感觉。正在这时，又见一条巨蟒从洞口蜿蜒而出，它伸出约五尺长的舌头，不停地抖动，两眼射出电筒般的亮光，狡诈地巡视着四周，时而发出刺耳的叫声，在山谷间久久回荡。

杜朝选先是一惊，又镇定下来。俗话说，艺高人胆大，他取下弓箭，使足平生力气，对准蟒蛇发光的眼睛，“嗖”的一箭发出，只闻“啊”的一声惨叫，蟒蛇仓皇逃回到洞里。杜朝选一直候到太阳落山，也不见蟒蛇的动静，于是匆匆忙忙走回到山下。人们见杜朝选下山，都不约而同地把杜朝选围在中间，七嘴八舌地问：“你没有事吧？蟒蛇怎么样了？”杜朝选摆摆双手欣慰地说：“各位父老乡亲，我见到蟒蛇了。我一箭射中了蟒蛇的眼睛，等了很长时间也毫无动静，估计蟒蛇受了重伤，无力再出洞了。请大家带回童男童女和这些供品各自回家安心地睡觉吧！今晚就由我一个人守护，大家的安全包在我身上。”童男童女的亲属跪地谢了恩，熙熙攘攘的人们都有说有笑地回到了各自的住所。

第二天，杜朝选又来到山上，蟒蛇洞外的大青石旁，有两个姑娘正在洗血红的衣裳。杜朝选心想，听说蟒蛇会变，这两个姑娘肯定是蟒蛇变的，我非要杀了她们不可。刚抽刀欲砍，两个姑娘放下血衣，转身跪地求饶道：“大哥息怒，我俩是前日被蟒蛇掳上山的，它强逼我们做它的夫人。正逢三月三它要吃童男童女，未曾下山就被不知什么人射中了眼睛，血流满地，我们这是在给它洗血衣裳。”两个姑娘站起来说：“大哥，你不要错怪我们，我们说的都是真话。现在它还在洞里睡着呢。”杜朝选问道：“它是怎么个睡法?”两个姑娘说：“它睡觉的特点是大睡七天七夜，小睡三天三夜，这次是逢着大睡，已经睡了一天一夜，我们洗完血衣就得回洞里去。”“蟒蛇还有其他什么特点吗?”杜朝选又问。两位姑娘接着说：“它有一柄锋利的宝剑，睡觉时压在它的枕头底下，只要它没了宝剑，也就不那么厉害了。”“那柄宝剑怎么个用法呢?”杜朝选进一步问道。“你拿它的宝剑时一定要注意，你一面砍它会一面叫‘再来砍，再来砍’，你只能砍两剑，千万不能砍第三剑，砍了第三剑它就会活回来的。”杜朝选说：“那箭是我射的，我今天上来就是要彻底铲除这个害人精！你们俩能否把宝剑偷出来？我要杀死蟒蛇救你们下山。”两位姑娘表示一定试试看。

两位姑娘赶紧洗完血衣，蹑手蹑脚地回到了洞里。蟒蛇“呼噜呼噜”雷鸣般地打着鼾，时而又“哎哟哎哟”地惨叫。大姑娘拿了一条用冷水浸过的湿毛巾捂在蟒蛇受伤的眼睛上替它降温止痛。过了一会儿，只听见鼾声越来越弱。二姑娘趁机在枕头底下摸到剑柄，轻轻地慢慢往外抽，费了好大时辰，宝剑终于抽了出来。她们又蹑手蹑脚地拿着宝剑走出了洞。杜朝选见两位姑娘偷出了宝剑，心里非常高兴，顿时热血沸腾，浑身充满了豪气。

杜朝选接过宝剑，叮咛道：“你们俩在外面等我，千万别进来。”说完就转过身去，迈着猫步入至洞内。只见蟒蛇双眼紧闭，一只眼睛还在滴血，均匀的鼾声一起一伏。蟒蛇已入熟睡状态，这可是最好的下手机会。杜朝选手举宝剑，看准蛇头下七寸部位猛地一剑砍去，只见蟒蛇的尾部噼里啪啦在洞壁上拍打，嚎叫声震耳欲聋。杜朝选顺势又一剑砍在蟒蛇的腹部，由于用力过猛，剑头断在蟒蛇的腹部。此时，蟒蛇只有惨叫声"你再砍，你再砍"，已完全没有挣扎之力。杜朝选站在旁边观察蟒蛇的动静，不要砍第三剑的声音在他耳边回响，只听见"你再砍，你再砍"的声音一句比一句弱。环视洞内，地上积了寸许的蛇血，自己身上脸上溅满了蛇血，再看那蟒蛇，已一动不动了。它完全死了。

杜朝选拖着疲惫的步伐一步一拐地走出了洞口，不自觉地瘫坐在草丛上。两位姑娘见状赶紧跑过来，大姑娘扶着他，二姑娘端来一碗山泉水，慢慢地给杜朝选喝。过了不久，杜朝选睁开眼睛，看着两位姑娘说："我把蟒蛇砍了，它已完全死了。"两位姑娘听了，连声说："大哥，谢谢你。你是我们的救命恩人！"顿了一下，两位姑娘又羞怯地说："大哥，你若不嫌弃，我俩自愿嫁给你，你就娶了我们做你的妻子吧！"杜朝选见两位姑娘诚心诚意，面带难色："我斩杀蟒蛇是为民除害，别无他图。我们准备下山吧。"两位姑娘"噗"的一声跪在地上说："救人一命，我们愿以身相许，你如果不答应我们就不起来。"杜朝选见状，迟疑了一下和颜悦色地说："两位姑娘，起来吧，我答应你们。"两位姑娘高兴地站起来，搀扶着杜朝选向山下走去……

杜朝选自娶了两位姑娘为大娘娘二娘娘后，一家人相亲相爱，和和美美。大娘娘因受蟒蛇惊吓而经气断绝，杜朝选打造了一把银锁送给她以慰其心；二娘娘生下了个胖娃娃。光阴似箭，日月如梭，传说中的杜朝选早已魂归西方极乐世界。为了缅怀杜朝选的功绩，周城人民立他为周城的第二位本主。每年三月初三这天，周城一带的人们都要在山脚诵经聚会，香火世世代代供奉不绝。

M40 杨宗运 2012（徐嘉鸿等采录）①

杜朝选是半仙之命。他本是个猎人，先时住在永胜那边，偶然听说洱海西边有个蟒蛇，专门祸害百姓。杜朝选立誓为民除害，就渡洱

---

① 杨宗运口述《周城文化习俗》，采录人：徐嘉鸿等。采录时间：2012 年 2 月 12 日。杨宗运，1934 年出生。

海而来。他把蟒蛇杀死以后，就向两个姑娘求婚，姑娘不愿意，就往北边跑。他就跟着后面追，两个姑娘被追得没有办法，就跳到水塘子里面去了，跳下去之后，变作两只蝴蝶。杜朝选跟着跳下去，也变作一只蝴蝶。另一种说法是，杜朝选把蟒蛇杀了以后，这两个娘娘向杜朝选磕头："大哥，我们做你媳妇。"但是杜朝选不同意。两个姑娘羞愧地跳泉，杜朝选也跟着跳下去，化为蝴蝶。这种说法认为是两个娘娘向杜朝选求爱，杜朝选显出英雄本色。我认为应该是杜朝选向她们两个求爱。在解放以前，本主庙的大娘娘手被铁链子铐起，下面垂着一把锁。五六十年前甚至更早的时候大娘娘的形象就是如此，老人们都记得很清楚。1953 年的时候把它销毁掉了，1978—1979 年重新修整，现在重新塑的大娘娘塑像手是缩到袖子里面去的，上面没有铁链子了。所以应该是杜朝选向她们求爱，她们不同意就跑了，跳到水潭子里面变成两个蝴蝶飞了，杜朝选跳下去也变成蝴蝶跟在她们后面，于是把这个水潭叫蝴蝶泉。还有说，大娘娘不愿意就把她锁起来了，二娘娘愿意于是生了个小娃娃。但这样的故事给人的印象是：杜朝选杀夫霸妻，这不利于杜朝选的英雄形象。之后顺应民众的心理和需求故事演变成为现在的版本：杜朝选斩杀蟒蛇，为民除害，也解救了两位姑娘，重获自由。两位姑娘向杜朝选求婚，杜朝选不允。《蝴蝶泉来历》一文就是这样的故事。

M41 杜朝选经文 2013（杨雪采录）[①]

朝选姓杜永胜人，收山打猎确如神，虽有鸡山峨嵋树，常看苍山十九峰，南无主国太清真常灵帝。

坐船横渡洱海上，木根传祖照四家[②]，指点鱼洞常营业，灵恩富裕千古长，南无主国太清真常灵帝。

---

① 杨雪，武汉大学社会学系博士研究生。采录时间：2013 年 8 月 30 日。材料来源于周城北片方广莲池会《拜佛经》（手抄本佛经的时间为 2009 年 10 月 15 日）。此文本为杨雪 2013 年 8 月 30 日拍摄北片方广莲池会女性成员杨吉凤的手抄本整理。

② 当地的手抄本很多字都是注音，此句"木根传祖照四家"不好理解。另，杨雪提供的南片方广莲池会的经文为"摸给船主赵氏家"，"船主赵氏家"可能符合原意，但"木根"（摸给）二字不好解释。

三月三日蟒蛇诞，娘儿男女受灾殃，恶逆相会心欢喜，朝选一剑把妖杀[①]，南无主国太清真常灵帝。

恶逆血淌天地乱，朝选跟着上山冈，忽见双妇洗衣裳，受伤之人是佛家，南无主国太清真常灵帝。

赞义除魔归正顺，血池为民把弓张，修复田园归村业，名标史册受香烟，南无主国太清真常灵帝。

灭蟒吉足[②]有功劳，明封主国太清君，每年正月十六会，共祝庆寿永无疆，南无主国太清真常灵帝。

第三节　外地人的文本叙事[③]

M42 徐嘉瑞 1949[④]

不知道是什么年代，周城村中的两个女子，上云弄峰找柴，经过蝴蝶泉，被一个少年邀她们去喝茶。她们被缠不过，回头向村中逃跑。不料路走错了，向霞移溪山峡中跑了进去。那少年真快乐，把她们摄入洞中，渡着悲惨的岁月，全村都惊惶了。这少年是一条大蟒，常常食村中的牲畜。有一个猎人，叫杜朝选，他曾经打死过无数的野兽，某一天，他带了弓箭，到霞移溪打猎。那时正是春天，山中积雪晶莹，溪旁开遍了不知名的山花，映着一重重的浪花，大石在浪花中坐着，一个女子在上面洗衣服。他不经意地走了过去，走到山麓，一条大蟒，向他努力地蠕动，快要到足边了，他一箭射去，正中蛇颈，巨大的尾巴一卷，大树倒了，一会儿失去了蛇的踪影。他走下山来，浣衣的女子也不见了。第二天，他带了弓箭，挎着刀，又去寻找。女子又出现了，在大石上洗那被血染红的衣服。他去盘问女子，女

① 此处“朝选一剑把妖杀”，南片方广莲池会的手抄本为“朝选一见把妖杀”，我依据下文“恶逆血淌”“朝选跟着上山冈，忽见双妇洗衣裳”“受伤”这些话语推测，此处可能是“朝选一箭把妖射”，“剑”“见”“箭”三字同音，“杀”“射”在周城日常用语中也是同音。

② “吉足”二字亦不知何解。

③ 这里的“外地人”指“非周城人”。外地人的文本叙事材料较多，此处仅录入 5 则。

④ 徐嘉瑞：《大理古代文化史》，云南人民出版社 2005 年版，第 180—181 页。

子说是她们的王子中了一箭。杜朝选叫她引路，去到洞中，大蛇正呻吟着。他上前去杀大蛇，和大蛇搏斗，剑刃断在大蛇腹中，终于把蛇杀了，把两个女子救出。村人知道喜欢极了，把他当神敬重，两个女子就做了他的娘娘。现在周城本主庙的神像，杜朝选手中只有剑柄，旁边还有两个娘娘的像，那洗衣大石还在霞移溪中，叫“娘娘洗衣石”。

M43 **中国人民大学师生** 1985①

有个青年猎人杜朝选，一次到云弄峰打猎。在祁摩洞遇到危害人民的妖蟒，立即射了一箭。第二天又去寻找妖蟒，却在山洞里遇到两位洗血衣的女子，得知她们是被蟒蛇摄到洞里的民女。在二女的帮助下，杜朝选勇敢地杀死了妖蟒，救出了二女。二女为报救命之恩，向杜朝选求爱，不成，羞愧跳入龙潭，杜朝选知道后也跳潭殉死，于是从龙潭中飞出三只彩蝶。天长日久，龙潭周围的蝴蝶越聚越多，龙潭就变成蝴蝶泉了。

M44 **云南省编辑组** 1986②

猎神杜朝选，周城北村本主。相传杜朝选是海东人，打猎为生。有一次他从海东去到大理，渡过洱海，在桃源村海岸登岸，忘了带钱，无法付船费，就用手杖向洱海戳去，戳通了海底一个空洞（这个洞内的弓鱼很多，是有名的弓鱼洞），以洞中的弓鱼代替船费作为酬谢。传说农历正月十四日弓鱼的生产量特别高，就是为祝贺杜朝选的寿辰。

杜朝选离开海岸，黄昏时走到周城村，想在村中歇息。刚走进一家大门，看见一对夫妇相对哭泣，询问情由，知道是周城西神摩山箐内有一大蟒蛇，平时迫害村民，每年村里要送一对童男童女给蟒蛇

① 中国人民大学历史系：《云南大理周城志稿》（内部资料，1985 年），第 45 页。

② 云南省编辑组：《白族社会历史调查》（二），云南人民出版社 1986 年版，第 162—163 页。

吃，这对老夫妇只有一双儿女，村里决定，今年送他的这对儿女给蟒蛇吃，送去的日子已经迫近，为此老夫妇伤感哭泣。杜朝选听后，一面安慰他们，一面思量如何除蟒。

第二天，杜朝选身背弓箭，手持宝刀向神摩山走去。果然见一条大蟒在箐中活动，就一箭射去，射中蟒身，蟒负箭逃走。第二天，杜朝选再去山箐深处找蟒蛇时，见有两个青年女子在溪边石上洗衣，鲜血染红了大石和水。杜朝选怀疑她们是妖怪，盘问后，才知道她们是上山砍柴时被蟒蛇掠去洞内淫乱受害的两个青年女子。大蟒负伤，血染内衣，因此来溪边为蟒洗衣。杜朝选知道是好人，就把自己昨天射蟒和今日继续搜索蟒蛇的情况和为民除害的道理向她俩说了。这两个女子告诉他，大蟒负伤后在洞内休息，要大睡七日，小睡三日，现在是它小睡的日子，便于下手。但蟒蛇有一把宝剑十分锋利，刺蟒时要盗去利剑较为安全；而且这个大蟒修炼时间已经很长，变幻无穷，有时成人，有时成兽，要小心谨慎；并表示愿意帮助杜朝选趁蟒蛇睡着时盗走宝剑。

杜朝选按此去做，盗剑时蟒发觉了，遂变成人形与杜朝选打起来，败后又变虎、变妖与杜朝选大战。最后被杜朝选用剑刺伤，由于剑折断，蟒蛇逃往深山而死。剑只剩下剑柄，所以现在杜朝选的泥塑像①手中捏有剑柄而无剑刃。两个女子为了报答杜朝选的恩情，并钦佩他的英勇，自愿做他的妻子，所以杜朝选的身旁塑有两个姑娘的像。

M45 徐嘉瑞（李子贤 1990 年采录）②

在古代，不知是什么时候，周城村有两个姑娘上云弄峰去砍柴。天太热了，口又渴，路过蝴蝶泉的时候，她们就到龙潭边去喝水，坐在合欢树下歇凉。合欢树的枝条，拂在她们的脸上，千万双蝴蝶，围

① 2009 年以前北本主庙中杜朝选的神像是木雕偶像，2009 年新建本主庙的杜朝选神像方为泥塑像。

② 李子贤编：《云南少数民族神话选》，云南人民出版社 1990 年版，第 109—112 页。

绕着她们飞舞。忽然来了一个陌生的少年，邀她们到家中喝茶。她们拒绝了，那少年还是死死地和她们纠缠。她们就转回身去，向周城跑回，不敢上山。她们跑得快，那少年也追得快；她们跑得慢，那少年也追得慢。跑着跑着，忽然一阵旋风，把两个姑娘摄进山洞去了。

原来周城出了一条大蟒，吃了许多牛羊，农民们非常害怕。现在两个姑娘又被妖怪摄去，大家越发惊惶了。他们忧愁地说："哪一个能杀了这条大蟒，我们要重重地酬谢他！"

杜朝选是一个猎人，他在云弄峰和沧浪峰一带打猎，打死了许多毒蛇猛兽。他也常去海东。这一次，他在海东打猎很久了，心里挂念家乡，就由海东坐船回来。他上岸后，拿着弩弓，背着长箭，到霞移溪的山峡中去找野物。这时正是春天，山峰上的雪，映着青翠的天空；溪边开遍了山花，水从大石四周冲下来，冲起一重重雪白的浪花。他看见在大石上，在浪花中，坐着一个姑娘在洗衣服。那姑娘低着头，泪珠一滴滴地落在浪花里。他走到山腰，忽然看见一条黑色金花的大蟒，向他拼命游来，好像一股黑水迅速地淌着；等快要到面前了，他忙取出一支箭，射了过去，正射中蟒的头部。蟒把大尾巴一卷，许多大树都打断了。蟒向草中奔逃，一会儿就不见了。他走下山来，那大石上的姑娘也不见了。他回到周城，老人们都来诉苦说，蟒蛇吃了许多牛羊，还把两个姑娘摄去了。他才明白，今天看见的那个姑娘，就是其中的一个。他和老人们说，他已经射了大蟒一箭，明天还要去找。

第二天，他拿了弩弓，挂上宝剑，又向霞移溪走去，远远就又看见那姑娘在大石上、在浪花中洗衣服，那衣服被血染得鲜红。杜朝选走近一看，原来是他邻居的姑娘；姑娘也认出了杜朝选。他问姑娘："你怎么被大蟒摄来？为什么衣服上会有血？"姑娘哭诉说："大蟒把我姊妹两个摄到洞中。昨天蟒被人射了一箭，在床上哼着，要我来洗血衣。""你为何不逃走呢？""大蟒在洞外用尾巴一划，划了一条界线，一出界线，它就知道的。""你妹妹在哪里？""她在洞中替大蟒洗伤口。""那么你来引路，我进去把它杀了，救你姊妹回家。""杜大哥救我们姊妹的性命，我们万分感谢。大蟒三天一小睡，七天一大睡，现在正是它小睡的时候。只是那蟒十分凶恶，近不得身，你得多加小心。”杜朝选拔出宝剑，随姑娘进到洞内。仔细一看，并不见什么大蟒，只见一个穿黑衣的少年，躺在床上睡着了。另外还有个姑娘，坐在一边哭泣。杜朝选知道这少年就是大蟒的化身，举起宝剑就要刺去。哪知蟒蛇在小睡时，眼睡心不睡，它知道有生人进洞，早已惊醒了。蟒蛇见杜朝选举起宝剑刺来，就变成一条黑蟒，张着大口要吞杜朝选。杜朝选用力一刺，宝剑就刺入大蟒的腹中。大蟒绞动尾巴，把杜朝选一道一道地箍了起来；还拼命地绞，越绞越紧。杜朝选浑身的筋肉都紧张起来，像弓背和弓弦一样，紧紧地绷着；身上像有几十道铁箍，紧紧地箍着。他把宝剑向大蟒的肚子里乱插乱搅。大蟒痛得张开大口，要来吞他；他张开两臂，像平常拉弓射箭的样子，用力一绷，又把宝剑乱插。忽然嚓的一声，宝剑折断在蟒腹中，只剩得剑柄在手里。他用尽全身的力量，将两只臂膀一挣，蟒就断成了四五截，像一堆破布一样滑落在地上。杜朝选浑身是血，满脸是汗，手中只剩下一把剑柄。他回头一看，两个姑娘都不见了。他很奇怪，难道逃走了吗？仔细一看，原来是两个姑娘都吓昏了倒在地上。他把她们叫醒，扶出洞外。鲜血从洞中流了出去，把洞口的石头都染红了。

他们三人来到霞移溪的大石头上，姑娘们替他洗去了身上的血。他说：“蟒蛇已经死了，我送你们回家去。”姑娘们说：“你杀死了大蟒，又救了我们的性命，恩德实在难报！”他说：“为了全村的安宁，说不上什么。”姑娘们说：“你的恩德比洱海还要深。”他说：“斩蟒的功劳，你们也有一份。”

杜朝选送她们回家，走到蝴蝶泉边，两个姑娘都不走了，坐在大树下的绿草地上唱了起来[①]：

大姑娘：多蒙大哥救性命，此恩此德记在心。
杜朝选：斩蟒除害是正理，为的百姓享安宁。
二姑娘：大蟒斩除人安定，大哥恩德比海深。

---

① 原注：这段唱词是从白族戏“杜朝选”中摘来的。

杜朝选：斩蟒功劳你有份，不可独推我一人。
大姑娘：苍山高来苍山青，从此苍山享安宁。
杜朝选：苍山高来苍山青，苍山理应享太平。
二姑娘：洱海深来洱海清，一轮明月照海心。
杜朝选：洱海好比我心意，月照当中分外明。
大姑娘：大哥恰似天上月，一路伴送小妹行。
杜朝选：苍山洱海两明秀，大姐口巧心又灵。
二姑娘：若蒙大哥不嫌弃，姊妹与你结成亲。
杜朝选：大姐虽然情意好，斩蟒不是为结亲。
大姑娘：你斩蟒原是为百姓，不说情深义也深。
杜朝选：大姐心意我知道，就恐旁人说是非。
二姑娘：除了大害人敬你，生也亲来死也亲。
杜朝选：大姐虽然待我好，怎奈我身单家又贫。
大姑娘：身单家贫又何妨，穷苦之人心连心。
二姑娘：若蒙大哥不嫌弃，蝴蝶泉上把誓盟。

蝴蝶把他们团团围在当中，他只好答应了。

周城的村民，为了感谢杜朝选，在他死了以后，把他奉为猎神。还在本主庙内塑着他的像，背着弩弓，插着长箭，手中拿着折断了的宝剑手柄；人们还把霞移溪中的大石叫作娘娘洗衣石。还有蟒蛇洞口的石头，每到下雨的时候，现出红色，传说那是蟒血。

（搜集整理：徐嘉瑞）

M46 尹明举 2008①

在白族民间传说中，歌颂舍生取义、为民除害的英雄行为是一个永恒的主题。虽然，说的多数都是斩蟒除恶的故事，但英雄们各自都有不同的身世和性情，自然，其遭遇和结局也就各不相同，有的慷

① 尹明举：《蝴蝶泉的故事》，载 2008 年 10 月 29 日《大理日报》。尹明举，大理市文化局局长。

慨、悲壮，有的凄婉、苍凉。如像蝴蝶泉的故事，讲起来还真让人有些怅然若失的伤感。

话说周城村背靠的苍山云弄峰下有座神摩山，古木幽深，藤蔓盘绕，还有些离奇古怪的崖洞。一天，有两个周城姑娘结伴上山找柴，转来转去来到一个黑黢黢的洞口，只见一个年轻英俊的小伙子站在那里，热情地邀她们进洞喝茶。她俩虽有些害怕，却又十分好奇，后来还是战战兢兢地跟了进去。谁知竟成了一去无返，家里人找死找活也找不到她们的下落。

有个名叫杜朝选的年轻猎人，本是洱海东面永北地方人氏，四处周游打猎。这一天他乘船来到海西，下船时还给船家指了个能捕弓鱼的水洞，让船家衣食无忧。晚上，杜朝选寄宿在周城村里，听到有一家人哭声十分凄惨。打听缘由，得知村后的神摩山有条修炼千年的恶蟒，不但经常吞食人畜，还会千变万化。有时变人形，下山引诱奸淫良家妇女；有时变作老虎，常捕食上山挖药、砍柴的村民。周城人每年都必须给它献上一对童男童女才能暂时免受其害。今年刚好轮到这家人，第二天就要把他们三岁的女儿送给蟒蛇。一家人生离死别，哭得叫人心碎。杜朝选气得咬牙切齿，第二天一早便身背弓弩，手执宝剑进山寻找蟒蛇去了。

杜朝选循着神摩山箐往上爬了半天，老远便看见一条鳞光闪闪的大蟒爬到箐底喝水。他立即张弓搭箭，"嗖"的一声射去。只见蟒蛇一阵痉挛蹦起三尺多高，然后便直钻密林深处去了。杜朝选一直等到天黑也不见踪影。第二天，他又再从神摩箐一路找去，穿过许多枯藤老树，想不到，却见两个姑娘在溪水中一块大石头上洗衣裳。他心想这荒野之地怎会有人来洗衣，定是那恶蟒的化身，于是举起宝剑，厉声喝道："妖孽，看你往哪里逃!"两个姑娘吓得抖作一团，连声求道："大哥，千万莫杀我们，我们不是妖怪……"细问才知她们二人正是几天前被蟒蛇变成小伙子骗进洞中的姑娘。蟒蛇逼她们当媳妇，昨天蟒蛇中了猎人一箭，正在洞内养伤，要小睡三天，叫她们二人来此洗血衣。杜朝选自悔莽撞，连声道歉，并请求她俩带路前往杀蟒。来到洞中，蟒蛇果然正在熟睡。杜朝选手起剑落，蟒蛇差点断成两截，却又倏地变成一只猛虎直向他扑将过来。他挥舞宝剑左砍右杀，直把宝剑砍断，才终于将恶蟒彻底砍死。

两位姑娘感激杜大哥救命之恩，双双求他接纳她俩为妻以便终生侍奉。杜朝选谢道："斩蟒除害是我应尽之责，哪能耽误你俩前程！"二位姑娘跪地再求，杜朝选推辞不过，抽身闪开竟自打猎去了。二位姑娘追不上，伤心地下山来到了一个无底潭边，悲伤欲绝，投潭而殁。杜朝选虽在打猎，但心里总是惦记着两位姑娘，反过来又去寻找她们，不觉间也到了无底潭边，只见两位姑娘已经溺水身亡，却还睁着期盼的双眼，不由得他悔恨交加，更觉得无地自容，便一头扎进潭中。每年四月十五，各方彩蝶都来凭吊，无底潭成了有名的蝴蝶泉。

周城村民为了纪念这位英雄，把他奉为本主。立庙塑像，中间手执断剑者即杜朝选，两位姑娘被追封为本主娘娘塑在两旁。霞移溪内那块有红色斑纹的大石头也被称为"娘娘洗衣石"永为人们纪念。这就是蝴蝶泉真正的民间传说，在世代白族人民心中，这是个永远不能被取代的故事。

第三章　神话的结构

结构主义的新意在于强调能指。

——［美］弗雷德里克·詹姆逊

20 世纪神话研究最重要的人类学家是列维－斯特劳斯，他通过研究欧洲的俄狄浦斯神话和美洲土著的 813 个神话，创构了结构主义神话学理论。“结构主义的新意在于强调能指。它的第一步就是把能指和它所指的东西分开，作为自己的研究对象，因为有能指互相组织的地方才谈得上有结构。”① 本章从列维－斯特劳斯的理论出发，对杜朝选神话的“能指”关系进行研究，并希望在一些基本点上检验与回应结构主义理论。

第一节　“能指”的结构分析

列维－斯特劳斯的神话研究的主要成就体现在四卷《神话学》② 之中，这是一个非常庞杂而繁复的体系；而他关于神话研究的基本思想与方法，则可以从《神话的结构》③ 一文见出。在此文中，列维－

① ［美］弗雷德里克·詹姆逊：《语言的牢笼》，钱佼汝译，百花洲文艺出版社 1995 年版，第 92 页。

② ［法］列维－斯特劳斯：《生食与熟食》（第一卷）、《从蜂蜜到烟灰》（第二卷）、《餐桌礼仪的起源》（第三卷）、《裸人》（第四卷），周昌忠译，中国人民大学出版社 2007 年版。

③ 参见［法］列维－斯特劳斯《结构人类学》（1），张祖建译，中国人民大学出版社 2006 年版，第 220—259 页。

斯特劳斯把神话看成与交响乐具有相同的结构。交响乐的旋律与和声两种要素表现在乐谱上，呈横与纵两个向度的结构关系。在横轴上，乐谱以线性或历时的方式从左向右排列，记述着单一乐器所特有的旋律；而在纵轴上，乐谱以截面或共时的方式从上至下排列，记述着各种不同乐器同时奏出的声音的和谐搭配，这就是和声。我们现在惯常的阅读神话的方法是横向的读法，这种读法读出的是神话的故事情节，它如同交响乐中的“旋律”，完整地叙述了故事的内容或作者要表达的神话的主题。但是列维－斯特劳斯认为，要想了解神话的意义，需要从“和声”中才能读出，这是列维－斯特劳斯最重要的、最具创造力的也是最纠结与费解的一种解读方法。“和声”就其本义来看，是交响乐各种不同乐器同时奏出的同一个乐音的和谐搭配，列维－斯特劳斯将这个概念借用到神话的结构分析中，发展出了一种独创的分析方法。在列维－斯特劳斯之前，从来没有一个人对神话采取“纵向”阅读这种古怪的方法；而列维－斯特劳斯不仅发现了可以这样读，而且强调必须这样读才能理解神话的结构，进而从这些能指的纵向关系中发现神话的意义。

> 我们认为真正构成神话的成分并不是一些孤立的关系，而是一些关系束，构成成分只能以这种关系束的结合的形式才能获得表意功能。如果我们从历时性的角度看待它们，同束之内的关系能够以较大的间隔出现。……有些相同的音符每隔一段就重新出现，不是原封不动地再现，就是部分地重复，还有一些调式虽然相隔甚远，却显示出相似性。……此时，他们就掌握了我们所说的“和声”：因为一部交响乐曲必须沿着一条中轴线（即一页接一页，从左到右地）历时地阅读，但同时又必须沿着另一条从上到下的中轴线共时地去读，方才有意义。换句话说，写在竖行里的全部音符组成一个大的构成单位，一个关系束。①

① ［法］列维－斯特劳斯：《结构人类学》（1），张祖建译，中国人民大学出版社2006年版，第226—227页。

列维－斯特劳斯举了一个具体神话分析的例子来说明这种纵横排列法，这就是俄狄浦斯神话。他把这个神话中的各个“神话素”找了出来，然后根据上述对管弦乐乐谱的分析，从左到右的一行行表示神话的情节，从上到下的一栏栏表示神话中所共有的关系的格式，在纵向阅读与横向阅读的结合中，把握其所体现的结构关系及其意义。他得出的这个神话的配置如表3－1所示：

表3－1　**俄狄浦斯神话素配置表**

卡德摩斯寻找被宙斯拐走的妹妹欧罗巴			
		卡德摩斯杀死凶龙	
	斯巴达人相互残杀		
			拉布达科斯（拉伊奥斯的父亲）＝跛足（？）
	俄狄浦斯杀死其父拉伊奥斯		拉伊奥斯（俄狄浦斯的父亲）＝靠左脚站立（？）
		俄狄浦斯杀死斯芬克斯	
			俄狄浦斯＝肿足（？）
俄狄浦斯娶其母伊俄卡斯忒			
	厄忒俄克勒斯杀死其兄波吕尼克斯		
安提戈涅不顾禁令安葬其兄波吕尼克斯			

这个神话被列维－斯特劳斯抽出11个“神话素”。他说，如果我们只是“讲述”神话，我们就会横着从左读到右（因为纸面的限制，

也需要从上读到下)，即按照“卡德摩斯寻找被宙斯拐走的妹妹欧罗巴、卡德摩斯杀死凶龙、斯巴达人相互残杀……安提戈涅不顾禁令葬其兄波吕尼克斯”这样一直讲下来；但如果我们想要“理解”神话，就必须一竖栏一竖栏地从左读到右，把每一竖栏当作是一个单元。一共有四个竖栏，而所有属于同一竖栏的关系都展现出一种共同特点。第一竖栏的事件都过分看重血缘关系，即超过了应当有的亲密[①]；第二栏的共同特点是反过来，过分看低血缘关系[②]；第三栏的共同特征是对人的出自地下的起源的否定[③]；第四栏的共同特征是坚持人的出自地下的起源[④]。由此还可得出，第四栏之于第三栏即如第一栏之于第二栏，这两种矛盾关系乃是同一的，它们都以同样的方式自相矛盾。这样，这两类关系之间就联系了起来。到这里，神话思想的结构被列维-斯特劳斯公式化了，这个思维结构的核心就是“二元对立”(或称为“双项对立”)。

经过了结构分析，这个神话的意义也就被理解了，它就是：

> 一个宣扬人类孳生于原地的社会无法从这种理论过渡到承认我们每个人其实都产生于一男一女之结合这一事实。这个困难是没法克服的。然而，俄狄浦斯神话在某种意义上提供了一个逻辑工具，它可以在初始问题——“我们是生于一，还是生于二?”——跟派生问题之间搭起一座桥梁，后者大致可以这样表述：“同与同相生，还是同生于异?”通过这个办法，某种关联性于是显露出来了，即过高估价血亲之对于低估血亲，正如逃避原地孳生性努力之对于不可能成功逃避一样。经验可能会与理论发生抵触，但是，只要两者能够透露出同一个矛盾的结构，社会生

① 妹妹是亲密的，但被宙斯拐走了，是无法寻找的，而卡德摩斯非要去寻找，就是过于亲密了。母亲是亲密的，但俄狄浦斯还要娶之为妻，亦是超过了亲密的限度。

② 斯巴达人为同类，互相残杀就是过分看低血缘关系。父亲是有血缘关系的人，俄狄浦斯把他杀了，这也是过分看低了血缘关系。

③ 例如斯芬克斯说出了人起源于土地的真谛，却被杀死，即为否定人起源于土地。

④ “肿足”“跛足”“靠左脚站立”都与难以直立行走却坚持直立行走有关，其共同特征是固守人类的原地孳生性，即坚持人起源于土地。

活就能够验证宇宙秩序。①

在列维－斯特劳斯看来，神话的功能是解决原始人要克服的主要矛盾，或者说是调和或处理自然与文化世界中存在的对立。虽然这在实践中不可能，但是在象征性上提供了一种能够解决矛盾的逻辑手段。就俄狄浦斯神话来说，解决人“由土地而生”还是“由男女交媾而生”这一对矛盾，是以“对亲缘关系估计过高”和“对亲缘关系估计过低”这一矛盾来协调。也就是说，由于每对关系的两项各自包含着自我矛盾、自我对立的内容，所以，它们自身内部的矛盾抵消了该两项间的相互矛盾。于此，神话思想“从意识到对立进展到解决这些对立”。

按照利奇的说法，列维－斯特劳斯这篇在1955年撰写的文章所用的结构分析方法，后来“他很少把他的方法运用在英美读者较熟悉的神话例证上，俄狄浦斯故事是少数例外之一”②。但列维－斯特劳斯在这个神话分析中所概括出的“二元对立”的神话分析原则却体现在他后来的大量的神话分析之中，就此而言，俄狄浦斯神话的结构分析与其他神话的结构分析是一致的。这里我们引述他1967年所写并收编在《结构人类学》（2）中的一篇文章《温内巴戈神话四则》③来作进一步的说明。这篇文章具有简约性和明晰度：言其“简约性”是因为四则神话的分析模式就是《神话学》四卷中数百则神话的分析的约简模式；言其“明晰度”是因为他在《神话的结构》一文以及各种神话著述中从语言学出发所阐释的那些深奥、晦涩的原则在这四则神话的分析中表述得都比较清晰与集中。

列维－斯特劳斯所分析的是保罗·雷丁在《温内巴戈人谈温内巴

① ［法］列维－斯特劳斯：《结构人类学》（1），张祖建译，中国人民大学出版社2006年版，第231页。

② ［英］埃德蒙·利奇：《列维－斯特劳斯》，王庆仁译，生活·读书·新知三联书店1985年版，第71页。

③ 参见［法］列维－斯特劳斯《结构人类学》（2），张祖建译，中国人民大学出版社2006年版，第687—701页。

戈文化》一书中提到的四则神话。第一则神话《两个互为转世的朋友：守灵四夜的缘起》，讲的是一个酋长的儿子和他最要好的朋友之间的故事：两人施行以牺牲生命换取部落幸福的计划，他们死后在阴间经受了一系列考验，最后创世者打发他们返回人间，他们在亲属和伙伴当中重新找回了自己的位置。第二则神话《从阴间带回妻子的人》，它是同样主题的另一个变体，但有一项重要的不同之处：这个神话里也有一位英雄——实际上是一位丈夫——准备牺牲他余下的寿命，但不是为了本族的利益，而是为了他的被掠走的爱妻。他的寻死使亡妻复活，也使自己获得了一段新的生命。第三则神话《一个灵魂的阴间之旅——依〈医药仪式〉所述》，它述说一个宗教社团的成员在阴间必然经历的种种考验，就像其他神话中的主要人物那样，而且解释这些人在经受住考验之后，如何获得了转世的权利。这则神话与前两则神话亦有所不同，在这个神话中没有人牺牲生命。第四个神话《拯救酋长之女的孤儿》，这则神话与前面三则都不同，说的是一位部落酋长的女儿爱上了一个孤儿，因为痛苦心碎而死，孤儿把她救了回来。就在姑娘咽气的棚屋里，他不得不经受和克服各种考验，这种考验不是阴间的而是尘世的考验。

对这四则神话进行分析之前，列维-斯特劳斯提出了一个理论性的问题，就是社会生活方式与符号逻辑的关系：神话中提到的社会生活方式并不与客观现实相吻合，而应该从符号逻辑来理解。当他将问题从客观现实转到符号逻辑这一方面的时候，他开始说明第四个神话之所以与前三个神话不同，并不是因为社会生活的作用，而是因为逻辑的作用使得神话把这个问题从反面提出来，而且采用归谬法寻求解决之道，于是，“外显内容将会顺理成章地被修改，并且为经验地给定的社会现实——正像在社会成员的意识当中所呈现的那样——提供一幅颠倒过来的映像”[①]。列维-斯特劳斯不同意雷丁将第四个神话看作“涉及的社会生活方式必属温内巴戈历史的一个古老时期的假

① ［法］列维-斯特劳斯：《结构人类学》（2），张祖建译，中国人民大学出版社2006年版，第693—694页。

设”，认为这“绝不是非有不可的”。于是，结构主义的二元对立的模式就由这第四个神话不同于前三个神话的状况而推论出来，或者也可以说原先已经存在于列维－斯特劳斯思维之中的模式此时被应用于此：“假设A和B之间存在某种一致性，那么，只要用－A取代A，B就得被－B所取代。但是，不可由此推定，鉴于B与一个真实的客体相吻合，那么在某个地方一定存在着跟－B相吻合的另一个真实的客体，不是在另一个社会里——它是从那里移借来的——就是作为遗存物存在于最初观察的那个社会的历史当中。”① 列维－斯特劳斯强调的是，这里是一个“符号逻辑”的推导公式，而与现实生活及社会文化无关。第四个神话与前三个神话的差异属于逻辑方面，因为它看来源自这样一个事实：在第一组对立（平凡的生命之对于不寻常的生命）这个层次上，又提出了一组新的对立。

只要从“社会的”“历史的”过渡到“逻辑的”，那么符号逻辑就不会受到社会生活的束缚与制约。列维－斯特劳斯所看到的是：一个现象可能通过两种可以称之为不寻常的方式造成，或是过度，或是欠缺，即要么过分，要么不足。如果说前三个神话中的主人公全都“禀赋卓绝”（过度），……那么至少在某一个方面，第四个神话里的两个主人公却不及常人。酋长之女享有极高的社会地位，高得实际上脱离了部落百姓，高贵的地位反而削弱了她，使她丧失了感情生活的一条基本特征。而作为主人公的孤儿，同样遭到削弱，然而是在社会方面：既贫穷又孤单。这种对称而颠倒的成对的结构，与其说它属于可由经验事实观察到的社会系统，不如说属于意识形态。于此，这个神话的整个框架可以归结为一个极化系统，它把一男一女两个人拉近了，又让两者彼此对立；每个人都是一方面禀赋卓绝（+），另一方面又天赋不足（－）。而当神话按照符号逻辑构建成一个封闭系统后，这个神话便组织成了一个连贯的整体，连细枝末节都是相互调节和前后响应的，神话结构与内容的分析就只要在符号逻辑的内部运行

① ［法］列维－斯特劳斯：《结构人类学》（2），张祖建译，中国人民大学出版社2006年版，第694页。

即可，再也“没有必要求助于温内巴戈社会的历史”[1]。

依据符号逻辑，列维-斯特劳斯认为，这里考察的四个神话属于同一组转换。首先，这四个神话处理的都是一些与平凡的命运相对立的特殊命运。前者（平凡的命运）无疑并未专门提及，它们在四个神话的体系里形成一个空范畴，这并不意味着它们在别处也不会得到填充。其次，两种类型的特殊命运之间的对立，有些来源于过度，有些来源于欠缺。这后一个双项对立使我们能够把神话四与神话一、二、三区别开来。最后，依照每个神话派给一个或数个英雄所自愿付出的牺牲的不同功能，可以对神话一、二、三进行分类。他用了一个图表来表示这三组“双项对立”：（一）主人公的“命运”二分为两个范畴：“平凡的命运”和“特殊的命运”。列维-斯特劳斯丢弃了“平凡的命运”，只讨论“特殊的命运”。（二）在这个范畴内，他又二分为“正面的”和“负面的”两项：“正面的”包括第一、第二、第三个神话，“负面的”是第四个神话。（三）“正面的”与“负面的”的分支项也都是两两相对立：如“亡灵”的对立表现为第一至第三个神话“人类侵略者”（或者是“旅伴”，或者是“诱惑者”）和第四个神话“非人类的侵略者”的二元对立；“完成了何种行动”则表现为第一至第三个神话“群体”和第四个神话“针对群体”的对立。于是，神话中所有的一切都可以归结为符号逻辑上的“二元对立”。

列维-斯特劳斯这种阅读与解释神话的方法遭到了理论家的批评，有些批评甚至是严苛的。这里举出利奇、詹姆逊和格尔兹三位理论家作为代表。

利奇的批评相当尖锐。他在《列维-斯特劳斯》一书中认为，列维-斯特劳斯的结构主义“是一个精心炮制的学术玩笑”，是“奇怪的思想路线”，“很精明的空论”，“无益而又烦琐的分析”，“冗长的

---

① ［法］列维-斯特劳斯：《结构人类学》（2），张祖建译，中国人民大学出版社2006年版，第697页。

废话”。[①] 利奇认为，列维－斯特劳斯三卷《神话学》[②]“实际上已使它日益退化成当代的《金枝》”，而对于《神话学》的一些解释，“只有最不加鉴别的信徒，才相信他的这种论证”。[③] 不过，这些过于激烈的言辞很快转入了理性的分析，他重点批评了列维－斯特劳斯《神话的结构》这篇核心论文。利奇首先指出，列维－斯特劳斯对于俄狄浦斯神话的11个“神话素”的概括具有很大的主观随意性，因为它们往往只是被挑选出来的一部分，而舍弃了相当多的其他“神话素”。他以“安提戈涅不顾禁令葬其兄波吕尼克斯”这个神话素为例，指出：“如果我们追索安提戈涅的命运，我们就要注意她不顾舅舅克瑞翁的禁令，而埋葬她死去的哥哥，但她又被克瑞翁活埋了；她的死是属于自杀性的；她自杀后，与她订婚的表兄海蒙又自杀，随后又是海蒙的母亲欧律狄克自杀。”[④] 但是列维－斯特劳斯在“安提戈涅不顾禁令葬其兄”“安提戈涅被克瑞翁活埋”“表兄海蒙自杀”“海蒙的母亲欧律狄克自杀”四个“神话素”中只选出了一个作为分析单位而舍弃了其余三个。第二，对于神话的不同版本，列维－斯特劳斯的选择同样具有主观性，他只选择了对于他有利的版本而没有选择其他具有不同情节的版本。利奇质疑道，同样是“安提戈涅不顾禁令葬其兄波吕尼克斯”这个神话素，“在另一译本中海蒙是被斯芬克斯杀死的；在又一译本中，安提戈涅养育了海蒙的儿子，这个孩子被克瑞翁杀死了，等等。那么，我们以何译本为准呢？”[⑤] 利奇的批评意见非常明确：为了证成“二元对立”，列维－斯特劳斯对于“神话

① ［英］埃德蒙·利奇：《列维－斯特劳斯》，王庆仁译，生活·读书·新知三联书店1985年版，第33、34、36、61、75、80页。

② 在利奇写作《列维－斯特劳斯》一书时，列维－斯特劳斯的《神话学》第四卷《裸人》（1971）尚未出版。

③ ［英］埃德蒙·利奇：《列维－斯特劳斯》，王庆仁译，生活·读书·新知三联书店1985年版，第70页。

④ ［英］埃德蒙·利奇：《列维－斯特劳斯》，王庆仁译，生活·读书·新知三联书店1985年版，第73页。

⑤ ［英］埃德蒙·利奇：《列维－斯特劳斯》，王庆仁译，生活·读书·新知三联书店1985年版，第73页。

素”的提炼以及版本的选择，都选取了有利于说明他的结构理论的那些部分而舍弃了不利的部分。

接下来，利奇又退一步，即姑且以列维－斯特劳斯所选择的版本和神话素为准，其逻辑也不成立。在表 3－1 的纵列中，Ⅰ列过分重视亲属关系，Ⅱ列过分看轻亲属关系，Ⅲ列共同之处是消灭了妖怪，但Ⅳ列中的情节却又把人说成某种程度上的怪物。Ⅲ列中的妖怪凶龙与斯芬克斯都是半人半兽，凶龙的牙齿的故事意味着人类起源于土壤，斯巴托就是在没有人类的帮助下从土地中生长出来的。Ⅲ列对妖怪的克服表明了对人类来源于土地的否定，Ⅳ列却又表明了对人类来源于土地的坚持。Ⅰ列是Ⅱ列的对立面，Ⅲ列是Ⅳ列的对立面。利奇认为其分析逻辑“Ⅰ/Ⅱ：Ⅲ/Ⅳ”是一个特殊的头脑中绕过来再绕过去才能想出来的古怪思想。而对于列维－斯特劳斯说俄狄浦斯神话既提供了“一源生”（土地生人）到“二源生”（男女结合生人）这个“原生问题”的转换，也完成了由“异类生”（人是由非人所生）到“同类生”（人是由人所生）这个“次生问题”的转换，利奇则说这些话根本就没有什么见解。①

詹姆逊对列维－斯特劳斯的批评也集中在对列维－斯特劳斯关于俄狄浦斯神话的分析上。他将列维－斯特劳斯的神话结构分析的“双项对立”命题仅仅看作是作者的“一种译码手段”，“一种语言学习的技巧”。他指出，列维－斯特劳斯先有概念，然后再用这种概念去分析神话，是一种循环论证的方法。“当我们从对神话的原材料或有联系的一组组事物的研究转向对单个的神话的分析时，我们发现双项对立起着更加严格的形式上的作用，它既是基本的结构，又是展现这个结构的方法。”② 正是因为有了由对立构成结构这样一个概念，列维－斯特劳斯才能够试着去证实这些情节的类别和组合情况。詹姆逊以上述图标中的Ⅲ列与Ⅳ列之间的关系为例，指出土地生人和人生人

① 参见［英］埃德蒙·利奇《列维－斯特劳斯》，王庆仁译，生活·读书·新知三联书店 1985 年版，第 75—76 页。

② ［美］弗雷德里克·詹姆逊：《语言的牢笼》，钱佼汝译，百花洲文艺出版社 1995 年版，第 95 页。

（两性结合生人）的二元对立关系并非神话本身所固有，而是研究者着意构建出来的。这个构建过程是“通过一层又一层的概括慢慢往上去，直至某一抽象的高度足以使怪异这一概念与畸形这一概念等量齐观。……从这一点，我们也许能最清楚地看到双项对立这一思想怎样通过我们刚才所描述的范围越来越大的概括从杂乱的材料中理出秩序”。[①] 对于列维－斯特劳斯这种个人的思想成果，詹姆逊将其定位为“静止的辩证法”，因为它是一个多面概念在一个平面世界中的投射。双项对立的两个对立面都是肯定的、都是实在物、都是肉眼能见到的，而构成真正的辩证对立的两面中有一面是否定的、是不存在的。

詹姆逊还就能指的独立性问题对列维－斯特劳斯进行了批评。在列维－斯特劳斯那里，“这能指我行我素，无视赋予它的新意义和让它起的新作用，好像这个世界上一件自由漂浮的东西，凡有新的意义，就被它吸收进去。……本来只是一种方法的东西（把能指孤立起来以便进行结构分析）如何慢慢变成几乎是一种形而上学的关于能指更为重要的前提”[②]。他认为，突出能指这种观点在结构主义关于模式中得到了理论上的实现。如果主体是一个与人无关的系统或者是语言结构的一个功能的话，那么这个主体提出的各种自觉的问题和哲学上的答案也都因此贬值。因此，詹姆逊认为列维－斯特劳斯对俄狄浦斯神话的解剖仅仅是一种假说。

格尔兹对列维－斯特劳斯的批评见于《睿智的野蛮人：评列维－斯特劳斯的著作》一文，这篇文章虽然并非针对神话的具体问题的专题性批评，但却包含着对于列维－斯特劳斯关于神话研究立足点的“二元对立”思想的批评。格尔兹认为，“二元对立”是理想主义与理性主义的结合，即内容诉诸理性主义，形式诉诸理想主义。

在格尔兹看来，列维－斯特劳斯决非如马林诺夫斯基要去“科

---

① ［美］弗雷德里克·詹姆逊：《语言的牢笼》，钱佼汝译，百花洲文艺出版社 1995 年版，第 96 页。

② ［美］弗雷德里克·詹姆逊：《语言的牢笼》，钱佼汝译，百花洲文艺出版社 1995 年版，第 108 页。

学”地、“客观”地描写异文化，而是将个人的“精神要素”与异文化的“描写要素”结合在一起的人类学家；而且在这二者之间，前者是第一位的，后者是第二位的。“再没有一个人类学家像他那样坚持一个事实，那就是，他职业的实践是他个人探索的过程，受他个人想象力的驱使，并将他引向自我拯救。……也再没有一个人类学家比他更强调将民族学归为一门实证科学。”[①] 这就是说，列维－斯特劳斯对人类学与民族学中的“描写要素”（理性主义）和“精神要素”（理想主义）确立了一种关系：前者为后者服务。

格尔兹以《忧郁的热带》为例，陈述列维－斯特劳斯的理想主义。列维－斯特劳斯从异地归来，讲述他的旅行故事，这些故事包括海上平淡无奇的旅行，陆上向纵深处推进的旅行：卡都卫欧人、博罗罗人、南比夸拉人，最后到图皮卡西比人。在图皮卡西比人那里，他找到了“没有受过污染”，而且正如学者神往的那种“未经研究”的文化。可是如此强烈的企盼，随即也产生了明显的失望。他与那些“最高程度上的‘原始人’”因为语言障碍而无法沟通。但列维－斯特劳斯并不是如马林诺夫斯基那样去学会当地语言，而是转而对“人类学”这一学科进行了深刻的反思，认为人类学家和人类学学科其实一直存在着一个错误，就是认为一些人并不是人。一些人的确有些东西令我们感到惊讶，但一旦了解了他们，也就没有陌生感，他们与其他人是一样的人。因此，人类学家可以留在自己的村庄进行研究。而如果这种陌生感存在，保持他们的奇异性，因为我不懂得他们的语言，没法得知他们的奇异性，所以对我也就毫无用处。这二者以及这二者之间的空旷地带，都没有什么可以作为人类学家存在的借口了。既然对奇异风俗感到惊异的那些人与那些保持这些习俗并认为是理所当然的人是同一类人，而且人类学所做的研究，只进行到可以理解的程度，然后就中途停止，那么人类学与人类学家其实就是个骗子，不仅欺骗读者，同时也欺骗自己。一些群体我可以理解的，却是被我们

---

① ［美］克利福德·格尔兹：《文化的解释》，纳日碧力戈等译，上海人民出版社1999年版，第396页。

的文化污染的，变成了“秽物”；另一些群体我无法理解的，其实我已经猜到；如果我理解了，他们依然是与我们同样的人，奇风异俗并没有改变任何东西。人类学家或许是在一群真正的野蛮人中的漫游者，他们十足的他性将两者的生活隔绝了开来；或许是一名怀旧的旅行者，在寻找一种消失的现实的旅行中匆匆走路；或者是一名太空考古学家，徒劳地想借助东一颗微粒、西一块碎片重新黏合出外来者的思想。①

那么人类学的研究有什么意义呢？人类学家就绝望了吗？不，既然我已经卷入了野蛮人的世界，既然我已经寻找到一些太空的微粒和碎片，在我已经清楚地知道我的荒诞性以及这个学科的荒诞性之后，我所要做的工作并不是去追问“异文化是什么”的问题（因为异文化中的人与我们在本质上并没有什么区别，而真正的异文化我们是根本无法了解的，我们所能了解的是受过我们文化影响的人），而是将这些微粒和碎片拼合到一起，建构一种理论上的社会模式。这种模式虽然不同于现实中能够观察到的任何模式，却能够帮助我们理解人类存在的基础。这是可以做到的，因为除开原始人与其社会表面上的陌生性，在更深的层次——心理层次上，他们与我们根本就没有不同。从本质上说，人类的思维处处相同。因此，可以通过发展一种抽象的综合性的形式主义思维科学，即一种通用的心智法则来实现这一目的，直接攻占野蛮人的生活城堡。②

格尔兹又以《野性的思维》为例，陈述列维－斯特劳斯的理性主义。这部书涉及如下的观点：一个民族全部的习俗形成一个有序的整体、一种体系。这些体系的数量有限，不同的人类社会是它们在最先能够获得的众多观念中选择某种组合，并不断地将日常的主题排列成不同的类型，一种基本的观念可以被重新组合成多种表达方式。民族学家的工作就像制作门捷列夫元素周期表一样：先是找出各种元素

---

① ［美］克利福德·格尔兹：《文化的解释》，纳日碧力戈等译，上海人民出版社1999年版，第401—402页。

② ［美］克利福德·格尔兹：《文化的解释》，纳日碧力戈等译，上海人民出版社1999年版，第402页。

（描述表面的文化），然后找出结构，再组合出更深层的结构。因此，表面上看来，人类学只是对习俗、信仰或风俗的研究，根本上说，则是对思维的研究（神话研究就是对思维的研究）。野蛮人所能获得的概念工具的整体是既定的（这些概念工具并不多），他必须设法运用这个整体去创造自己想要的任何文化形式——自然界、自我和社会的模式。他们通过将被感知的具体事物迅速地整理成明白易懂的整体来创建其现实模式。概念世界的要素是给定的、预先构想的（神话中的要素并不多，也是预先构想的、给定的），……野性的逻辑运作起来颇似一个万花筒，它里面的碎屑可以变化成各种各样的结构图案，而其数量、形状和颜色都能保持不变。照这样，就有大量的图案配置的可能性，但其数量也不是无限的。图案配置与各碎屑间的配列布局有关（也就是说，图案配置是各碎屑之间关系的函数，而不是它们那被看作是独立的个体特征的函数）。格尔兹认为，如果说这是“社会—逻辑学”的尝试，这是具有启迪性的；但当列维－斯特劳斯进入符号逻辑之后，他就走得太远了，远远离开了社会，以致“令人迷惑”，成为“成功的自嘲”。与詹姆逊一样，格尔兹也认为列维－斯特劳斯做的是一种循环论证，即从一种方法证明某种理论，而理论本身又是这种方法。在这种论证中，谁也不能证明谁，因为在理性主义的思考中失却了理性的基本逻辑。于此，格尔兹断言：“列维－斯特劳斯为自己所创造的，乃是一架凶险的文化机器。”①

格尔兹对列维－斯特劳斯的批评的要义是：《野性的思维》中的高等科学和《忧郁的热带》中的英雄探险之间只是完成了一项“十分简单的转换”。他指出列维－斯特劳斯将卢梭当作导师，“所寻求的是忘忧树上的珍宝”，他们所寻求的“‘人类社会不可动摇的基础’根本不是社会意义上的，而是心理上的——一种理性的、普遍的、永恒的，因而（在伟大的法国人道主义传统中）也是道德的思维”。②

---

① ［美］克利福德·格尔兹：《文化的解释》，纳日碧力戈等译，上海人民出版社1999年版，第408页。

② ［美］克利福德·格尔兹：《文化的解释》，纳日碧力戈等译，上海人民出版社1999年版，第409—410页。

格尔兹还讽刺列维－斯特劳斯将《忧郁的热带》中的浪漫主义激情转换成《野性的思维》中的超现代的唯理主义，只是一种“变戏法”，是“蜕变科学”，它并不是“炼金术”，因为它并未完成从具体到抽象的逻辑过程。总之，格尔兹认为列维－斯特劳斯并未提出新的思想，只是怀旧式的、不合时宜地在摆弄着“旧传统的遗绪”。

第二节 “和声”与“变奏”

如果我们接受三位理论家对结构主义的主要批评意见，即脱离那种为了证明“双项对立”理论而随意抽取神话素和选取版本的主观倾向，抛弃循环论证的无效方法，摆脱仅仅是心理诉求的研究倾向，那么我们应该如何工作呢？在这里，特别需要注意的是：我们必须坚持列维－斯特劳斯的创新方向：结构主义神话学所重视的是能指之间的关系，我们的分析及回应也只能遵循这一路径前行。也就是说，我们必须坚持符号内部关系的分析，并且限定在能指与能指的关系之内，即坚持“符号逻辑”的分析方向，而不是重复传统研究中重视符号外部关系的研究的陈词旧调。

第一节我们已经说到，纵向阅读中“和声”的运用是列维－斯特劳斯的独创性方法，他的“双项对立”的基础性概念也正是从对“神话素”（能指）的“和声”关系的分析中得到的。他在对俄狄浦斯神话的分析中，就是将神话的要素（神话素）化作了数字化的模式进而论证这种观点的。列维－斯特劳斯说：“我们展示出一组整数，例如：1，2，4，7，8，2，3，4，6，8，1，4，5，7，8，1，2，5，7，3，4，5，6，8。我们的任务是把所有的1放在一起，所有的2放在一起，所有的3放在一起，依此类推；结果便如下表所示”[①]：

① ［法］列维－斯特劳斯：《结构人类学》（1），张祖建译，中国人民大学出版社2006年版，第228页。

表 3－2　　纵横阅读的数字化模式

1	2		4			7	8
	2	3	4		6		8
1			4	5		7	8
1	2			5		7	
		3	4	5	6		8

列维－斯特劳斯将相同神话素用同一个数字来表达，它们之间形成了“和声”。从这里出发，才有下面的不同数字之间所形成的“二元对立”关系，这是列维－斯特劳斯的立论基础。他既是从“和声”出发，又要证成“和声”的观点，才导致了那样的一种理论以及论证这种理论的方法。问题在于，在许多神话的某一个变体内部，无论怎样牵强附会也根本不可能找到这种所谓的“和声”。因此，“和声”分析法不能作为一般的方法论原则，这或许就是列维－斯特劳斯后来没有将此用于其他单则神话分析的原因之一。

那么，我们从哪里出发可以找到突破性的路径呢？有没有其他概念可以替代“和声”作为能指与能指之间关系的基础性的概念呢？由于结构主义的路径选择既然是语言学的而不是社会学的，故而它只能指向符号的内部关系而不能指向符号的外部关系，突破的路径和替代的概念也只能限于表达内部关系。因此，我们回归到列维－斯特劳斯由之出发的结构主义语言学的理论上来寻找新的路径与概念。

索绪尔在论及话语的纵聚合关系和横组合关系时说：

> 一方面，在话语中，各个词，由于它们是连接在一起的，彼此结成了以语言的线条特征为基础的关系，排除了同时发出两个要素的可能性。这些要素一个挨着一个排列在言语的链条上面。这些以长度为支柱的结合可以称为句段（syntagmes）。所以句段总是由两个或几个连续的单位组成的。……另一方面，在话语之外，各个有某种共同点的词会在人们的记忆里联合起来，构成具

> 有各种关系的集合。……我们可以看到，这些配合跟前一种完全不同。它们不是以长度为支柱的；它们的所在地是在人们的脑子里。它们是属于每个人的语言内部宝藏的一部分。我们管它们叫联想关系。句段关系是在现场的（in praesentia），它以两个或几个在现实的系列中出现的要素为基础。相反，联想关系却把不在现场的（in absentia）要素联合成潜在的记忆系列。①

句段关系也称为横组合关系，联想关系也称为纵聚合关系，这就是结构语言学的所谓“双轴关系”。索绪尔十分清楚地区别了句段关系（横组合关系）与联想关系（纵聚合关系）的适用范围，即前者在“话语中”，后者在“话语之外”。由于结构主义语言学只是讨论语言的问题，所以这里的“话语之外”，并不是语言符号的外部关系问题，而依然是语言符号的内部关系问题。在语言系统结构内部有两个方面：横组合是系统本身的排列，纵聚合是系统内组分的选择。雅各布森将横组合关系称为“结合轴”，把纵聚合关系称为“选择轴”。横组合强调连续，纵聚合强调替代。举“一朵红花”这个词组为例，其横组合关系就是词与词按照线性的顺序组合起来的关系。符号的组合顺序不同，组合起来的关系就不同，意义也不一样。“红花”与“花红”意义就不同，“国立武汉大学”与“学大汉武立国”意义亦大异，如此等等。横组合关系（句段关系）是我们日常生活中说话的方式，这是在“话语中”表达意义的方式。而纵聚合关系（联想关系）则在“话语之外”，它是指在组合关系的链条上，某一位置上能够互相替换的具有某种相同作用的单位之间的关系。上述“一朵红花”词组中的“一”可以用“二”“三”“四”等数词替换，“朵”可以用“棵”“根”“杆”等量词替换，“红”可以用“黄”“蓝”“紫”等形容词替换，“花”可以用“树”“枝”“果”等名词替换。因此，纵聚合关系就是排除了许多其他“话语之外”的项而被选择

---

① ［瑞士］费尔迪南·德·索绪尔：《普通语言学教程》，高名凯译，商务印书馆1980年版，第170—171页。

出来进入“话语中”的那些项。而列维－斯特劳斯从某一则俄狄浦斯神话的特殊变体出发，在同一则神话的“话语中”去寻找并找到“和声”，进而对神话素进行纵聚合排列，这就从根本上违背了结构主义语言学从“话语之外”去寻找纵聚合关系的原则。因此，我们看到，列维－斯特劳斯错置和误用了索绪尔语言学的基本概念“句段关系”（横组合关系）和“联想关系”（纵聚合关系）。

对于神话而言，纵聚合关系中的替代项存在于同一则神话的相同位置的“能指”的不同讲述之中。同一个神话版本的叙事，属于这个神话的“话语内”的叙事，而其他众多不同讲述版本对于某一个具体版本来说，都属于“话语之外”的叙事，于此，一个神话的诸多变体，在各个层级上的“能指”就相互成为索绪尔意义上的“话语之外”的联想关系，即纵聚合轴上的替换项。

这个替换项，在列维－斯特劳斯的概念体系中其实是现成的，就是“变奏”。列维－斯特劳斯曾用图 3－1 显示了神话的“变奏”关系。

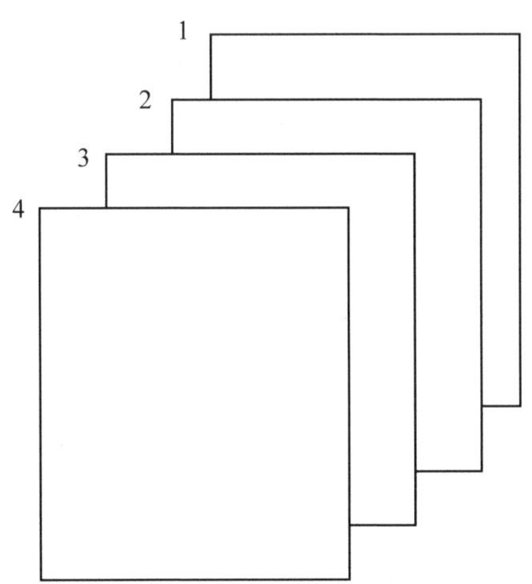

图 3－1　神话变奏关系图

一个神话的所有的版本不能期望它们是同一的，每一个变体，既是一种重复，也是一种变奏。每一个都与另一个稍有区别。就这样，神话由社区集体成员创作出来，并且随着时间与空间的变化而出现变奏。变奏产生各种不同的变体。无论不同变体中能指之间的关系，还是各个变体之间的关系，都是纵聚合的替代关系。替代关系从“变奏”中显示出来，而无法在“和声”中获得。纵聚合关系只能在“变奏”的意义上去理解而不能在“和声”的意义上去理解。

第三节　杜朝选神话的“基本能指”

既然结构分析看重的是能指，第一步的工作就需要从能指的视角对神话构成的单位切分出几个分析性概念。

普洛普在《神奇故事形态学》一书中，提出神奇故事的基本分析单位为“功能”，其背景是俄国学者在神奇故事研究上的学术积淀。此前，贝迪耶提出“要素”的概念，沃尔科夫提出“情节”的概念，维谢洛夫斯基提出“母题”的概念，普洛普认为这几个概念都不能说明问题。他指出，沃尔科夫对于“情节”的划分不能算是准确意义上的科学的分类法，它充其量只是个用途有限的索引，因为“情节”如何确定“没有划分的原则”。维谢洛夫斯基则将“情节”与“母题”结合起来，将情节理解为母题的综合，母题扩大为情节，母题是原生的，情节是派生的。在维谢洛夫斯基看来，母题“指的是最原初的叙事单位”，“是最初级的神话和故事不能再分解的元素”。但普洛普认为维谢洛夫斯基所说的母题可以分解为多个元素，“如果母题是个逻辑整体，那么故事的每个句子都提供了一个母题”。而对于贝迪耶将神话故事中稳定的、实质性的因素称之为“要素”，普洛普则认为，“要素就本质而言客观上是什么东西，如何将它们划分出来”，都不好确定。① 于是，普洛普创造了一个新的概念：“功能”。他发现在神奇故事中，变换的是角色的名称，不

---

① 参见［俄］弗拉基米尔·雅可夫列维奇·普洛普《神奇故事形态学》，贾放译，中华书局2006年版，第6—12页。

变的是他们的行动或功能，故事常常将相同的行动分派给不同的人物，对于故事研究来说，重要的问题是故事中的人物做了什么，至于是谁做的以及怎样做的，则不过是要附带研究一下的问题而已。既然角色的功能是故事的基本成分，这就使研究者有可能根据角色的功能来研究故事。普洛普认为角色的功能这一概念，是可以代替维谢洛夫斯基所说的母题或贝迪耶所说的要素的那种组成成分。普洛普将“功能”定义为：“功能指的是从其对于行动过程意义角度定义的角色行为。”①

从“功能”这一核心概念出发，普洛普得出了如下四个结论：一是角色的功能充当了故事的稳定不变因素，它们不依赖于由谁来完成以及怎样完成。二是神奇故事已知的功能项是有限的。普洛普对阿法纳西耶夫故事集里 100 个俄罗斯神话故事进行了形态学分析，认为只有 31 个功能项。三是功能项的排列顺序永远是同一的。虽然并不是所有故事都具有所有的功能项，但这丝毫也不会改变排列顺序的规律，缺少几个功能项不会改变其余功能项的顺序。四是所有神奇故事按其构成都是同一类型。② 普洛普的思想源头直接连接着索绪尔的语言学，或者干脆说就是索绪尔理论在神奇故事研究领域中的具体运用。索绪尔的语言学认为，语言具有系统性，语言单位都是系统中的单位，语言单位并没有独立的性质，它本身是什么要由它在系统里所处的地位决定。这地位或关系就是它在系统中的“价值”。普洛普的核心概念“功能”正是据此而来。“功能”是在整体系统中获得的，离开整体“功能”是没有意义没有价值的。而索绪尔语言学的四组基本命题（语言与言语，共时与历时，能指与所指，聚合与组合）也正是派生了普洛普四个基本结论的根源。就四组命题中最基本的语言与言语的关系而言，索绪尔的“语言”是社会部分，不受个人支配，是一种社会心理现象，言语则是个人意志支配的部分。普洛普所

---

① ［俄］弗拉基米尔·雅可夫列维奇·普洛普：《神奇故事形态学》，贾放译，中华书局 2006 年版，第 18 页。

② 参见［俄］弗拉基米尔·雅可夫列维奇·普洛普《神奇故事形态学》，贾放译，中华书局 2006 年版，第 19—20 页。

研究的100个神奇故事中每一个都是一种个性的表述，但是它们服从于社会的一般性的表述类型，所以他强调“所有神奇故事按其构成都是同一类型”①。

列维-斯特劳斯对神话的研究与普洛普有着相同的思想源头。列维-斯特劳斯结构主义神话学的基本分析单位是“神话素”，他将“神话素”看成是一个“大构成单位”。之所以“大”，因为它超越了“词语”的“要素”层面，进入了“关系”层面。在这个层面上，神话可以进行历时性的阅读。它们不可跟音素、词素和义素等量齐观，而只能在一个更高的层面上找到，即应当在语句的层面上寻找它们。在“语句”层面上寻找这种“神话素”有四个原则：解释的简洁性，解决办法的完整性，利用片段复原整体的可能性以及根据当前数据推断其后发展的可能性。接着，他又提出了一个大于“神话素”的“关系束”的概念，这是指神话素与神话素之间所组成的相同或者相异的关系，它是一个更大的构成单位。只有在这个层面上神话既可以进行历时性的阅读，同时也可以进行共时性的阅读。“关系束”是他所要讨论的核心，他说：“构成成分只能以这种关系束的组合的形式才能获得表意功能。……这一体系其实有两个维度：它既是历时的，又是共时的，而且汇集了‘语言’和‘言语’的两方面特征。”②

上述情节、母题、要素、功能、神话素、关系束这六个不同概念，形成一个批评的鱼贯式序列，列维-斯特劳斯站在序列的末端。不过，他的“神话素”概念也遭到猛烈批评，认为只是为了证成他的理论的主观选择。如果“神话素”的选择并不可靠，那么“关系束”的组合风险则更大。

本民族志悬置“神话素”与“关系束”的概念，回到索绪尔语言学的“能指”这一基本概念上，由此出发提出神话构成单位逐级

---

① ［俄］弗拉基米尔·雅可夫列维奇·普洛普：《神奇故事形态学》，贾放译，中华书局2006年版，第20页。

② ［法］列维-斯特劳斯：《结构人类学》（1），张祖建译，中国人民大学出版社2006年版，第226页。

分层的四个概念，即“初级能指”“基本能指”“能指丛”和“整体能指”。

神话的“初级能指”是指神话最小的构成要素。一则神话的片段，一层一层的切分，分到不能再分的最小的单位，就是“初级能指”。我们可以将神话中那种单纯只是表述语义而尚未构成神话表意功能的那些语言单位看作是“初级能指”，它不能被独立运用。在神话中，“初级能指”相当于语言中的“词”一级单位。

神话的“基本能指”是指神话结构的最基本单位，也是神话中起区分意义的、可以独立运用的最小单位，即“初级运用单位”。对于神话来说，“基本能指”或者是一种行动，或者是一种状态，或者是一种性质。“基本能指”的独立性是指尚未进入“关系”之前的那种状态；当它进入关系之后，它的“独立”性质即告消失，此时的基本能指受到关系的制约，并服从于关系的性质。俄国形式主义与法国结构主义者用“母题”“要素”“功能”“神话素”来定义神话的基本分析单位，都是将“关系”问题的讨论作为其理论的前提，并且将这些单位看作是“最小的关系结合体”；对于“孤悬”于关系之外或先于关系的“要素”分析，并不在他们的视野之内，而我们强调“基本能指”的独立性、孤悬性特征。基本能指是仅就“结构要素”而言的，而不是就“结构关系”而言的。对于本民族志来说，“要素分析”的重要性与“关系分析”处于同等的地位，二者相辅相成。在神话中，这种“基本能指”相当于语言运用中“句子”一级单位，而这里的句子在大多数的情况下指的是“单句”。

神话的“能指丛”是“基本能指”的上一级单位，它由两个及两个以上的基本能指构成。它是神话的“中级运用单位”。就作为“要素”的“独立”性而言，基本能指的“所指”是多义的、不确定的，而当它们进入“关系”（由两个或两个以上的基本能指方能构成一种关系）之后，其“所指”内涵就只能是单义的、被确定的。“能指丛”不仅在横组合关系中确定神话的意义，而且在纵聚合关系中确定神话的类型。在神话中，“能指丛”相当于语言运用中的复句、复句群。

神话的“整体能指”是指一则神话的整体系统，它是“能指丛”的上一级单位，由两个及两个以上的能指丛构成，是神话的最高层级的能指。本民族志的杜朝选神话就是一个整体能指系统。

在上述四个分层概念中，既然“基本能指”是最小的能够独立运用的单位，对于杜朝选神话的结构分析的基础性工作，是要找出这个神话的“基本能指”。杜朝选神话各种变体主要有两种讲法，第一种讲法是杜朝选杀蟒除害成本主的故事。苍山上蟒蛇为害，周城人每年要送一对童男童女给它吃。猎人杜朝选从海东渡海过来，他为了回报船夫，就用竹竿戳出弓鱼洞，从此渔夫们就在这里打鱼谋生。到海西以后，先是用箭射伤了蟒蛇，后在被蟒蛇掳掠去的两位女子的帮助下，杀死了蟒蛇。二姐妹被杜朝选救出后，为报恩要嫁给杜朝选。杜朝选开头不允，后在众人的劝说下，与二姐妹成婚。因杜朝选杀蟒有功，周城人将他奉为本主，年年祭祀。这种讲法后来又有复杂化倾向，增加了杜朝选射伤蟒蛇以后在山中遇到二位娘娘洗衣，然后三人合谋、二姐妹盗剑等曲折的情节。有的变体还增加了杜朝选为说服村民而显示武艺的射雁情节。第二种讲法加入了蝴蝶泉的传说，增加了“跳潭”“化蝶”情节，使神话分裂为几种不同的类型。[①] 为了避免列维-斯特劳斯式的有意地挑选一些、删除一些神话要素的做法，从理论上说，我们需要穷尽这些讲法中的所有基本能指，为此，我们努力地工作，从 46 个变体中尽可能多地提取出 22 个基本能指。这 22 个基本能指当然不能说已经穷尽全部，但起码最主要的基本能指都已经被包括在内了。由于基本能指是一种“行动”、一种“性质”或一种“状态”，一方面，我们将每一个基本能指都用一个单句来表达；另一方面，为使下文叙事的便捷，依据现代汉语双音化的习惯，我们又将每一个单句都缩略成一个双音节词。这 22 个基本能指表达如下：

---

① 关于神话裂变为几种类型，参阅下文“类型的变奏”，为避免重复，兹不赘述。

1. 猎人：杜朝选的身份是一个猎人

2. 渡海：船夫渡杜朝选过洱海

3. 弓鱼：杜朝选戳弓鱼洞回报船夫

4. 蟒患：蟒蛇在周城村作恶为患

5. 射雁：杜朝选射雁显示武艺

6. 射蟒：杜朝选射中蟒蛇

7. 洗衣：二姐妹为蟒蛇洗血衣

8. 合谋：杜朝选和二姐妹合谋

9. 盗剑：二姐妹为杜朝选盗取蟒蛇的神剑

10. 杀蟒：杜朝选杀死蟒蛇

11. 报恩：二姐妹报恩欲嫁杜朝选

12. 成婚1：杜朝选与二姐妹成婚结良缘

13. 拒婚1：杜朝选善意拒婚

14. 跳潭1：二姐妹为殉情跳潭，杜朝选因愧疚亦殉情跳潭

15. 化蝶1：二姐妹化蝶，杜朝选也同时化蝶

16. 迫娶：杜朝选强迫二姐妹嫁给他

17. 成婚2：二姐妹被迫与杜朝选成婚

18. 拒婚2：二姐妹因不愿嫁给杜朝选而拒婚

19. 跳潭2：二姐妹因拒婚被逼跳潭，杜朝选紧追不放，跟着跳潭

20. 化蝶2：二姐妹化蝶，杜朝选跟着化蝶

21. 本主：杜朝选被奉为周城本主

22. 祭祀：周城人年年祭祀本主杜朝选

下面是杜朝选神话的46个变体所包含的基本能指一览表（见表3-3）。

表 3-3　46 个变体包含基本能指一览表

	1	2	3	4	5	6	7	8	9	10	11	12	13	14	15	16	17	18	19	20	21	22
序号	猎人	渡海	弓鱼	蟒患	射雁	射蟒	洗衣	合谋	盗剑	杀蟒	报恩	成婚 1	拒婚 1	跳潭 1	化蝶 1	迫娶	成婚 2	拒婚 2	跳潭 2	化蝶 2	本主	祭祀
M1	▲	▲	▲	▲		▲	▲	▲	▲	▲	▲		▲	▲	▲							
M2	▲			▲						▲	▲	▲		▲	▲							
M3	▲			▲						▲	▲	▲										
M4	▲	▲	▲	▲	▲	▲	▲	▲	▲	▲	▲	▲									▲	▲
M5																						
M6	▲			▲		▲			▲	▲												
M7	▲	▲	▲	▲		▲	▲	▲	▲	▲	▲	▲									▲	▲
M8	▲	▲		▲		▲	▲	▲	▲	▲	▲	▲										
M9	▲	▲	▲	▲		▲	▲	▲		▲	▲	▲									▲	▲
M10	▲			▲						▲	▲	▲									▲	▲
M11	▲	▲	▲	▲		▲	▲			▲	▲	▲									▲	▲
M12	▲	▲	▲	▲		▲	▲	▲	▲	▲	▲	▲									▲	▲
M13	▲	▲		▲		▲		▲	▲	▲											▲	▲
M14	▲	▲	▲	▲	▲	▲	▲	▲	▲	▲	▲	▲									▲	▲
M15	▲	▲	▲	▲		▲				▲											▲	▲
M16	▲	▲	▲	▲						▲	▲	▲									▲	▲

续表

	1	2	3	4	5	6	7	8	9	10	11	12	13	14	15	16	17	18	19	20	21	22
序号	猎人	渡海	弓鱼	蟒患	射雁	射蟒	洗衣	合谋	盗剑	杀蟒	报恩	成婚1	拒婚1	跳潭1	化蝶1	迫娶	成婚2	拒婚2	跳潭2	化蝶2	本主	祭祀
M17	▲	▲		▲		▲				▲											▲	▲
M18	▲	▲	▲	▲		▲	▲	▲	▲	▲	▲		▲	▲	▲						▲	▲
M19	▲	▲	▲	▲		▲	▲	▲	▲	▲	▲		▲	▲	▲						▲	▲
M20	▲	▲	▲	▲			▲	▲		▲	▲	▲									▲	▲
M21	▲	▲	▲	▲	▲	▲	▲	▲	▲	▲	▲	▲									▲	▲
M22	▲	▲		▲		▲	▲	▲	▲	▲	▲	▲									▲	▲
M23	▲			▲			▲	▲		▲						▲	▲				▲	▲
M24	▲	▲	▲	▲		▲	▲	▲		▲	▲		▲	▲	▲						▲	▲
M25	▲	▲		▲						▲	▲	▲									▲	▲
M26	▲			▲				▲	▲	▲												
M27	▲			▲		▲	▲			▲	▲	▲										
M28	▲			▲				▲		▲	▲	▲									▲	▲
M29	▲	▲	▲	▲						▲	▲		▲	▲	▲							
M30	▲			▲				▲		▲	▲	▲									▲	▲
M31	▲	▲	▲	▲		▲	▲	▲		▲	▲	▲									▲	▲
M32	▲			▲		▲				▲											▲	▲

续表

	1	2	3	4	5	6	7	8	9	10	11	12	13	14	15	16	17	18	19	20	21	22
序号	猎人	渡海	弓鱼	蟒患	射雁	射蟒	洗衣	合谋	盗剑	杀蟒	报恩	成婚1	拒婚1	跳潭1	化蝶1	迫娶	成婚2	拒婚2	跳潭2	化蝶2	本主	祭祀
M33	▲	▲		▲	▲	▲	▲	▲	▲	▲	▲	▲										
M34	▲	▲	▲	▲	▲	▲	▲	▲	▲	▲	▲		▲	▲	▲						▲	▲
M35	▲	▲	▲	▲	▲	▲	▲	▲	▲	▲	▲	▲									▲	▲
M36	▲	▲	▲	▲	▲	▲	▲	▲	▲	▲	▲	▲									▲	▲
M37	▲			▲		▲	▲	▲		▲											▲	▲
M38	▲	▲		▲				▲		▲						▲		▲	▲	▲	▲	▲
M39	▲	▲	▲	▲	▲	▲	▲	▲	▲	▲	▲	▲									▲	▲
M40	▲	▲		▲						▲						▲		▲	▲	▲	▲	▲
M41	▲	▲	▲	▲		▲	▲			▲											▲	▲
M42	▲			▲		▲	▲			▲	▲	▲									▲	▲
M43	▲			▲		▲	▲	▲		▲	▲		▲	▲	▲							
M44	▲	▲	▲	▲		▲	▲	▲	▲	▲	▲	▲									▲	▲
M45	▲			▲		▲	▲	▲		▲	▲	▲									▲	▲
M46	▲	▲	▲	▲		▲	▲			▲	▲		▲	▲							▲	▲
合计	45	31	23	45	8	32	29	29	19	45	34	26	8	9	8	3	1	2	2	2	35	35

第四节　基本能指的“变奏”

当我们舍弃了“话语内”的“和声”而将目光转移到“话语之外”的“变奏”时，在杜朝选神话46个变体中，不同的讲述者对于“基本能指”“能指丛”等神话结构的不同讲述，所形成的正好是各变体之间纵聚合关系的可供选择的相互替代项。本节首先分析基本能指在变奏中的差异性理解。

杜朝选神话的基本能指多达22个，每个基本能指的变奏都可以从多个视角观察，但不可能也没有必要做到面面俱到。因此，我们对于一个基本能指的变奏分析，一般只是选择某一个观察视角，个别地方也有选择两个甚至三个观察视角的。视角的选择具有任意性，同样也是可替换的。另外，杜朝选神话22个基本能指，无须冗繁地一一述及。因此，我们仅选择了大多数变体中都稳定出现的8个基本能指进行分析，这8个基本能指是：猎人、渡海、蟒患、射蟒、洗衣、合谋、盗剑、杀蟒。

一　猎人

杜朝选身世的表述，所有变体的叙事都认为他是个“猎人”（M5不计在内）。而在“猎人”基本能指的表述之中，围绕着猎人的性质、形貌等方面的变体有着各种不同的可替换性说法。

关于人物的性质，有四种说法。多数变体只说他是一位普通猎人。另有一些变体说他是一位有武艺的猎人。M35：“又跟村中老猎人学得一手武艺。”M24：“从小在山里射箭打猎，练了一身好本领。”个别变体说他是有神性的猎人。M36：“杜朝选跟着他围山打猎，练就了一身好本领。他不满十八岁就打死过一只老虎、三只豹子、十头野猪。他的事迹感动了猎神，猎神传给了他拔树摇山的力气。”还有一个变体认为杜朝选是一位神。M29：“他是仙家那边的人。……他是观音现身。……天上仙家晓得这个事情，把观音打发下来，变成一个打蛇家，专门打恶魔这种。”

关于人物的形貌特征。有的变体重视外形。M24："一位身材高大，很大很大的一个人。"有的重视衣着。M7："他是永胜的猎手，穿着草鞋，很朴素的衣裳。"有的既重视衣装打扮，又重视装备。M39："杜朝选要到海西苍山上去打猎。他脚穿草鞋，衣着朴素，……腰挂箭盒，肩背弓弩，迈着刚健的步伐来到洱海海边。"

将这些纵聚合关系的各项列出，所显示的是一种递进关系或并列关系的替代项（见表3－4）。

表3－4　**猎人：人物的性质及特征**

关系	内容	
	人物性质	人物形貌特征
关系项	普通猎人	身型高大
	有武艺的猎人	穿草鞋，衣装朴素
	有神性的猎人	衣服朴素，挂箭盒，背弓弩
	仙家	
关系类型	递进关系	并列关系

二　渡海

船夫渡杜朝选过洱海，各个变体的差异性表述，我们选择船夫不同态度的视角。

1. 有的船夫考虑生计问题，付渡资才愿意渡他过海。M34："老两口摆摆手说：'不能，不能，要是划你过去，我们老两口今天的生活向谁要啊！'杜朝选说：'尽管划我过去，我能解决你们吃食困难。'捉鱼的老夫妇就把杜朝选从东岸渡到西岸。"

2. 有的船夫愿意渡，因为顺路回家。M7："那些船家看他没有钱，一个也不搭他。……最后有一对老倌倌老妈妈说，我们搭你过去，今天我们也回去，我们是桃源的。就把他搭上了。"M18："那边的人不愿意搭他。但是有一个说，好好好，你要过那边去，我可以把你送过去，就把他从海东送到海西的桃源。那个人是桃源的。"

3. 有的船夫开头不愿意渡，后来因同情杜朝选的身世，就愿意渡。M35：开头船夫回答道："小侄有所不知，我们年过半百，无依无靠，在洱海打鱼讨口，今日如若渡你过海，我们的生活就无有着落。"后来听说了他"自幼父母双亡，家乡常年遭灾"的身世和经历，同情他，愿意渡。

4. 有的船夫被杜朝选的勇敢行为所打动愿意渡。M19："那对夫妇当时觉得有点为难，但当他们听他说要来为周城做一台除蟒蛇的事情之后，那对老夫妇被感动就把他送到西岸这一边。"

5. 有的船夫无条件愿意渡。M21："有两个六十多岁的老妈妈老大爷，撑着一只小船。他说老大爷老妈妈，你们能不能带我到海西去。他们说行，你上船。他就上船了。""有一天杜朝选来到海东，见到一个大爹，他就说：'大爹大爹，我想到处走走，坐你们渡船可以吗？'那个大爹说可以，就把他带到桃源这一边。"

6. 有的船夫不仅愿意渡，而且善意地提醒他避免蟒蛇之害。M36："两位老人把他上下打量了一下，看出他是个本分老实人，就让杜朝选跳上渔船。"听说杜朝选要去苍山打猎，就对他说："苍山可去不得啊！……前几年，苍山来了个怪物，是蛇精大蟒王，会变化，不但吸食牛羊，还常吃人呢！你最好另寻活路，切莫上苍山送命啊！"

以上六种不同态度是一种递进式关系的替代项（见表3-5）。

表3-5　**渡海：船夫的态度**

关系	内容
关系项	第一类船夫：付费渡海
	第二类船夫：顺路回家
	第三类船夫：因同情而渡
	第四类船夫：因被感动而渡
	第五类船夫：无条件渡
	第六类船夫：不仅无条件渡，而且善意告知蟒患
关系类别	递进关系

三　蟒患

按照对周城村为害的大小，蟒患有三个方面。

一是为害牲畜，糟蹋庄稼。M11：蟒蛇“糟蹋这些庄稼、牲畜或者人”。M42：“常常食村中的牲畜。”

二是掳掠妇女。M35：“前不久村中两个砍柴的姑娘也被摄进洞去，是死是活，至今杳无音信。”M22：蟒蛇“还把周城最好看的两个姑娘掳去做了它的妻子，就是大娘娘二娘娘，去服侍它”。

三是食童男童女。M18：“有一家哭哭啼啼地跟他诉说，今年分配到他们家一个男娃娃，另外一家又有一个女娃娃，今年要送给蟒蛇吃。”M20：“有一条大蟒蛇，每年这一天都要从村子里面选一对童男童女，送给它吃掉。”

表3－6　**蟒患：蟒蛇危害的具体事项**

关系	内容
关系项	糟蹋庄稼、食牲畜
	掳掠妇女
	食童男童女
关系类别	并列关系或递进关系

四　射蟒

射蟒诸变体有五个相互替代的选择项，诸项之间既可以将其看作并列关系，也可以将其看作在射箭准确度方面的递进关系。

一是一般性述说。M6：“杜朝选用箭把蟒蛇射了。开头没有射死。”M8：“蟒蛇下来，他就放了一支箭，射伤了蟒蛇。”M19：“一箭射过去就射中了蟒蛇。”

二是射中蟒身。M9：“他拿出弓箭，看准了射了一箭，射在蟒蛇身上，蟒蛇受伤了。”M44：“就一箭射去，射中蟒身。”

三是射中蟒蛇头部。M45：杜朝选“忙取出一支箭，射了过去，正射中蟒的头部”。

四是射中蟒蛇颈部。M1：“杜朝选刚到大峡谷，就看到了大蟒蛇，他急忙射了一箭，正中蟒蛇的脖子。”M42：“一条大蟒，向他努力地蠕动，快要到足边了，他一箭射去，正中蛇颈。”

五是射中蟒蛇眼睛。M7：“就射了一箭，射中蟒蛇的眼睛。”

六是射中蟒蛇左眼。M24：“他就一箭射去，射了它的左眼。”M35：“杜朝选对准蟒蛇放出一箭，一箭正好射中蟒蛇左眼。”

表 3－7　**射蟒：射中部位**

关系	内容
关系项	射中蟒蛇
	射中蟒身
	射中蟒头
	射中蟒颈
	射中蟒眼
	射中左眼
关系类别	递进关系或并列关系

五　洗衣

杜朝选在山中遇到洗衣女子时，他的处理方式在各变体中有着不同的差异性叙事。

一是“肯定”二女子为蟒蛇所变，立即追杀或举刀就砍。M7：“杜朝选想，这两个姑娘一定是蟒蛇变成的，今日非杀它不可。就去追那两个姑娘。”M19：“在他跟到谷底的时候，有一对妇女出来了，两个妇女拿着血衣。他准备除掉这两个人，因为他听说蟒蛇可能变成人。”M21：“看见两个女子在那里洗衣。他想深山野岭哪有人在这儿，肯定是大蟒变的。他拿出他的剑大吼一声，说‘看剑！’”

二是“心想”（或“暗暗想到”）女子是蟒蛇所变，举刀欲砍。M35：“正行间见二村姑在洗衣裳。他吃了一惊，暗暗想道：这深山野谷之中，哪里来的洗衣女子？……想来这两个女子是蟒蛇变的，待我上前将她们一刀砍死。杜朝选雷声般吼道：‘恶蟒看刀！’” M36：“杜朝选……一直追到一条大溪旁边。忽然发现有两个美丽的白族姑娘在洗血衣，心想，这里数十里没有人烟，怎么会有这样漂亮的姑娘来洗血衣呢？莫非是恶蟒所变？他‘唰’地抽出钢刀，大吼一声：‘妖怪，看你往哪里躲！’”

三是因怀疑而上前“盘问”。M34：“杜朝选想：两个年轻漂亮的妇女，在这荒凉没有人烟的地方洗血衣，她们莫不是蟒蛇变的？杜朝选便走上前去盘问。”

四是一般性地上前询问。M8：“遇到一对青年女子出来洗带血的衣服，他就问她们。这两个姐妹边讲边哭，就讲述蟒蛇把她们抓去做夫妻的事情。” M9：“大石头上蹲着两个年轻妇女，在大石头淌下水的地方搓洗一件衣服。杜朝选洗洗脸，就问她们两个为什么在深箐里面，你们洗的是什么东西。” M18：“这个山沟沟里面有两个女的在那里洗衣服，洗的衣服里面有血。他问是怎么回事。” M27：“杜朝选遇见她们，问她们出来干什么。”

表 3－8　**洗衣：杜朝选在山中遇到洗衣女的反应**

关系	内容	
	动作	原因判断
关系项	举刀就砍	肯定二姐妹是蟒蛇所变
	举刀欲砍	心想二姐妹是蟒蛇所变
	盘问	怀疑二姐妹为蟒蛇所变
	询问	不明何种原因
关系类型	递进关系	递进关系

六　合谋

“合谋”的选择视角比较多，可以选择时间（待蟒蛇大睡或小睡时）、工具（用蟒蛇的宝剑还是杜朝选自己的宝剑）、方式（杀蟒时砍的刀数）等等。这里只选择方式的视角。

一是只能砍一刀。M6："杜朝选用宝剑把蟒蛇杀了。杀它那天是三月三。砍了一刀后蟒蛇还在说话，它说再砍一刀。但是不能再砍一刀，再砍一刀蟒蛇就活了，这个宝剑只能砍一刀。"

二是需要砍两刀。M7："杜朝选问宝剑怎么用，姑娘说：'你拿了它的宝剑砍他一定要注意，你一面砍它一面叫："再来砍，再来砍。"你就只能砍两刀，不能砍第三刀，砍第三刀他就活回来了。'"M39："你拿它的宝剑时一定要注意，你一面砍它会一面叫'再来砍，再来砍'，你只能砍两剑，千万不能砍第三剑，砍了第三剑它就会活回来的。"

三是最好砍三刀。M8："那对青年女子就告诉他说：'你要杀蟒蛇最好能砍它三刀。'"

表3-9　**合谋：二姐妹指示杀蟒的方式**

关系	内容
关系项	砍一刀
	砍两刀
	砍三刀
关系类别	递进关系或并列关系

七　盗剑

盗剑共有三个替代项。

1. 姐姐单独盗剑。M1："那蟒蛇变成的人正在打呼，大娘娘把蟒蛇的宝剑从枕头底下拔出交给杜朝选。"M21："大娘娘就走到洞穴里面，……就把它那个剑一抽，抽出来就赶忙跑出来。杜朝选接过宝剑。"

2. 姐姐为主，妹妹协助。M35："姐妹二人回到洞中，见蟒蛇在石床上睡着了。姐姐说：'妹妹，你到外面等着，我去盗取八宝剑。如有不测，我就叫你，你马上举刀通知杜大哥前来接应我们。'妹妹回答道：‘记下了，姐姐要多加小心。’……大姐抽出八宝神剑跑出洞外，惊喜地向妹妹招手：‘阿妹过来，宝剑到手了，快快举刀告诉杜大哥。’”

3. 姐妹合力盗剑。M7：“两个姑娘回去就这样那样哄蟒蛇：‘你可吃水？可疼？’哄它，就把它的宝剑偷出来拿给杜朝选。”M36：“两个姑娘走到石床边，轻声地说：‘大王，往里睡一睡，小心跌下来。’蟒王往里一滚，一个姑娘趁机抽出宝剑，急忙往洞外跑。不料恶蟒的灵魂已被惊醒，跳下床来夺剑。另外一个姑娘急中生智，猛将血衣丢过去，刚好裹住恶蟒的头，它不知飞来什么法宝，一时分不清东西南北。”M39：“两位姑娘赶紧洗完血衣，蹑手蹑脚地回到了洞里。蟒蛇‘呼噜呼噜’雷鸣般地打着鼾，时而又‘哎哟哎哟’地惨叫。大姑娘拿了一条用冷水浸过的湿毛巾捂在蟒蛇受伤的眼睛上替它降温止痛。过了一会儿，只听见鼾声越来越弱。二姑娘趁机在枕头底下摸到剑柄，轻轻地慢慢往外抽，费了好大时辰，宝剑终于抽了出来。她们又蹑手蹑脚地拿着宝剑走出了洞。”

表 3－10　　**盗剑：盗剑的人数**

关系	内容
关系项	仅姐姐盗剑
	姐姐为主，妹妹协助
	姐妹共同盗剑
关系类别	递进关系

八　杀蟒

杀蟒的差异性表述可以有多个观察点，我们选择其中的两个。

1. 蟒蛇的变化。绝大多数变体没有说到蟒蛇变为其他动物，也有一些变体说到蟒蛇变化成其他动物与杜朝选对拼。有的说蟒蛇变成猛虎。M35：“一阵厮杀后，蟒蛇渐渐支撑不住，退回洞中。杜朝选紧紧追赶，突然一只猛虎奔出，向杜朝选扑来，杜朝选奋力拼杀。”

有的说变成豹、虎、狮。M36："杜朝选的剑好像闪电猛雨，直杀得恶蟒气喘如牛，渐渐败下阵去，忽然一滚不见了踪影。他正在惊疑，忽见一只豹子扑来，急忙取下了弓箭，'嗖'的一声，箭中豹子心间。豹子刚刚死去，又有一只白额吊睛虎扑来，他将身一闪，飞起一脚，把猛虎踢倒在地，顺手一挥神剑，剖开了它的五脏。接着后面卷起一阵狂风，一头狮子向他冲来，他奋举铁一般的手臂，扭住狮子就打，从洞里一直打到洞外，在一个悬崖边，他猛地抓住狮子的鬃毛，将它摔下了万丈深渊。三个精灵已被杀死，恶蟒现出了真形。"

2. 杀蟒的人数。绝大多数变体是杜朝选单独杀蟒，但也有变体说三个人合力杀蟒。M32："看到蟒蛇受伤严重，失去了以往的无穷气力，两位夫人壮起胆子，一起把宝剑刺向蟒蛇。这时杜朝选也赶到了，三人齐心协力终于制服了蟒蛇，最后把这条罪孽深重的蟒蛇杀死了。"

表 3-11　　**杀蟒：蟒蛇变化、杀蟒人数**

关系	内容	
	蟒蛇变化	杀蟒人数
关系项	原型蛇	杜朝选
	蛇、虎	三人合力
	蛇、豹、虎、狮	
关系类型	递进关系或并列关系	并列关系或递进关系

以上的分析使我们看到，基本能指变奏的纵聚合关系中的替代项，是多元的选择，而不只是两种选择。这些多元选项属于同一性质的基本能指，并且它们之间存在着递进关系或者并列关系。

第五节　类型的"变奏"

不仅基本能指产生变奏，由基本能指所组合成的"能指丛"也产生变奏，从而直接导致神话“类型”的变奏。横组合关系也可以造成类型差异，这是因为神话在历时性的发展变迁中，由于符号逻辑自身的发展需要不断地吸纳更多的基本能指，继而逐步形成新的讲述方式。这种新类型较之旧类型所形成的变化，是从简单类型到复合类型的变迁，这不是我们要讨论的变奏问题。我们所要讨论的是由纵聚合关系造成的类型差异。虽然横组合关系和纵聚合关系所构成的类型差异都是通过增加“基本能指”的路径形成的，但是横组合关系所增加的“基本能指”与原来的基本能指在历时性的类型变化中具有“相容性”，而纵聚合关系中共时性的不同类型中的基本能指相互之间却具有“排斥性”。

杜朝选神话各个变体的讲述直到“杀蟒”之前，基本能指只有数量的多少之分，并没有类型的差异，“变奏”是从杀蟒以后在杜朝选与二位娘娘的关系上衍生出来的，共有四个不同的类型。

类型Ⅰ是“报恩—成婚 1”型。主要情节是：杜朝选杀死蟒蛇救了二姐妹，二姐妹为报恩要嫁给杜朝选，杜朝选接受了二姐妹的请求，与她们结为了夫妻。

类型Ⅱ是“报恩—拒婚 1 —跳潭 1 —化蝶 1”型。主要情节是：二姐妹为报恩要嫁给杜朝选，但是杜朝选认为这有违于他杀蟒除害救民的初衷，因而拒绝了二姐妹的要求。二姐妹跳进蝴蝶泉以死明志，杜朝选因追悔与愧疚跟着跳进蝴蝶泉殉情。三人化作了蝴蝶，从此形影不离。

类型Ⅲ是“迫娶—成婚 2”型。主要情节是：杜朝选杀死蟒蛇救出二姐妹以后，强迫二姐妹嫁其为妻，二姐妹被迫与杜朝选成婚。

类型Ⅳ是“迫娶—拒婚 2 —跳潭 2 —化蝶 2”型。主要情节是：杜朝选杀死蟒蛇救出二姐妹以后，强迫二姐妹嫁其为妻。二姐妹拒绝了杜朝选的强求，被迫跳进了蝴蝶泉，化作了蝴蝶。杜朝选依然紧追不放，也跳进了蝴蝶泉，化作了蝴蝶。

神话的 46 个变体的结构类型变奏如表 3 – 12 所示。

表 3－12　　46 则神话变体共时性结构类型变奏一览表

序号	类型Ⅰ	类型Ⅱ	类型Ⅲ	类型Ⅳ	其他型
M1		Ⅱ			
M2	Ⅰ①	（Ⅱ）			
M3	Ⅰ				
M4	Ⅰ				
M5					不统计
M6					其他
M7	Ⅰ				
M8	Ⅰ				
M9	Ⅰ				
M10	Ⅰ				
M11	Ⅰ				
M12	Ⅰ				
M13					其他
M14	Ⅰ				
M15					其他
M16	Ⅰ				
M17					其他
M18		Ⅱ			
M19		Ⅱ			
M20	Ⅰ				
M21	Ⅰ				
M22	Ⅰ				

① M2 中，大娘娘报恩成婚，二娘娘跳潭化蝶。此变体既可作为类型Ⅰ，也可作为类型Ⅱ。

续表

序号	类型Ⅰ	类型Ⅱ	类型Ⅲ	类型Ⅳ	其他型
M23			Ⅲ		
M24		Ⅱ			
M25	Ⅰ				
M26					其他
M27	Ⅰ				
M28	Ⅰ				
M29		Ⅱ			
M30	Ⅰ				
M31	Ⅰ				
M32					其他
M33	Ⅰ				
M34		Ⅱ			
M35	Ⅰ				
M36	Ⅰ				
M37					其他
M38				Ⅳ	
M39	Ⅰ				
M40				Ⅳ	
M41					其他
M42	Ⅰ				
M43		Ⅱ			
M44	Ⅰ				
M45	Ⅰ				
M46		Ⅱ			
合计	26	8	1	2	8

总之，对能指丛的变奏所导致的类型变奏的观察与分析所得到的结论与对基本能指变奏的观察与分析所得到的结论相同，即替代项是多元的选择而不是二元的选择，而且这些多元选项之间存在着程度不同的递进关系。

第六节　“序列”：能指与能指关系的符号逻辑

列维－斯特劳斯的神话研究将语言学的横组合与纵聚合比喻成交响乐的旋律与和声，并且将“和声”作为他讨论的核心问题，他所要达到的最后目的是找出人类思维的基本结构，这个结构他认为就是“二元对立”（双项对立）。当我们舍弃了从“话语内”寻找“和声”概念的分析方式，替换成从“话语之外”去观察“变奏”的方式，进而重新审视人类思维的结构时，我们看到，人们的思维特征并不是一种“双项对立”的状态，而是一种层次式的递进排列，或者是平行式的多项并列，即一种序列式的结构。① 无论是并列关系还是递进关系，其选项并不只有“二元”，而是“多元”的。变体的各种差异（变奏的替代项）就是从这些“多元”的序列关系中选择出来的，而不是“二元”式的非此即彼关系中选择出来的。当然，我们有时也可以看到貌似“双项对立”关系（例如对称关系），但它们都可以还原为“多元”的关系，这些“二元”总是被包含在“多元”之内，并作为多元的内涵而存在。“二元对立”只是作为多元序列关系的一种特殊情况而出现的。

对于序列关系而言，每一个序列只有开始之点，并没有结束之点，它类似于“一、二、三、四、五……”的数列。举基本能指“猎人”的“人物的性质”一项为例，我们看到的是如下一种多元的递进序列：

一　猎人（一般猎人）

二　猎人＋A（有武艺）

三　猎人＋A＋B（有神性）

四　猎人＋A＋B＋C（仙家）

这里从“一”（一般猎人）开始，通过增加“A”项成为“二”，

① “并列关系”可以看作是平行的“序列”。

再增加“B”项成为“三”（多），再增加“C”项，成为“四”（更多）。而且，从逻辑上说，在“猎人 + A + B + C”诸项的中间或后面随着变体的增加还可以增加 X 项，成为“猎人 + A + B + C + D + X”的序列模式。在这个具有开放性的序列中，“双项对立”失去了理论上的意义。

再如“渡海”这一基本能指中的船夫类型也同样可以用上述多元序列公式表达。我们设具有“交换”性质为 X，具有“善意”性质为 Y，六类船夫的多元序列则如下：

第一类船夫“付费渡海”是有交换条件的，属于“X”模式。

第二类船夫“顺路回家”已经萌生善意，为“X + Y”模式。

第三类船夫“因同情而渡”推进了一步，为“X + Y + Y”模式。

第四类船夫“因被感动而渡”，又推进一步，为“X + Y + Y + Y”模式。①

第五类船夫“无条件渡”，再推进一步，为“X + Y + Y + Y + Y”模式。

第六类船夫不仅没有任何条件，而且在船中告知蟒患，再推进一步，为“X + Y + Y + Y + Y + Y”模式。

于是以上六项能指之间的递进就形成了“X—X + 1—X + 2—X + 3—X + 4—X + 5”的序列。而这个序列同样并不是封闭式的，它没有边界，整个序列可以延伸。

而类型的变奏同样是一种序列模式。“迫娶—拒婚 2—跳潭 2—化蝶 2”型（第Ⅳ型）可看作道德最低型，“迫娶—成婚 2”型（第Ⅲ型）可看作道德次低型，“报恩—成婚 1”型（第Ⅰ型）可看作道德较高型，“报恩—拒婚 1—跳潭 1—化蝶 1”型（第Ⅱ型）可看作道德最高型。而它同样没有边界，增加变奏类型，序列就可以延伸。

总而言之，无论是能指的变奏还是由能指丛的变奏所导致的类型

---

① 这里的意义区分可能有不准确之处，例如“因同情而渡”与“因被感动而渡”到底哪一项居前似乎可以有不同的看法，但这只涉及各个分解项在序列中的位置是否恰当的问题，而不涉及是否存在序列的问题。

的变奏，总是存在着一个序列。“序列”是能指与能指关系的符号逻辑。“序列”的基本内涵是多元性、开放性，而不是二元性、封闭性。“双项对立”模式不能成为一个普遍的模式，更不能成为唯一的模式，它只是抽取了序列中的两项并将其绝对化，不具备概括一切人类思维特征与规律的那种至高无上的皇权。俄狄浦斯神话在列维-斯特劳斯那里所显示的“双项对立”，是生硬地拼凑出来的，是多种偶然性的产物。就像童话中的灰姑娘处处是巧合一样。灰姑娘和王子终于相遇当然非常幸运，但现实生活应该是这样的：世界上只有一个王子，为什么偏偏被灰姑娘遇见？灰姑娘遇到的不是王子而是乡下人怎么办？灰姑娘爱王子而王子不爱灰姑娘怎么办？灰姑娘得不到魔法帮助怎么办？灰姑娘那么真诚地只爱王子一个人，而王子却爱上了许多人怎么办？即使王子开头爱上了灰姑娘，可后来他喜新厌旧又将灰姑娘抛弃了怎么办？等等等等。诸如此类的问题在现实生活中有无数种可能，是多元的，而童话则只是在“幸福”与“不幸”的二元分类法中去设置问题。

我们将神话言说的这种“多元性”的思维方式看作是一种“序列”的模式，也有着发生学的依据。也就是说，我们认为，“对立”的思维方式并不是人类最初的思维方式，而是后来才出现的。人类思维不可能跳过“一”直接就产生了“二”。因此，最有可能的是“二”从“一”而来，而不是一开头就是“双项对立”。如果这一看法成立，或许可以推测人类最初思维方式很可能是“一生二”“二生三”的序列模式。

我们先从新石器时代的彩陶纹饰中去寻找依据。序列的概念与数的概念有着密切的关联。数是一种关系，它须将消除了差异的那些抽象符号联结起来，造成一个系列，方能最后形成数列。在仰韶文化庙底沟类型中，我们可以发现极多的单个圆点的纹饰，大多数被包含在象生的纹饰之中，个别的也有孤悬的点（见图3-2至图3-4）。①

① 参见张朋川《中国彩陶图谱》，文物出版社1990年版，图1582、1585、1615，皆属于仰韶文化庙底沟类型。

我们也可以发现一部分两个圆点的纹饰（图 3－5 至图 3－7）。①

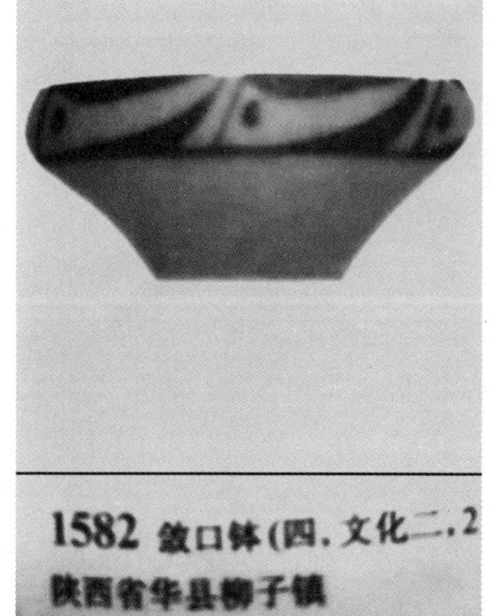

图 3－2　彩陶图（一）

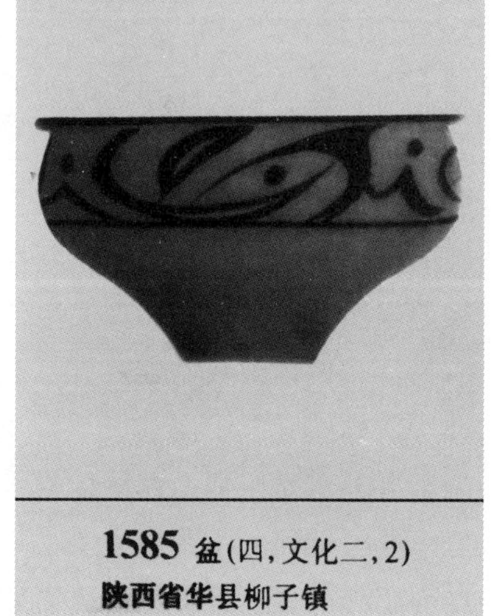

图 3－3　彩陶图（二）

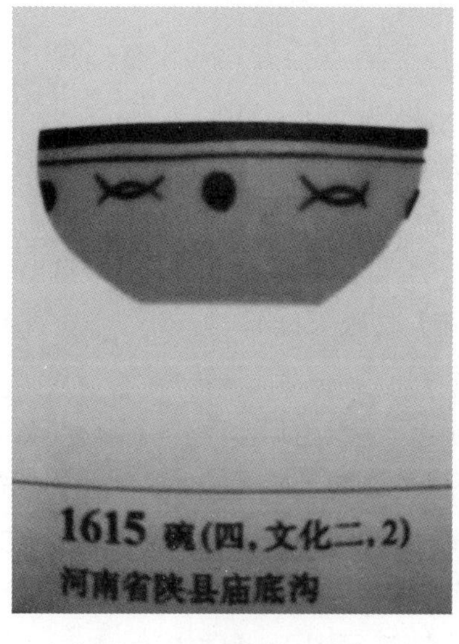

图 3－4　彩陶图（三）

图 3－5　彩陶图（四）

① 参见张朋川《中国彩陶图谱》，文物出版社 1990 年版，图 1594、1609、1658，皆属于仰韶文化庙底沟类型。

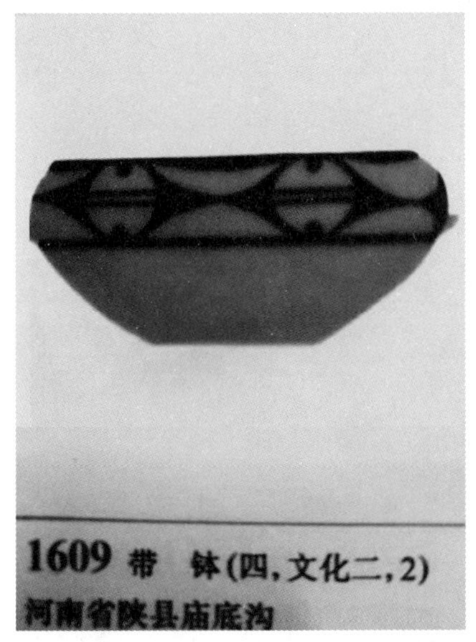

图 3－6　彩陶图（五）

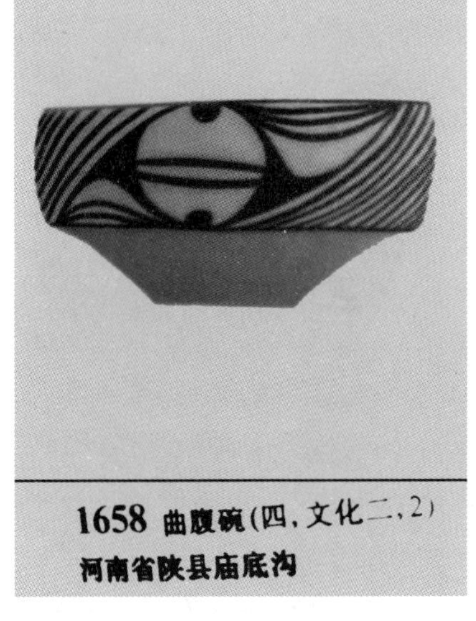

图 3－7　彩陶图（六）

然而，三个圆点排列在一起的纹饰只是偶然出现（见图 3－8）。①

三点纹的出现，是一个颇为值得注意的现象，表明初民已经有能力将一个点与另一组二元对立的两个点并列到一起，并将它们排列起来，这个“2＋1”就是 3，数的序列观念就萌芽了。“在一些文化传统中‘1’和‘2’不被视为‘数’”，“‘3’被视为‘数’之首，‘3’是数系列的发轫”②。究其原因，正是由于“数是一种关系”这种数的本质使然。只有当“1”和“2”后面再出现一个数字时，数的排列趋势方可形成，数列方可产生。因此，“3”在数的起源问题上的重要性，正是由于它解决了数的排列问题，亦即数与数之间的关系问题。偃师县苗湾出土的敛口彩陶钵庙底沟类型，上绘数组短竖线纹，每组三条，没有任何其他背景。这些短竖线之间没有相连起来的

① 参见张朋川《中国彩陶图谱》，文物出版社 1990 年版，图 1633，属于仰韶文化庙底沟类型。

② ［苏］托波罗夫：《神奇的数字》，《民间文学论坛》1985 年第 4 期。

共同边界，且三条竖线均匀地排列起来（见图 3－9）。①

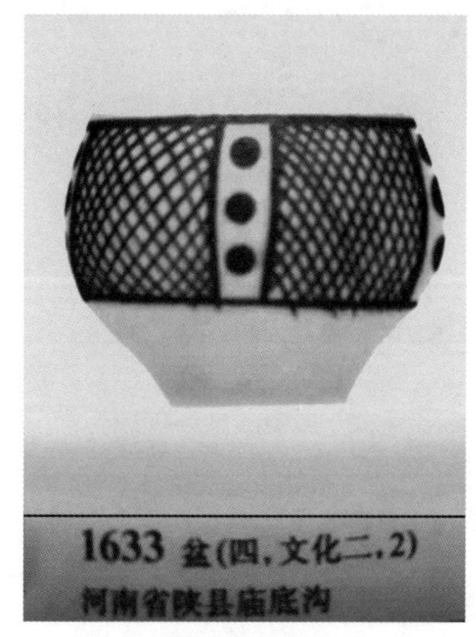

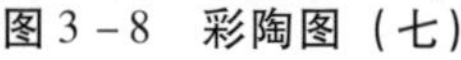
图 3－8　彩陶图（七）

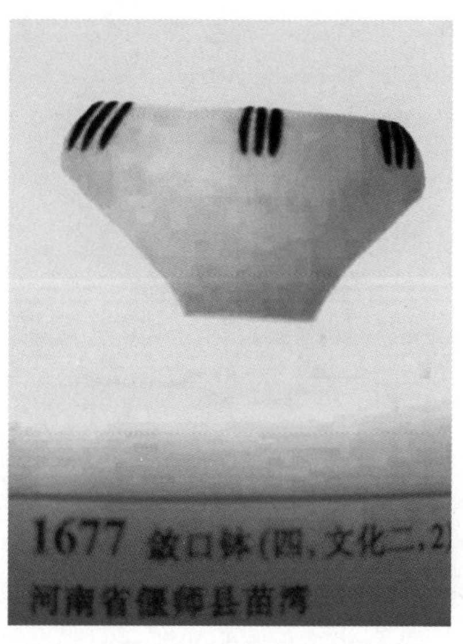

图 3－9　彩陶图（八）

这是初民数的观念的明晰表达。“3”这个数的观念形成，最简单的数列就被初民创造出来。“3”对于数列具有定向作用，只要“3”被初民创造出来接续到“2”的后面，那么“3”以上的数字就可以按同样的方法被创造出来并接续到“3”的后面序列式地排列起来。四行竖线以上的图在晚于庙底沟类型的后岗类型中也偶有出现（见图 3－10）。②

我们可以从古代神话中去印证这一推论。在中国古代神话中，造人的女娲是单性的。这单性的“一”派生出了其他事物。《太平御览》卷 78 引东汉应劭所著《风俗通》：“俗说天地开辟，未有人民，女娲抟黄土做人。剧务，力不暇供，乃引绳于泥中，举以为人。”这

① 参见张朋川《中国彩陶图谱》，文物出版社 1990 年版，图 1677，属于仰韶文化庙底沟类型。

② 参见张朋川《中国彩陶图谱》，文物出版社 1990 年版，图 1636—1740，属于仰韶文化后岗类型。

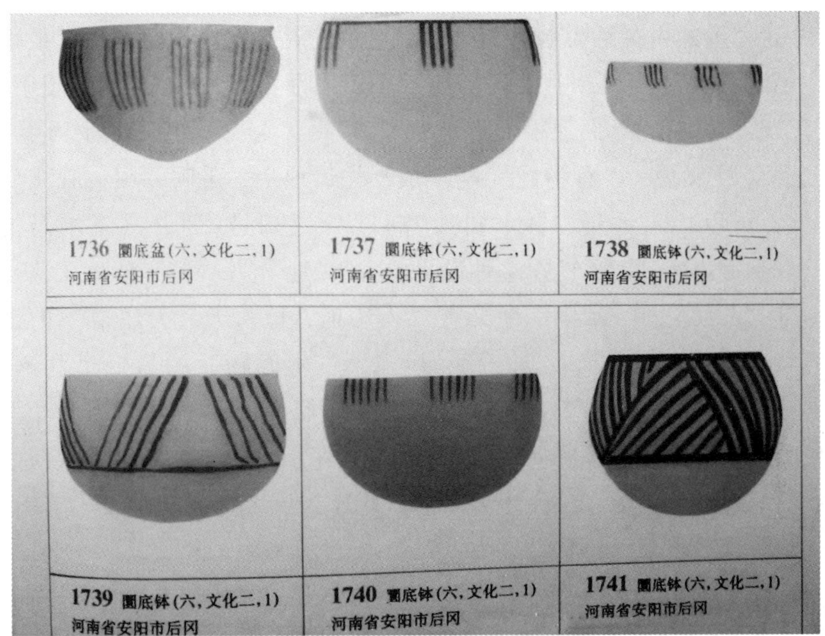

图 3－10　彩陶图（九）

是说女娲作为“一”，用黄土造出了许多人，是“一生多”的模式。《说文解字》：“娲，古之神圣女，化万物者也。”女娲化为万物，也是“一生多（万）”的模式。伏羲女娲双性造人的神话是晚于女娲单性造人神话的。这个神话说他们从葫芦里出来，这就是“一”（葫芦）生“二”（伏羲女娲）的模式。盘古的神话也是同一个模式。《艺文类聚》引《三五历纪》：“天地浑沌如鸡子，盘古生其中。万八千岁，天地开辟。”这是一个“一生二”的模式。《绎史》引《五运历年记》：“首生盘古，垂死化身。气成风云，声为雷霆，左眼为日，右眼为月，四肢五体为四极五岳，血液为江河，筋脉为地里，肌肉为田土，发髭为星辰，皮毛为草木，齿骨为金石，精髓为珠玉，汗流为雨泽，身之诸虫，因风所感，化为黎甿。”这又是一个“一生多”的模式。浑沌的神话同样表达了这一模式。《庄子·应帝王》叙浑沌被“儵忽”（时间之神）“日凿一窍，七日而浑沌死”。这也是一个“一生多”的神话叙事。

这一模式由神话思维转为哲学思考最初是由老子表述的。《道德经》说：“道生一，一生二，二生三，三生万物。”在老子的思想中，“道”是万物生成的总根源，故而能生一、生二、生三、生万物。《道德经》又说：“有物昆（混）成，先天地生，萧呵谬呵，独立而不改，可以为天地母，吾未知其名也，字之曰道。”（马王堆帛书《老子》乙本第25章）在这种说法中，“天地”为“道”所生，这是“一生二”。在同一章中，他又有“人法地，地法天，天法道”的说法，则是“道生一，一生二，二生三，三生万物”的另一个注解。《列子·天瑞篇》说“易变而为一，一变而为七，七变而为九。一者，形为之始也”。《周易·系辞传》说“《易》有太极，是生两仪式，两仪式生四象，四象生八卦”，等等，也表达了同样的“一生二”“一生多”的序列观点。

在西方神话中，同样可以找到这一模式。《圣经》中所记载的“亚当”与“夏娃”的关系，也是一个“一生二”的模式。开头上帝只创造了一个亚当，他是无性别的单体，后来用亚当的肋骨才创造了夏娃。而当上帝再造人类以后，挪亚的模式则是“二生三，三生万物”的模式。而更早些的古希腊的苏格拉底所讲述的一则关于人的形体变化的神话中，也同样是一个“一生二”的模式。这个神话说：从前人的形体是一个圆团，腰和背都是圆的，每人有四只手，四只脚，一个圆颈项上安着一个圆头，头上有两副面孔，朝前后相反的方向。后来宙斯才“把人截成两半”。①

就“一生二，二生三，三生万物”的思维方式的性质而言，它不是“对立”式的思维方式，而是“序列”式的思维方式，即由“一”派生出“二、三……万”的序列，这个序列中可以有许多，或者无限多，“万”就是无限多。在“一生二、二生三、三生万物”的模式中，开头只有一个“一”，一个抽象的“道”，一个“女娲”，一个

---

① 参见［古希腊］柏拉图《文艺对话录》，朱光潜译，人民文学出版社1963年版，第238—240页。

“盘古”，一个“浑沌”，一个“太极”，一个“亚当”，一个“合体人”，后来由这个“一”才派生出“二”，女娲派生出伏羲女娲，亚当派生出亚当与夏娃，合体人被截成两半派生出一男一女，如此等等。由“二”再派生出更多。如果我们将无限多的事物只用两分法去认识，似乎过于简单化。“我们可以不把这些判断理解为一系列相互排斥的立场，……而是理解为某种滑动标尺之上的一些立场，这个标尺滑动于全然拒绝和全然认同这一对相互诘难的极端之间，以其移动的方式，……同一个文化事实可以被视为占据着这些立场中的任何一个立场。”①

值得注意的是，“一生二”的模式其实已经包含在列维－斯特劳斯对俄狄浦斯神话的分析中，即他所说的由土地生人的“一源生”到男女结合生人的“二源生”，由“单性生”到“双性生”。当这个本来与他的“双项对立”相矛盾的观点被他转换为论证他的观点的论据的时候，最初出现的东西反而被忽略了。而“二生三，三生万物”的观点也已经包含在列维－斯特劳斯对于其他许多神话的分析中。举《星球的性别》为例。太阳与月亮的对立虽然具有“二元对立”的鲜明性与具象性，列维－斯特劳斯在文章中列举了大量的例证。但是随着例证的增加，以及观察的深入，他却得到了另外的结论：“我们已经举出了六项参数，而且这个数目还会随着进一步的研究而增加。这种方法的复杂性排除了对问题做出图解处理。”② 这就等于宣布：其实这些例证所证明的“二元对立”思维模式被另外一种思想或方法所左右，或者说隶属于另外一种思想或方法之下，虽然列维－斯特劳斯没有说出这种思维或方法是什么，但是他已经承认这是一种具有“复杂性”的方法，无法作出“双项对立”式的“图解处理”。综合列维－斯特劳斯的这六项参数来看，它们同样可以排列成某种序列。

---

① ［美］弗雷德里克·詹姆逊：《马克思主义与形式》，李自修译，百花洲文艺出版社1995年版，第330页。

② ［法］列维－斯特劳斯：《星球的性别》，载《结构人类学》（2），张祖建译，中国人民大学出版社2006年版，第712页。

第四章　神话的意义

解释人类学基本上将文化当成意义系统来研究并强调民族志是一种人为的认识过程。

——［美］马尔库斯、费彻尔

美国人类学家格尔兹的解释人类学是一种追寻“意义”的理论，意义理论被 20 世纪语言学成果“普照的光”所照亮的地方，就是在语言符号的“能指”与“所指”的关系中将关注点放在“所指”上。格尔兹所谓“解释”，就是对“所指”（概念意义）进行解释。本章中，我们对于杜朝选神话的意义分析，包含着对于格尔兹意义理论的借鉴与对话。

第一节　“所指”的意义解释

格尔兹对第二次世界大战以后人类学宗教研究非常不满，认为这些研究在理论上没有重大进展，一些研究著作只是不断地重复着那些公认的命题，如祖先崇拜支持长老的道德和义务权威，成丁礼是确立社会性别和成人地位的手段，仪式群体反映了政治对立，神话为社会制度及社会特权合理化提供了特许的根据，如此等等。这些公认的命题，都是涂尔干理论的产物，或是涂尔干理论影响下的产物。格尔兹表示他要抛弃这种“因袭主义”，致力于探索尚未得到足够澄清的问题，以便有所发现，有所作为。他希望他的新理论可以与 20 世纪前

25 年的伟大人物的成果相匹敌。这种新的理论虽然以“涂尔干对于宗教性质的讨论、韦伯的‘理解’方法论、弗洛伊德对于个人仪式与集体仪式的比较、马林诺夫斯基对于宗教与常识之区分的探究”为起点，但“要超越它们”，“将它们置于比它们自身和自行包容的思想更广阔的当代思想脉络之中”。[①] 为实现他的理论雄心，格尔兹希望去其他领域——哲学、历史、法律、文学或科学——寻找“分析性概念”来拓宽传统的经典理论。他终于找到了这个分析性概念，就是从韦伯那里借鉴来的“意义”概念。他说：

> 我与马克斯·韦伯一样，认为人是悬挂在由他们自己编织的意义之网上的动物，我把文化看作这些网，因而认为文化的分析不是一种探索规律的实验科学，而是一种探索意义的阐释性科学。我追求的是阐释，阐释表面上神秘莫测的社会表达方式。[②]
>
> 我所坚持的文化概念……是指从历史沿袭下来的体现于象征符号中的意义模式，是由象征符号体系表达的传承概念体系。……如果朗格所说正确：“意义概念，就其所有变体来说，是我们这个时代的支配性哲学概念”；“指号、象征符号、所指、词义、交际……是我们的常用［知识］”，那么，社会人类学，尤其是它与宗教研究有关的部分，应该是认识到这一事实的时候了。[③]

于此，“解释人类学将人类学研究重点从对行为和社会结构的探讨转移到对象征符号、意义和思维的研究”[④]。

格尔兹的意义解释理论的核心概念是“深描”。他曾写了《深

---

① ［美］克利福德·格尔兹：《文化的解释》，纳日碧力戈等译，上海人民出版社1999 年版，第 102 页。

② ［美］克利福德·格尔兹：《文化的解释》，纳日碧力戈等译，上海人民出版社1999 年版，第 5 页。

③ ［美］克利福德·格尔兹：《文化的解释》，纳日碧力戈等译，上海人民出版社1999 年版，第 103 页。

④ ［美］乔治·E. 马尔库斯、米开尔·M. J. 费彻尔：《作为文化批评的人类学》，王铭铭、蓝达居译，生活·读书·新知三联书店 1998 年版，第 57 页。

描：迈向文化的阐释理论》一文放在《文化的解释》论文集的开篇，作为他的理论纲领。在这一篇著名论文中，他首先引述了赖尔的“眨眼”例证来说明“深描”要区别意义的分层结构。设想有两位正在迅速抽动右眼皮的少年，其中一个是无意的抽动，另一个是向一个朋友投去密谋的信号。两个动作是相同的，如果只是“现象主义”观察，那么不能辨别二者的意义。假如还有第三位少年在场，他为了制造一个恶作剧而滑稽地模仿那位少年的眨眼示意。他也在抽动着眼皮，但他所表达的意义与前面的并不一样。而且还有第四种眨眼，即这个滑稽的模仿者对自己的模仿能力没有把握，就在自家镜子前练习，这个时候，他不是在无意义地抽动眼皮，不是在眨眼示意，不是在滑稽地模仿，而是在排练。于是在这里，区分出“浅描”与“深描”了：

> 对排演者（模仿者、挤眼者、眨眼者……）正在做的事的“浅描”（“迅速地张合着他的右眼眼睑”）与对他正在做的事的“深描”（“练习对一个朋友的模仿，因为这个朋友假作挤眼以欺骗局外人误以为有什么只有当事人才能领会的事”）之间存在着民族志的对象：意义结构的分层等级；通过这些结构，眨眼、挤眼、假挤眼、模仿、模仿之练习才得以产生，才为人所知觉，为人所解释。①

在上述“眨眼”例证中，“深描”与“浅描”之分不仅在于区分动作本身与动作的意义之间的深与浅，还在于区分动作意义之间的不同层次，因为挤眼、假挤眼、模仿的意义与排演的意义是不同的。

眨眼的例证是一个假设性的，或者说示意图式的意义分析例证，格尔兹又用自己在摩洛哥田野调查中所发现的、来自他本人的田野日志的“科恩与羊”的故事，作为“深描”的“更具经验性的注解”：

---

① ［美］克利福德·格尔兹：《文化的解释》，韩莉译，译林出版社 1999 年版，第 8 页。

犹太人科恩在玛穆什地区，来了两个与邻近一个部落做生意的犹太人，想从他那里买些货。另一个部落的柏柏尔人企图闯进科恩的住处，科恩朝天开了枪，惊动了法国人，强盗们逃掉了。

第二天夜里强盗们又来了，设法让他们开了门，把来访的两个犹太人杀了，科恩夺窗而逃。他逃到要塞，向地方指挥官上尉投诉，想要索取他的“阿尔”（赔偿），其价值相当于被盗商品价值的四五倍。那些强盗来自尚属未臣服法国当局的部落。他希望批准他和他的买卖契约人玛穆什部落首领一起去收取依传统规矩应该归他的损失补偿。上尉不能正式批准他，因为法国当局明令禁止买卖契约关系，但还是给了他口头许可。

酋长与科恩带着几个武装人员，来到叛乱地区，抓获盗贼的羊倌，抢走了羊群。那个部落的人追赶，可当他们看到盗羊贼是什么人以后，就想息事宁人。他们的一些人抢劫了科恩，杀了那两个来访者。同时，他们也不准备与玛穆什部落结下世仇。谈判决定，对方付出500只羊来赔偿。

科恩得到了属于他的羊，把它们赶回玛穆什，要塞里的法国人问道：“这是什么？”科恩说：“那是我的‘阿尔’。”法国人不能相信他真的做了他说做了的事，指控他是造反的柏柏尔人的间谍，把他投入监狱，没收了他的羊。不久法国人放他回家，但没了羊。他于是上城里找管辖这一地区的法国上校抗议。但那位上校却说：“我无能为力，这不是我的责任。”①

格尔兹认为，这段未作说明、没有提供任何背景的引文，很好地表明了即使是最基本的那种民族志描述，也塞进了许多东西，从而成为深描。这一短短的小剧，发生在1912年摩洛哥的中部高地，并且在1968年被详细地叙述给作者。当地人向格尔兹叙述科恩与羊的故事，已经不是纯客观的事实了，他们已经在进行解释；而作为民族志

① ［美］克利福德·格尔兹：《文化的解释》，纳日碧力戈等译，上海人民出版社1999年版，第8—10页，有删节。

者的格尔兹在将这件事写进著作时，是对当地人“解释之上的理解”。而无论是当地人还是民族志者，他们叙述事件的过程就是分析解释的过程，就是在寻找事件的意义，即分类甄别意指结构。民族志者实际上面临的是大量复杂的结构，其中许多结构是相互层叠在一起的，或者是相互交织在一起的。例如上面的那则材料，格尔兹认为就是三种不同阐释成分的相互层叠和交识，即犹太人的、柏柏尔人的和法国人的，这三种因素当时当地共同在场，演出了一场“社会闹剧”。

在所谓“深描”的阐述中，格尔兹认为他所追寻的是“意义”而非“事实”。人类学的研究所要做的，不是描述在摩洛哥发生了什么，没有发生什么，而是追溯社会性会话的曲线，将之固定在一种可供考察的形式里，并对事件的意义进行解释。“分析工作就是理清意义的结构。”[①] 民族志者在其中不断探索的只是“那种推理和寓意的叠层结构”[②]。民族志者登记社会性对话，这样做，他就把社会性对话从一件只存在于它发生的那个时刻、转瞬即逝的事件转为一部可供反复查阅的记载。酋长早就死了，用法国人的话说，被“镇压”了；镇压了酋长的杜马里上尉还活着，在法国南部守着那堆纪念品打发退休的时光；而科恩已经回“家”，到以色列去了，一则是避难，一则是朝圣，再者他也是一个将死的年高德劭的人了。但是，六十年前，在特拉斯高原，他们彼此所“说过”的那些却被保存下来，以供研究之用。被保存下来的是这个事件的意义，而不是事件本身。“在我们这里的文本中，这种清理工作应当始于区分在这种情形下的三种不同阐释成分框架，即犹太人的、柏柏尔人的和法国人的框架，进而表明在当时当地他们的共同在场如何（为什么）造成一种系统化的误解使传统形式变成社会闹剧的局面。”[③] 格尔兹的关注点在于将“意

① ［美］克利福德·格尔兹：《文化的解释》，纳日碧力戈等译，上海人民出版社1999年版，第10页。

② ［美］克利福德·格尔兹：《文化的解释》，纳日碧力戈等译，上海人民出版社1999年版，第8页。

③ ［美］克利福德·格尔兹：《文化的解释》，纳日碧力戈等译，上海人民出版社1999年版，第11页。

义”与“事实”分割清晰，“意义”是第一位的，“事件”并不重要，甚至可有可无。

经典民族志作者认为事实是客观存在的，只要运用如马林诺夫斯基式的科学方法就可以获得这种事实；格尔兹的解释理论当然并非丢开事实本身，但却认为事实具有“意义”才是最重要的，而事实的“意义”则是被民族志主体构建出来的。他说：

> 没有一个总体的故事，也没有一幅纵观全局的画面。……我们所能建构的，是关于已发生事情之间相互关系的后见之明，亦即事实之后我们拼凑而成的图案——假如我们持续记录并活得够长的话。
>
> 有人想要从我们已知的世界里随机发生的事实中，提炼出各种材料，探寻出某种意义，然而，实际上，哪怕仅仅是对所观察到的事物作一客观叙述，都会带来一连串令人头疼的问题。客观性会变成什么样？我们拿什么保证确实没有看走眼？所有的科学性都去哪儿了？或许事实就是，一切理解都要滞后于实际生活。从诸多单纯的事实中摸索，将其汇聚到一起，拼凑成某种叙述，就形成了所谓的知识，错觉的形成也是同理。某种叙述的形成，都是得益于现成可用的观念和积累而成的文化工具。①

所谓“追寻事实”，其实只是将事实“拼凑成某种叙述”，达到某种意义的表达，而且这种“拼凑”得益于当下的文化工具。因此格尔兹认为，描述他所研究的城镇、他个人的世界，并不需要精心设计好的叙述、测算、回忆或某种结构上的演进，当然也不用图表，而只需要将“事实”与一连串的阐释串联在一起，形成关于事情一般如何发展、迄今为止如何发展、将来可能会如何发展的观点。“事件”成形只是经加工的总体意象。人们偏好的答案是事实来自于我们

① ［美］克利福德·格尔兹：《追寻事实》，林经纬译，北京大学出版社2011年版，第2—3页。

的眼睛的发现，一件事情如其所是，而非他物，可是实际上并非如此。这是什么原因呢？是因为事物在世界中存在，然后“被思想剪裁成一定的尺寸”，方形成世界的总体印象。人类学的努力是为了设计出一种多少可以解释事实的话语体系，因此，不必担心事实的匮乏，而应担心意象（话语体系）的匮乏。人类学家就是一个希望建造飞船的诗人。①

对于“事实”与人类学家主体的“意义”建造之间的关系，格尔兹有三个重要的隐喻，第一个是“椅子”的隐喻：

> 一把椅子是文化的（历史的、社会的……）构造物，是行为人根据并非完全属于自己的概念建造的产物。你可以坐在椅子上，椅子可能做得好也可能做得不好，但至少就目前的工艺状况而言，它不可能是水做的，也不会如那些为“理念论”魂牵梦萦的人所愿，直接从对理念的思考变成实际存在。也许这种困扰只是因为接受“事实是建构的”这一事实本身，就会让我们陷入艰苦、曲折、带有强烈自我意识的追寻过程，去探寻一个人究竟会如何述说他所说的一切，至少就我自身而言，我就是以此作为开始。平铺直叙地描述可靠的发现，的确不失为一种更简单、更直截了当、更让人舒心的知识，就像知识本身应当给人的感觉一样。唯一的问题是，这种呈现带有一些浪漫色彩，而且还不见得是最天真无邪的那种浪漫。②

格尔兹讽刺了那种看似客观地平铺直叙地描述事实的民族志方法不见得是天真无邪的浪漫，言外之意是它们必然带有其他目的。“事实是建构的”，这是解释人类学的重要观点，于此，他将马林诺夫斯基开辟的科学民族志传统颠倒过来：民族志主体并不是描述“可靠的

---

① 参见［美］克利福德·格尔兹《追寻事实》，林经纬译，北京大学出版社 2011 年版，第 21—22 页。

② ［美］克利福德·格尔兹：《追寻事实》，林经纬译，北京大学出版社 2011 年版，第 68—69 页。

发现”，而是根据某种话语体系将事实建造成“意义”的“椅子”。

那么，以何种标准评判人类学家制作的这一把“椅子”的意义深度呢？对此，格尔兹的第二个隐喻给予了解释：

> 有一个讲述某英国人的印度故事——至少我听上去是印度故事——他被告知世界立在一个平台上，那个平台立在一头大象的背上，大象又立在一只乌龟的背上。他问（也许他是个民族志学者；他们总是这样）：那只乌龟又立在谁的背上？回答是另一只乌龟。这只乌龟呢？“啊，先生，从那儿以后全是乌龟。”①

判断对于田野材料解释的好坏、深浅就看民族志主体能否找到深层的“乌龟”。这一寻找“乌龟”的过程就是解释不同层次意义的过程。

格尔兹的第三个隐喻转入意义探寻的时间维度，他引用了另一则印度故事：

> 一位智者的正前方有一头真正的大象，智者在大象面前蹲坐下来。智者说：“这不是一头大象。”过了一会儿，大象拖着笨重的身躯转身离去，智者心中开始生出一股怀疑：是否刚才根本就没有一头大象出现过？最后，当大象完全从其视线中消失时，智者看了看大象留在身后的脚印，然后用肯定的口吻宣布：“的确有一头大象来过。”
>
> 至少对我来说，人类学和民族志人类学就是这样：努力从大象在我心中留下的足迹，来重新构建难以捉摸、虚无缥缈、已经消失得无影无踪的大象。②

---

① ［美］克利福德·格尔兹：《文化的解释》，纳日碧力戈等译，上海人民出版社1999年版，第32页。

② ［美］克利福德·格尔兹：《追寻事实》，林经纬译，北京大学出版社2011年版，第184页。

格尔兹的观点是：事实只是事后才能描述，我们所能建构的，是关于已发生事情之间相互关系的“后见之明”，这种“后见之明”就是民族志者所构建的“意义”。

“椅子”是“意义”的椅子，“乌龟”也是“意义”的乌龟，甚至那头民族志者刚刚看见的巨型动物大象都已经无影无踪，而只是包含在一个更大的“意义”中的事物。从“椅子”到“乌龟”到“大象”，格尔兹可以说将“意义”提升到一个无限崇高的位置。既然“事实”无法追寻，所以格尔兹既不追求将自己转变成当地人，也不追求模仿他们。他认为那种所谓“从行为者的观点看问题”的“主位法”，其实只是过分书生气的“理解方法”，事实上是做不到的，结果只能成为一种对他人心思的遥测。他所寻求的是与他们交谈，然后对当地人们的行为作出意义的解释。“研究对象是一回事，对对象的研究则是另一回事。”① 既然“以行为者为取向”的描述只不过是民族志者想象的当地人对于他们的经历的解释的描述，而民族志者的言说也只能是“解释以上的理解”，那么民族志者所能做的只是他自己的解释而已，并且是第二和第三等级的解释。所以人类学著述是小说。说它们是小说，意思是说它们的解释是“虚构的事情”“制造出来的东西”“某种被捏成形的东西”，并非说它们是假的、不真实的或仅仅是个“想象”的思想实验。意识到这一事实就是认识到在文化分析中，不可能在再现方式和实在内容之间划出一条界线；这一事实反过来又威胁着人类学知识的客观地位，它暗示着人类学知识的源泉不是社会实在而是学者们的人造之物。马尔库斯和费彻尔说，解释人类学“倾向于把注意力从强调行为和社会结构的‘社会的自然科学’转移到强调意义、符号象征、语言，以及转移到承认人类科学的核心是把社会生活当成‘意义的协商’的认识上来”②。这种看法指出了解释人类学的主要倾向。

---

① ［美］克利福德·格尔兹：《文化的解释》，韩莉译，译林出版社 1999 年版，第 19 页。

② ［美］乔治·E. 马尔库斯、米开尔·M. J. 费彻尔：《作为文化批评的人类学》，王铭铭、蓝达居译，生活·读书·新知三联书店 1998 年版，第 48 页。

第二节 “主干型神话”的意义

我们首先按照格尔兹的重视符号“所指”的解释理论的路径，对杜朝选神话的“意义”进行探讨。神话是一种“语言”，而神话的各个变体的讲述则是“言语”，意义的解释就是对神话的“言语”进行的解释。当神话以“言语”方式出现时，其意义通过对基本能指、能指丛的横向阅读而获得。

在杜朝选神话的各种变体中，大部分基本能指相同，但也有一些基本能指是不相同的。我们将基本能指大部分相同的部分所构成的神话看作是“主干型神话”，其所表达的意义是杜朝选神话的“基本意义”；将基本能指不同并且相互矛盾的部分所构成的不同类型的神话看作是“分枝型神话”，其所表达的意义是杜朝选神话的“区别性意义”。我们在第三章中从结构视角所分析出的四种类型变奏，就是主干型神话与分枝型神话的类型。这四种类型的意义分歧如图 4－1 所示：

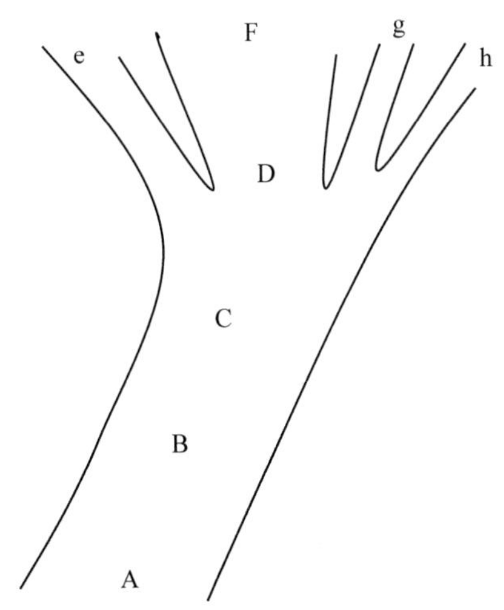

图 4－1 主干型神话和分枝型神话示意图

图4－1中A、B、C、D代表杜朝选神话的“主干”，这一“主干”的部分包含了“猎人”“渡海”“弓鱼”“蟒患”“射雁”“射蟒”“洗衣”“合谋”“盗剑”“杀蟒”“本主”“祭祀”共12个基本能指，而e、F、g、h是四个分枝，分别代表“报恩—拒婚1—跳潭1—化蝶1”（类型Ⅱ）、“报恩—成婚1”（类型Ⅰ）、“迫娶—成婚2”（类型Ⅲ）、“迫娶—拒婚2—跳潭2—化蝶2”（类型Ⅳ）四个类型。我们这里的“主干型神话”的概念，是指在历史过程中发展得比较完备的、周城大多数民众所讲述和认可的神话形态。就“完备性”而言，要求主干型神话应该包括杜朝选杀蟒除害、戳弓鱼洞以及周城人将杜朝选奉为本主进行祭祀等基本能指所构成的能指丛；就“大多数民众所讲述与认可”而言，则要求将二位女子报恩嫁给杜朝选这一具有道德与美学诉求的能指丛也列入主干型神话，因为在45个神话变体中（M5除外），就有26个属于这一类型，占总数的58%。这就是说，在四个分枝中有一个大枝“F”，它是主干的直接延伸，而其他三个则是旁枝。因此我们将“A—B—C—D—F”作为主干型神话，即类型Ⅰ；将“A—B—C—D—e”（类型Ⅱ）、“A—B—C—D—g”（类型Ⅲ）、“A—B—C—D—h”（类型Ⅳ）作为三个分枝型神话。无论是主干型神话还是分枝型神话的“主干”部分都是相同的，也就是说它们共有12个基本能指；而“枝”的部分则有差异。主干型神话“A—B—C—D—F”在12个基本能指的基础上，再增加“主枝”部分的“报恩”和“成婚”两个基本能指，共有14个基本能指。分枝型神话“A—B—C—D—e”增加了四个基本能指“报恩”“拒婚1”“跳潭1”“化蝶1”共有16个基本能指；分枝型神话“A—B—C—D—g”增加了两个基本能指“迫娶”“成婚2”共有14个基本能指；分枝型神话“A—B—C—D—h”增加了四个基本能指“迫娶”“拒婚2”“跳潭2”“化蝶2”共有16个基本能指。

我们首先分析主干型神话“A—B—C—D—F”的意义。由于基本能指只有当它们进入“关系”（由两个或两个以上的基本能指方能构成）之后，其所指内涵才形成固定的意义，故而我们将能指丛作为分析神话意义的起点。主干型神话的14个基本能指由四个能指丛构成。

第一个能指丛由“渡海”和“弓鱼”两个基本能指构成。船夫渡杜朝选过洱海，杜朝选戳弓鱼洞回报。我们可以将弓鱼解释为“渡资”，那么这种解释就是一种“送礼—回礼”的礼物交换模式。但仔细寻绎这一能指丛的蕴含，就会发现这只是一个“浅描”，并不符合神话的旨意。第一，在礼物交换模式中，送出的和接受的礼物大致是相等的量，而这里“弓鱼”的回报与“渡资”完全不对等，“渡资”最多只能解决船夫一家当日的柴米问题，而“弓鱼”则解决了船夫的长久生计问题。第二，杜朝选是听了船夫诉说生活苦难的时候，才戳弓鱼洞的，“渡资”的解释显然并未将神话的这一叙事的意义包含在内。第三，戳弓鱼洞不仅解决了渡他过海的船夫一家的生计问题，而且桃源村的村民全都受益。因此，“弓鱼”并不是“渡资”，二者无法在“量”上进行比较，因为它们具有不同的“质”。寻绎神话的意蕴，我们应该将杜朝选戳弓鱼洞解释为“拯民于苦”，是一种“善”的表达，这种解释才是“渡海—弓鱼”能指丛的“深层意义”。

还有一点值得注意，即“渡海—弓鱼”的能指丛其实与后面的杀蟒并没有太大关联：第一，这是发生在桃源村的事，而杀蟒是发生在周城村的事；杜朝选后来做了周城村的本主，并不是桃源村的本主。第二，“渡海”的目的并不是为了杀蟒，因为绝大部分变体都是说杜朝选到了海西周城村这一边才知道恶蟒为害村民之事的。也就是说，“渡海—弓鱼”这一能指丛与后面的能指丛既无地域上的关联，也无逻辑上的关联，去掉这一能指丛杜朝选神话依然是完整的，甚至故事情节更为集中。那么，为什么神话将此能指丛纳入呢？诚然，去掉这一能指丛并无不可，但是，增加了这一能指丛，却可以使情节更为复杂，人物形象更为丰满，具有厚度。它是杜朝选这一人物的首次亮相，是神话的意义的初次展开，这两个能指既为杜朝选的人格起着一种铺垫的作用，也为神话的意义走向先绘制出一种基本底色。①

① 关于这一点，在周城另一个重要的神话《朝珠花的故事》中，也是将同一神话人物两件并不关联的事件串联在一起。参见《他者的表述》（《对瞧人》系列民族志之一）第十八章，中国社会科学出版社 2018 年版。

第二个能指丛由“蟒患”“射雁”“射蟒”“洗衣”“合谋”“盗剑”“杀蟒”共七个基本能指构成，所彰显的基本内容是“人妖之搏”。蟒蛇的“恶”表现为每年三月三吃掉一对童男童女，掳掠了周城两位姑娘为妻，还有糟蹋庄稼，侵害牲畜，等等。这些恶行都与蟒蛇的生性相关，因为它原本只是一条花蛇，“在山中修炼了两千多年，受了日月精华”，才有了巨大的能量。它虽然可以变化成人，但它的本质终究不是人，而是妖魔。“人”与“妖”的区别就是“善”与“恶”的分野，杀蟒灭妖就是扬善惩恶，此为这一组七个基本能指的基本意义。细分起来，这一能指丛还可以分为两个次生的小层级：以“蟒患”为一方、以其他六个基本能指为另一方组成第一层级；在其他六个基本能指中，“射雁—射蟒”“洗衣—合谋”“盗剑—杀蟒”分别构成第二层级。神话叙事拾级而上，将情节曲曲折折地逐步推向高潮。

“射雁—射蟒”这一组合中，前者为后者作陪衬。前者为“小”，小试牛刀；后者为“大”，大砍大杀。但这里的“小”，并非真正的“小”，而是“小”中有“大”：大雁飞在高空，是不易射落的，杜朝选将其射落了，而且一些变体还说射中第三只雁或第四只雁。既然高处目标“小”的大雁都能够射落，那么低处目标“大”的蟒蛇就有希望将其射死。但这只是可能性，而非现实性。事实上，蟒蛇超乎想象的强大：它存在着妖性与魔力，而眼下这个小伙子尚未成神，还是一个人。这里的意义在于显示在“人妖之搏”中的人的勇气、胆量与自信。这个猎人的力量显然还不够，他虽然射中了蟒蛇，但并未一箭毙命，蟒蛇只是受了些伤，逃走了，人与妖的斗争并没有结束。神话的叙事总是蜿蜒前行，“S”形推进，跌宕起伏，这带来了意义的回旋性，增强了其前行的力量。

如果说“射雁—射蟒”所显示的是杜朝选的“勇敢”，那么“洗衣—合谋”所彰显的则是人的“智慧”。在“洗衣”中，有的变体有意制造出一种戏剧性鲁莽，另有一些变体则有举刀试探的情节，渲染一种破除疑虑的判断过程。这是一种智慧的体现。当两位女子和杜朝选互相表明身份时，情节出现了转折。不过，新的情况也出现了：杜朝选原先认为凭着一己之勇力就可以除掉恶蟒，现在看来，蟒蛇有比他更为强大的力量。要除掉蟒蛇，就要满足两个基本条件：第一个是时间条件，必须选择蟒蛇大睡七天七夜或者小睡三天三夜的时间内动手；第二个是工具条件，必须用蟒蛇那把神剑方能杀死它。于是人的智慧就发挥了决定性的作用，三人合谋要盗取那柄神剑并且选择在蟒蛇大睡的时机下手，细节也都被一一商定并制定出了具体方案。

当情节曲折前行到了一定的阶段，就会推向高潮。“盗剑—杀蟒”是惊心动魄的。盗剑异常危险，既需要勇气，也需要智慧。这是赋予姐妹二人的任务。有的变体中盗剑是顺利的，即利用蟒蛇昏睡以及假作柔情的方式盗剑；有的变体中盗剑是不顺利的，被蟒蛇发现，二姐妹与其智斗方将剑盗出。当盗剑完成之后，杀蟒是顺理成章的事。大多数变体对于这一情节用了类似于古代《木兰诗》中对于战争的简略叙事的经典手法，只选择了“断剑”这一生动的细节。杜朝选斩蟒时宝剑砍断了，蟒蛇当然也就死了，这里也显示了杜朝选的“力量”。杀死蟒蛇，为全村除了大害。“盗剑—杀蟒”将杜朝选的勇力与二姐妹的智慧并置于一处，双峰并立，杜朝选完成了他的杀蟒使命，二姐妹也在此过程中与杜朝选建立了友谊与情感。

这一能指丛所叙述的是杜朝选在二姐妹的帮助下依靠“勇气”“智慧”与“力量”杀死了危害村民、作恶多端的蟒蛇，其主旨可以概括为“救民于难”。

第三个能指丛由“报恩”“成婚 1”两个基本能指构成。对于二姐妹对杜朝选的回报，在神话讲述中，用的是“以身相许”“终身伺候”这些语词，表明二姐妹是将她们个体生命的当下全部所有以及未来的全部所有都奉献给杜朝选，以回报他拯救她们免受蟒蛇折磨、欺凌和侮辱之苦。对于这种回报，与“渡海—弓鱼”中的回报一样，并非“送礼—回礼”模式中利益交换的等值交换，而是发自内心的无条件奉献，是“善”的回报。

第四个能指丛由“本主”“祭祀”两个基本能指构成。周城村民将杜朝选奉为本主，年年祭祀。在神话的讲述中，用的是“报答”

“纪念”“怀念”“缅怀”等词语，这些都是通过祭祀活动来体现的。周城村民对于杜朝选的祭祀共有三种形式：一是在杜朝选正月十六生日的前后四天（从正月十四至正月十七），周城人在一起欢度本主节，祭拜杜朝选。二是每年三月三杜朝选杀蟒的日子，村民在苍山脚下的“三月三场地”① 祭祀杜朝选。三是平时的祭祀，包括过年过节的祭祀、日常生活中的婚丧嫁娶的祭祀，等等。这同样不能用礼物交换中的计量模式来解释。涂尔干认为人与神之间是契约关系：“人们经常像对待自己一样绝对平等地对待它们。他们无疑依靠它们，但它们也同样依靠他们。人需要它们的帮助，而它们也需要人的献祭。……两者之间的关系以互惠原则为基础，属于一种契约关系。”② 互惠关系、契约关系都是一种利益关系，是礼物交换的模式。而在周城对于杜朝选的祭祀，其基础并不在于交换。“报答”“纪念”“怀念”“缅怀”这些都是情感性的表述。杜朝选为周城做了一件好事，他并不是为了得到报酬而去做这件事，而周城人对于为他们做了好事的人，将其提升为神，用全部的时间年年月月、世世代代祭祀杜朝选，也不是“互惠原则”的“礼物交换”模式所能包含的。

综上所述，在对主干型神话的意义分析中，我们所看到的不是“送礼”和“还礼”的“礼物交换”的机制，而是一个“善的交换”的模式。因为付出的那一方并非为了得到回报而付出，而接受的那一方也远非用同等的量进行交换。“礼物交换”的利益模式不能解释主干型神话的意义，“善的交换”才是主干型神话的真正意义。

第三节　“分枝型神话”的意义

除了主干型神话之外，杜朝选神话还有三个分枝类型，即上文已经说到的“A—B—C—D—e”（类型Ⅱ）、“A—B—C—D—g”（类型

① “三月三场地”位于周城村后神摩山的山脚下。

② ［法］爱弥尔·涂尔干：《关于宗教现象的定义》，载《涂尔干论宗教》，周秋良译，华夏出版社 1999 年版，第 72 页。

Ⅲ）和“A—B—C—D—h”（类型Ⅳ）。如果认为只要对主干型神话的意义进行解释就可以了，分枝型神话不足为虑，不必在意，那么就忽略了一个重要的问题：几乎所有的分枝型神话都具备一种从不同方面对主干型神话的意义进行颠覆的力量。因此，对分枝型神话的解释需要更加用心。

类型Ⅱ为“报恩—拒婚1—跳潭1—化蝶1”型（“A—B—C—D—e”）。这个变体被渲染得最多，情节最丰富，也最动情。就二姐妹而言，“跳潭”是以生命为代价来报恩的，较之主干型神话的以身相许，要深刻得多。二姐妹的跳潭殉情（付出了生命），与杜朝选杀蟒（并未付出生命）相救并不是对等的。这是二姐妹“大善”的表达，是“善”的最高型。就杜朝选而言，“拒婚”较之主干型神话的“成婚”更为彻底地表明他救民于难毫无自利之心。他的动机是高尚的，他的行动是勇敢且具有自我牺牲精神的。而当二姐妹被拒跳潭，他更因愧疚与后悔跟着跳潭，又将他的情与义在更深的层次上展现了出来。这些超越了主干型神话中的一般性的“善”的叙事，而显示了一种“大善”。因而，此类型神话除了“救苦救难”的意义之外，还增加了杜朝选具有崇高人格的内涵，使意义得到升华。因此，“A—B—C—D—e”的主题可用“拯民疾苦”“救民于难”“大爱无私”“至情殉身”这几个关键词冠之。

然而，类型Ⅲ“迫娶—成婚2”型（“A—B—C—D—g”）却反其道而行之。此型是一种强迫交换型：我救了你，你就必须嫁给我。在“送礼—回礼”模式中，回礼是被迫的；在“迫娶—成婚2”的模式中，成婚也是被迫的。因此，这一类型有别于类型Ⅰ和类型Ⅱ，并非“善的交换”类型，而是属于“礼物交换”类型。杜朝选救了二姐妹，如果按照社会习俗“礼物”交换的规则，二姐妹必须有所回报；如果没有回报，“送礼”的一方可以索取回报，如果索取还是没有得到回报，那么就不择手段强行索取。在莫斯的《礼物》一书中，凡是送礼都有其目的，就是为了得到回礼；凡是回礼都是必须的，不言而喻的，不得不回的。“送礼—回礼”也是男权社会中交换女人的模式，这种模式是将女人作为财产来看待的。那么，杜朝选救出了二姐妹，他就有权利要求二姐妹嫁给他。此类型中的杜朝选虽然并不高尚，但也不属于邪恶，他只是按照社会规则行事。从二姐妹的角度看，杜朝选救了她们，她们没有满足杜朝选回报的要求，神话中也没有说她们用其他方式进行回报，从社会规范的角度而不是从个体爱情自由角度看，她们违背了社会中“礼物”对等交换的规则。但她们最后还是委屈了自己的意志，嫁给了杜朝选，服从了社会规则。

类型Ⅳ“迫娶—拒婚2—跳潭2—化蝶2”型（“A—B—C—D—h”）是承继着类型Ⅲ，且更为甚之。当杜朝选杀蟒以后，他迫娶二位女子不成，并且在二位女子被逼跳泉的情况下依然紧追不舍。在读者看来，这个杜朝选令人颇为不齿。拯民于苦也好，救民于难也好，这些崇高的光辉与巨大的功绩似乎已经被他的过分的逼婚行为抵消了，他成为一个很不光彩的形象。而这个类型恰好准确地阐释了“礼物交换”的典型本质。我们在《对蹠人》第一卷中已经述及，“礼物交换”的经典模式并不是如萨林斯所说的是一个“和平的机制”。“莫斯用人与人之间的交换，替代了人与人之间的斗争”①，这根本没有做到。莫斯对于礼物的论述其实是一个悖论：礼物交换并非总是指向和平的可能，它也指向战争的风险，这个机制是一个和平与战争并存的机制。类型Ⅳ正好证明了这一点，我们于此可以看到礼物交换的核心本质。既然“交换”已经作为“社会契约”而存在，故而即使杜朝选善之不存，却也并非作恶。因为“礼物交换”关系的基点本来就不是“善”，而是“利益”。二姐妹的逻辑也许是：你虽然救了我们，但这与我们喜欢不喜欢你是两回事；我们不喜欢你，所以我们不同意嫁给你；你要逼我们，我们就死给你看。然而，基于“交换女人”的社会规范并不承认她们的个体爱情自由的逻辑，神话的语境也并无“爱情自由”的设置。至于我们同情二姐妹追求爱情自由的遭遇，并热烈赞许她们的反抗行动，这是基于我们个人对于社会正义以及爱情自由的道德诉求，而不是基于社会规范。社会规范是无情的、

---

① ［美］马歇尔·萨林斯：《石器时代的经济学》，张经纬等译，生活·读书·新知三联书店2009年版，第196页。

冷酷的。

综合以上分析，主干型神话的意义在于“善的交换”主题，分枝型神话的意义则是居于主干型神话的两侧，围绕着主干型神话的意义如钟摆式左右摆动。在图 4－1 中，主干支“A—B—C—D—F”居于中位，是一个轴心，居于左边的是“A—B—C—D—e”分枝，对杜朝选神话的“善”的主题进行了特别地加强；居于右边的是“A—B—C—D—g”和“A—B—C—D—h”分枝，对杜朝选神话的“善”的主题进行了削弱。这种摆动到了一定的幅度就会终止。摆动的左位已经到了极致，是一种“大善”，甚至接近于“至善”。我们关注的是右边的摆动，摆动的右位停留在礼物交换的“非善非恶”的位置上。摆动的幅度两边是相同的，达到一种均衡。因而，分枝型神话的意义围绕的中心点依然是“善的交换”模式，即主干型神话的意义。

在图 4－2 中，中线代表主干型神话的意义，左线与右线代表分枝型神话围绕主干型神话的摆动状态。

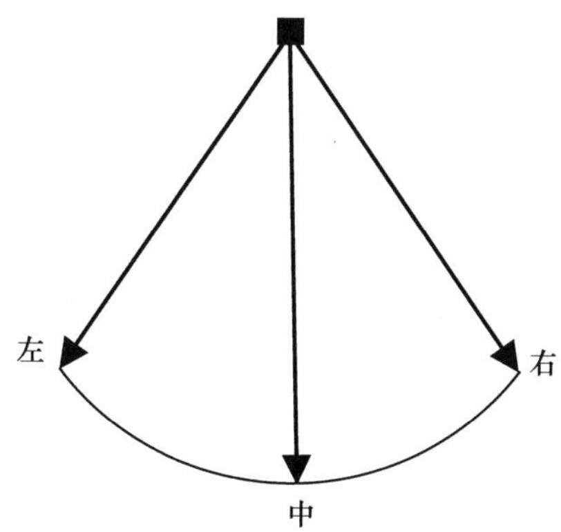

图 4－2　分枝型神话围绕主干型神话意义摆动示意图

现在的问题是，既然主干型神话已经确定了“善”的主题，而分枝性神话并非远离这一主题，而只是围绕着这一主题摆动，那么，这种“摆动”本身又有着什么意义呢？对此可以有两个方面的解释：第一，分枝型神话的意义是一种“重复”，而“重复”具有叙事学意义。"'重复'事实上是思想的构筑，它去除每次出现的特点，保留它与同类别其他次出现的共同点，是一种抽象。"[①] 分枝型神话的区别性意义在摆动中的重复，起到加强主干型神话意义的效果，进而抽象出"善的交换"模式。第二，分枝型神话的"变奏"意义是多元的，它允许别人讲话，是一种包容性的"善"。这种包容性的"善"与主干型神话的"善"相互映照，成为主干型神话的"和声"，再次强化了主干型神话的意义。

第四节　叙事者：相异的主体

本节从讲述主体的角度讨论神话变体意义差异形成的原因。群体创造了语言，个体创造了言语。神话亦如此，群体创造了神话，个体创造了神话的差异。讲述者由于文化背景的不同，地域条件的不同，更由于个体的个性特征和禀赋特征相异，使他们对于杜朝选神话的讲述不同，形成了对神话的差异性理解。

第一，信仰的差异。

与信仰的差异相关的问题是：到底是将神话中的神看作真实的存在，还是看作神话故事中的存在。段继仁是北方广莲池会的会长，北方广莲池会的固定活动场所就是杜朝选本主庙。作为宗教组织的领导人，他具有自己的宗教信仰，他对杜朝选神话的解释就显示了这种宗教逻辑。在 M29 中，他说杜朝选是仙家人物，是观音的化身，被派到人间来救苦救难的。"我们一般的人，是收服不了蟒蛇的。……他是观音现身。他不光收服我们这边的蟒蛇，下关过去凤仪那边也有条蟒蛇，他把那边的收服以后，才过来收服我们这边的蟒蛇的。"仙家的逻辑是考虑人间的繁衍问题："每年周城还要送一对童男童女给它吃，人们就没有后代了。最后，天上仙家晓得这个事情，把观音打发下来，变成一个打蛇家，专门打恶魔这种，收服这条蟒蛇。收服这条

① ［法］热拉尔·热奈特：《叙事话语》，王文融译，中国社会科学出版社 1990 年版，第 73 页。

蟒蛇，主要是为了传后代。”他对弓鱼洞的解释也同样建立在信仰的虔诚性之上：“桃源海边那里有个弓鱼洞，就是这个杜朝选戳的。不是仙家，是不会有这个事情的。蝴蝶泉的蝴蝶多是关于他的历史，弓鱼洞也是关于他的历史。不是仙家，收服不了蟒蛇；不是仙家，也戳不成弓鱼洞。”

然而，周城另外一些具有“科学”世界观的民间知识分子，对神秘事物的解释，又是另一种说法。桂德本是周城的文人，农民书法家，能写诗词与对联。他是一个无神论者，他的讲述的最大特点是将神话还原为一个符合理性逻辑的故事。在 M9 中，他指出周城人通过扶乩指出的神谕是“假”的，而扶乩本身就是迷信。对于弓鱼洞的讲述，他将神话中用竹竿戳出洞穴，撒柳叶变成弓鱼的情节全部省略，直接进行了事实与事理的分析解释：“杜朝选上岸，就给老两口讲：‘对不起，我没有带钱。不过我发现，就在你们桃源村子岸边不远的地方，有个地方出产弓鱼，很多，你们去看一看。你们好好守在这个地方专门捞弓鱼可以勉强度过你们的晚年了。’这以后他们把桃源村后面出现很多弓鱼的地方归功为杜朝选。我想不会，说穿了是他发现这个地方有很多弓鱼。”桂德本认为是杜朝选在乘船时依据事实“发现”了弓鱼洞，而不是依靠神力“创造”了弓鱼洞。再如，他在讲到被命名为“蟒蛇箐”沟里那股红色的水时说：“故事里流传，箐里大石头上淌下一股水，滴着血漂下来。这个地方的水带有一点红色，实际上石头是红色，不是水是红色。故事就说水变红是蟒蛇的血衣染红的。”对于杜朝选杀蟒的情节，他的讲述排除了夸张成分，完全等同于猎人射杀猎物，蟒蛇也并没有神魔力量。而杀蟒也是用的普通器具即杜朝选自己的刀而不是用蟒蛇的八宝剑。总而言之，在桂德本的讲述中，杜朝选处处都是以一个出色的猎人行事，并无神性和神力。

第二，年龄的差异。

当代的青少年学生也同样没有宗教信仰，他们只是将本主节作为一种热闹的节日来庆祝，将本主崇拜仅作为一种民族文化来看待。他们往往将杜朝选神话看作是一个纯粹好笑好玩的故事。M28 是一个生动的例证，这是一名 16 岁的初中学生苏诗杰讲述的，显示了少年一代对于本主故事的再解释与再阐述。苏诗杰根本就不认为这个故事是真实的，故而将注意力不是放在“如何讲对”故事上，而是放在“如何讲好”故事这个叙事学的问题上。他从头到尾都是用一种随意而轻松的口吻讲述着，从这种口吻中，你会感觉到这个故事并非崇高的，而是有趣的、好笑好玩的。这个少年似乎在与大人们的讲述进行着对抗赛：看谁的故事编得更好、更生动、更具有感染力。

讲述一开始，他的第一句话就是：“还没准备好就讲啊?”这是说，我要讲一个故事，所面对的问题是要把故事讲得精彩动人，那么就应该事先编好故事再讲。现在既然没有给我准备的时间，那么我只好一边讲一边编了。这首先就奠定了将神话作为一种“叙事”的性质，而不是作为一种神圣的或真实的“事实”来看待的基调。讲故事纯粹是为了故事的自身有意思，而不是因为它具有什么重要的社会意义之类。接着，他开始一边讲述故事一边编写情节，在一本正经的态度下面却隐藏着戏谑。在讲到杜朝选要杀蟒蛇，并且已经上山找到了蟒蛇的老巢时，突然停下来问正在录音的徐嘉鸿博士：“是不是我讲的特烂?”这一下子就把讲述神话本应具有的庄严性彻底打破，同时也在告诉倾听者：我要听者对我讲得好不好作出即时评价，以便我随时调整讲述的策略。这将“叙事”与“元叙事”夹杂在一起，使讲述具有自指性与开放性。然后，他用“达成了一致”“三个人串通好”之类颇为搞笑的语言不仅解构了神话故事的神圣性，也解构了讲述本身的严肃性。当讲完了一段以后，他觉得逻辑不太圆满，应该补充一点，就说：“故事总要有个起因，如果不知道什么原因应该要编一个原因，不能说不知道是什么原因，这样显得特别不专业。”于是他开始编写起因：“什么原因呢?像《西游记》里面讲的那样，就是蟒蛇每年都会下来叫人们给它供童男童女让它吃掉。后来杜朝选为民除害，才有后面的故事一系列情节的发生。”这里，他又重视起叙事的逻辑性来。在讲完故事以后，他还希望自己讲述得更完美一点，应该在什么地方再补充一点。在哪里补充呢?在其他变体中，蟒蛇之所以大睡七天七夜，是因为他中箭受伤所导致的；而这位颇具想象力的少年可能觉得这个情节不过瘾，就编出了“下迷药”这个新的情节。为了使其更具有说服力，他对“下迷药”的可能条件又进行了追溯：“怎么下了迷药？蟒蛇是可以变成人的，好像我记得是这么说的，以前我爷爷还是我爸爸给我讲的，说蟒蛇是可以变成人的。蟒蛇如果在外面的话它就是一条蟒蛇，如果回到了自己的洞穴里面就会变成人，这样，就会有这两个女的来伺候它。然后这两个女的才能在蟒蛇喝的酒里面下了迷药，蟒蛇喝了这个迷药就晕过去了。后来杜朝选就杀了它。”“如果说要正面跟它搏斗的话，肯定是打不过它的，那么就只能用一些手段了。后来就想出了一个办法，就是在蟒蛇回来以后，在它喝的酒里下迷药，将它迷倒之后再杀了它。”

讲到这里，他的母亲喊他，他就出去了。他的这个故事讲完了没有呢？看来没有讲完，只要有时间，他还会不断地编出新鲜内容来；于是这个故事永远也讲不完，因为“编写”总是希望越编越好。而现在，既然中间已经被打断，也就作罢，保留一种不圆满性。于此，无论他的讲述，还是他讲述的故事，都充满着一种后现代的意味。

第三，职业的差异。

M46 是一位文化官员的叙事。故事开头便表明了这位官员的价值观以及他对杜朝选神话所具有价值的认识：这个故事的主题是“歌颂舍生取义、为民除害的英雄行为”。这是他的职业位置要求他应该具有的认识态度。他将杜朝选定义为一个人，而不是神。例如对于弓鱼洞的说明，他的叙事并没有口述变体“戳洞”的神秘情节，而是说“下船时还给船家指了个能捕弓鱼的水洞，让船家衣食无忧”。“指了个”说的是原来就存在的，船家未曾找到，现在由善于发现问题的杜朝选指出了，并非神力所为。在这个情节上，他与桂德本讲述的相同。他对杜朝选杀蟒过程的叙述也并非神魔大战，而只是人蛇较量。为了尽量减少故事的神秘性，让更多的理性与科学精神主导，甚至他只讲了“跳潭”，连“化蝶”都被省略。作为地方文化官员，他将神话的意义尽量地与社会主流价值观念吻合在一起。在文本最后他宣称：“这就是蝴蝶泉真正的民间传说，在世代白族人民心中，这是个永远不能被取代的故事。”“真正的”“永远不能被取代”这些用语都表明他居于领导岗位的职责立场。

段晓云曾任周城村的主要领导，他的讲述也同样重视社会主流价值观的宣传。M19：“周城村民为了报答杜朝选，纪念杜朝选，就把杜朝选树成了周城的第二本主。周城每年本主节，正月十四接本主，一直到正月十七把本主送回本主庙，接送的就是杜朝选本主。好像人们对杜朝选比原来的开村本主赵木郎还敬重。……这说明周城人民重感情，只要你为周城做了好事，就永远不会（被）忘记。”段晓云的讲述主旨是杜朝选“为周城做了好事，就永远不会（被）忘记”，他强调的是个体要为集体做好事的社会价值观念。

第四，性别差异。

性别特征是自然的特征，性别差异并非社会文化原因所造成的差异。在45则神话变体中，有6则是女性讲述的，它们是：M8、M12、M13、M24、M26、M27。讲述者为：桂兴年、杨珍华、杨美、杨自芳、素洁、杨月香。女性叙事有如下的特点：一是柔情。M26（素洁）说大娘娘二娘娘是蟒蛇的“老婆”，语意中暗含着一种人妖之间的微妙感情。在蟒蛇知道二位娘娘与杜朝选合谋后要杀她们时，她们唱出了蟒蛇歌：“意思是说：‘大哥，不要杀我，我也是好的。’这句是两个娘娘唱给蟒蛇听的。”两个女子称呼蟒蛇为“大哥”，并且说“我也是好的”，虽然这是危急时刻自我保护的应对之词，但似乎也略微隐含着二位女子对蟒蛇在仇恨、恐惧的主调之外的其他的莫名情愫和非常纠结的复杂情感。二是感性。M24（杨自芳）说杜朝选是“一位身材高大，很大很大的一个人”，这是从视觉感官上的叙述。她又说：“弓鱼就是这么一条条，细长细长的，很好吃。煮鱼的时候不用油，很好吃的。我现在想起来还记得它那个味道。”这既从视觉叙事又从味觉叙事。M12（杨珍华）叙述蟒蛇睡觉时用象声词“呼——呼——”，这是听觉叙事。她又说去蟒蛇洞的路难走，“有一点点（石路）只够脚踩起，很不宽”。我于2000年4月9日去过蟒蛇洞，的确有那种“只够脚踩起”的感觉。而她并没有去过蟒蛇洞，却将道路的窄狭说得使人感觉如临其境。三是细腻。如M8（桂兴年）讲“怎样杀蟒”的要点：“你要杀蟒蛇最好能砍它三刀，或者一刀也行。

一刀可能死不了，因为它有很多眼睛，而且反应很灵敏的。你砍了一刀以后蟒蛇就会说：‘再来砍，再来砍’，你迅速要再砍两刀。不要砍了第二刀以后就停了，那样蟒蛇就砍不死。最好看准了要害，看准了头部砍一刀就行了。你砍一刀它会死，你砍两刀它就不会死，你砍三刀它也会死。要看刀数。最保险是你轻轻地靠近它以后用它自己的宝剑，用蟒蛇的宝剑砍。小心一点，就砍一刀。”“她们还说它小睡三天三夜，大睡七天七夜。最好等它大睡，砍死它就有把握。”这段讲述将杀蟒的具体事项交代得清清楚楚，它起码包含如下的六个要素：一是用什么刀（用蟒蛇的宝剑）；二是砍几刀（砍一刀或三刀，不能砍两刀）；三是蟒蛇有什么特征（有很多眼睛、反应灵敏）；四是砍蟒的部位（头部）；五是动作要求（小心一点，轻轻地靠近它）；六是杀蟒蛇的时间（等它大睡以后）。讲述得曲曲折折，细致入微。

第五，外地人叙事与本地人叙事的差异。

外地人的叙事之所以与本地人的叙事具有差异，主要原因是他们的讲述远离了神话的语境，具有更大的主观随意性，于是出现了一些令人啼笑皆非的情节。外地人讲述包括徐嘉瑞撰写或整理的 M42 和 M45、中国人民大学师生撰写的 M43 以及云南省编辑组的 M44 共四个变体，我们一一分析。

M42 几乎可以看作是徐嘉瑞诉诸个人想象的一个文本作品，因为一些基本情节及话语完全脱离了神话的原生环境。这里仅举出四处。其一，文本说，“不料路走错了，向霞移溪山峡中跑了进去”。蝴蝶泉就在周城村的北面，仅隔一条棕树河，说两个姑娘会走错路，反倒跑进山峡，完全不可思议。徐嘉瑞是否到过周城村不知道，但这里起码说明他对当地的地理位置完全不熟悉。而且，周城民众无论在神话的讲述中还是在日常生活中也从来不用“霞移溪”这个概念。其二，文本说，“他去盘问女子，女子说是她们的王子中了一箭”。“王子”这个概念更是莫名其妙。这个用在外国童话小说中的语词在这里不仅与神话中的语言环境极不协调，而且与神话的内在精神也完全背道而驰。二姐妹服侍蟒蛇，完全是被掳掠、被逼迫无奈的，即使在危及身家性命的时候，也只是叫了一声“大哥”，而徐嘉瑞竟然让她们称呼妖怪为“王子”，匪夷所思！其三，文本说，两个女子“上云弄峰找柴，经过蝴蝶泉，被一个少年邀她们去喝茶”。周城村民上山找柴，不经过蝴蝶泉。其四，云弄峰为苍山第十九峰，周城村民不上又远又高的云弄峰找柴，只在近处的神摩山找柴。徐嘉瑞的叙事处处与当地不合。

M45 是李子贤采录的另一个徐嘉瑞记述的版本，此变体更是处处矛盾，失去了当地神话的本色。其一，杜朝选是从海东过来的永胜人，这是神话的基本设置，当地人的口述变体与文本变体都说杜朝选是海东永胜人，而徐嘉瑞说杜朝选是海西人，周城是他的“家乡”，而且竟然编出了那个被蟒蛇摄去的姑娘是杜朝选的邻居，完全是文人的乱编乱造。其二，“忽然来了一个陌生的少年，邀她们到家中喝茶。她们拒绝了，那少年还是死死地和她们纠缠。她们就转回身去，向周城跑回，不敢上山”。这一情节与徐嘉瑞自己写在书中所说的“不料路走错了，向霞移溪山峡中跑了进去”相矛盾。其三，“招募勇士”的情节纯属天方夜谭。其四，与蟒蛇搏斗的过程虽然铺陈，但无神话韵味。其五，杜朝选与蟒蛇的搏斗过程中，“两个姑娘都吓昏了倒在地上”，可见并未参与杀蟒过程，而且前面也没有说到她们盗剑的情节；但是后文却让杜朝选说“斩蟒的功劳，你们也有一份”，前后情节矛盾。

M43 录自中国人民大学师生在周城进行一个月实习时所编写的《云南大理周城志稿》（内部资料，1985 年）。此变体也同样是错谬颇多。如“祁摩洞”不知道指何处。周城村后的是“神摩山”，神摩山中有“蟒蛇洞”，并无“祁摩洞”。又如“在山洞里遇到两位洗血衣的女子”，蟒蛇洞中无水，洗衣要去洞外的涧水（菁沟）中去洗。而且如果在山洞里遇着两位女子，那么就直接与蟒蛇相对了，与故事的其他情节不相协调，等等。

M44 云南省编辑组的变体同样在神话的基本设置上存在着错谬。这个文本叙事说杜朝选戳弓鱼洞时“就用手杖向洱海戳去”，杜朝选是个猎人，不是一个绅士，何能有“手杖”？杜朝选的寿辰是正月十六，而这里却说：“传说农历正月十四日弓鱼的生产量特别高，就是为祝贺杜朝选的寿辰。”另外，蟒蛇本身就是“妖”，当地人只说这个妖怪“能变各种样儿”“能变成人”“变成白面书生”，而这个变体说蟒蛇“变妖”，也不准确。“现在杜朝选的泥塑像”表述得也不准确，因为这本书编辑出版的1986年，本主与两位娘娘的塑像是木雕神像，2009年重建本主新庙时才改为泥塑像。[①]

综上所述，作为“主体”的讲述者由于他们的个人条件不同，造成了对神话的意义的不同理解和解释。而外地人叙事的种种错谬，更是证明了主体的主观性特征造成了变体的差异。分枝型神话的区分性意义正是神话讲述者的主体多元性所造成的。而这种区分意义的多元性，既具有实践意义，也具有理论意义。其实践意义在于，它允许社区内的民众根据自己的个体独特性理解进行自由讲述，而没有一个同一版本强令他们去背诵。其理论意义在于，它反对一种变体拒绝其他非主流变体的排他性，而选择了各种变体共时性并置的包容性。即使那些外地人撰写的脱离本地语境错谬得一塌糊涂的变体，也同样存在着，且具有比较的意义与批评的价值。

第五节 “锁链”“娃娃”“宝剑”：多义的符号

当我们从讲述者主体转向被讲述对象的时候，神话意义的差异性又可以得到另一种视角的解释。为了使讨论更为简明扼要，并且具有视觉的效果，我们将本主庙内神像这一文化符号作为讨论的入口。神像是杜朝选神话的“整体能指”的象征，在杜朝选本主庙内，杜朝选和二位娘娘的塑像，既是表达神话内涵的产物，又是阐释神话内涵的依据。神话讲述者的分歧在这三座神像上得到充分的体现。

---

① 在杜朝选神话的45个变体中，意义的差异还表现为同一个讲述者所提供的不同变体。徐嘉瑞的两个变体是一个例证。另有段继灿三次讲述的例证，还有赵勤一次口头讲述和一个文本叙事的例证。这说明即使是同一个讲述者，在不同场合、针对不同对象的讲述也是有所差异的，而他们的口述叙事与文本叙事则更有诸多不同。

先看争议最大的大娘娘的神像。无论是原本主庙的木雕像，或者是2009年本主庙迁址新建以后的泥塑像，她的双手都是缩在衣袖里，隐隐可以看出像有一把“锁链”将双手锁住，但也稍许有点像“手镯”之类的装饰物（见图4－3、图4－4）。

对于大娘娘手上戴着的那个东西到底是什么，存在着两种对立的观点，具有代表性的是M10、M20和M40。

M40是周城宗教精英人士杨宗运先生所讲述的，他非常肯定地认为大娘娘手上戴着的是“锁链”。他说：

> 在解放以前，本主庙的大娘娘手被铁链子铐起，下面垂着一把锁。五六十年前甚至更早的时候大娘娘的形象就是如此，老人们都记得很清楚。1953年的时候把它销毁掉了，1978—1979年重新修整，现在重新塑的大娘娘塑像手是缩到袖子里面去的，上面没有铁链子了。所以应该是杜朝选向她们求爱，她们不同意就跑了，跳到水潭子里面变成两个蝴蝶飞了，杜朝选跳下去也变成蝴蝶跟在她们后面，于是把这个水潭叫蝴蝶泉。还有说，大娘娘不愿意就把她锁起来了，二娘娘愿意于是生了个小娃娃。但这样的故事给人的印象是：杜朝选杀夫霸妻，这不利于杜朝选的英雄形象。之后顺应民众的心理和需求故事演变成为现在的版本：杜朝选斩杀蟒蛇，为民除害，也解救了两位姑娘，重获自由。两位姑娘向杜朝选求婚，杜朝选不允。《蝴蝶泉的来历》一文就是这样的故事。①

与杨宗运先生相似的解释还有桂大守讲述的M7：“时间久了，大娘娘对杜朝选有点心不热，可能是不喜欢他。杜朝选刻给她一把锁，挂在她的脖子上，后来她也没有意见了。”

---

① 杨宗运口述：《周城文化习俗》（内部资料），徐嘉鸿等采录，第69页。

图 4－3　原本主庙的五尊木雕神像（1978 年）

（左起：二娘娘、大娘娘、杜朝选、景帝[①]、赵木郎[②]）

图 4－4　新建北本主庙内的大娘娘泥塑神像（2009 年）

---

① 世隆景帝为大理地区共同的本主。

② 赵木郎为周城村南本主。

M10是周城九年制学校原校长杨庆志先生2010年向我讲述的，他认为应该将大娘娘手上戴着的东西解释为类似于手镯之类的“银锁”。他的一个重要观点就是：历史为现实服务，为了现实，不仅可以重新解释历史，甚至还可以在一定的范围内修改历史。他说：“在修改过程中，有这么几个想法：一个是要扶持杜朝选的高大情操。作为一个为民除害的人，他不是为了某种利益而去做，所以在大娘娘那把银锁上我作了修改。因为大娘娘二娘娘是事先被蟒蛇掳到了山上，所以我个人认为大娘娘因受蟒蛇的惊吓而经气断绝。”于是，那把“锁”被他解释为送给大娘娘“以慰其心”的“银锁”。M20是我2018年暑假去周城做田野工作时，再次请杨庆志先生讲述的。这一次他再次强调了他的解释理念：第一，他强调杜朝选作为榜样的正面形象的完美性以及他的教育功能。杨庆志曾任周城九年制学校校长，他从一位教育者的职业立场提出了神话的社会教育功能：“从深远的意义来说，这个形象不管是真也好，假也好，既然在人们心目中有这么一个偶像，那么这个偶像我们就要发挥他积极的作用，我们周城人要用他教育下一代，道德上应该像杜朝选一样正直无私。他的形象要从社会道德上、社会公德上发挥正面的作用。”因此，杜朝选应该是完美的，如果强迫二位女子嫁其为妻，“就有损于他的形象。所以当时我们在新建本主庙塑像的时候，就主张把大娘娘手上的锁去掉”。第二，他认为杜朝选具有人格统一性。“杜朝选既然是这么一个心善的人，能够为民除害的人，……他并不是图色、图女人，他不会有这样一种强制性。……强制性与杜朝选的形象格格不入。……我的这个看法是以杜朝选的个性、特性来看这样一些事情。”“杜朝选既然是一个善良的人，他不会做出不善良的事。说大一点就是：如果有神性的人，不会有兽性。”杨庆志还说明了神话为什么可以修改：“如果是历史记载那是没有办法，现在是传说性质。这种传说不是有研究的人写的传说，而是群众中各人观点不同的传说。”与杨庆志先生相似的解释还有M22：“大娘娘有个手镯，扒下来以后拿给杜朝选。杜朝选不接，说：‘我为了杀蟒蛇，不是为了让你做我的妻子。我是为民除害。’”M25：“大娘娘手上的那个是一种佩戴，就像一种装饰，手镯。不是杜朝选把她锁起来，是一种装饰。”M39：“杜朝选自娶了两位姑娘为大娘娘二娘娘后，一家人相亲相爱，和和美美。大娘娘因受蟒蛇惊吓而经气断绝，杜朝选打造了一把银锁送给她以慰其心；二娘娘生下了个胖娃娃。”

再看二娘娘神像。她身旁依偎着一个小娃娃（见图4－5）。

图4－5　新建北本主庙内的二娘娘神像

对这座神像中的小娃娃有三种不同的解释。第一种将小娃娃解释为二娘娘所生，因为二娘娘跟杜朝选感情交好。M7：“二娘娘有个娃娃，就一心一意地跟杜朝选过。”第二种将小娃娃虽然也解释为二娘娘所生，但是重点强调这个娃娃是整个家庭的孩子。M10：“说白了也就是说：‘啊，没有娃娃也就算了吧，反正我们二娘娘还有一个娃娃，是我们的娃娃。’”第三种解释是将小娃娃看作是大娘娘所生，小娃娃的塑像在二娘娘身旁是因为二娘娘帮姐姐带孩子。M25：“大娘娘还有一个小娃娃，二娘娘抱着，……是因为她是大娘娘，二娘娘就等于说是服侍她的，给她帮忙的意思，她们是姐妹。老二帮老大领一下还不是可以，对不对?”

最后再看杜朝选神像。这座神像有着一个明显的特征，就是杜朝选手中拿着一把断剑，这把断剑是因为在斩蟒过程中用力过猛断掉的(见图4－6)。

图4－6　新建北本主庙杜朝选与二位娘娘神像

当地人对于这把剑到底是谁的剑，解释是有分歧的。绝大部分变体都认为这把剑是蟒蛇的那把八宝剑，如M12：“她们就轻轻地慢慢地把宝刀偷出来。偷出来以后就拿给杜朝选，……杜朝选举起那个宝刀就砍，刀都砍断了。”M13：“那个大娘娘二娘娘把猎人领进去，偷偷地把蟒蛇的那个剑拿出来给这个猎人。然后把蟒蛇杀死才出来。”M14：“杜朝选就在那个洞口接着那个剑（指蟒蛇的八宝剑），就和蟒蛇在洞里面打斗。最后就用剑捅蟒蛇，由于用力过猛那个剑就断了。”但也有认为这把剑或刀是猎人杜朝选自己的。M9：“剑也有不同的说法，他们说是大娘娘二娘娘从蟒蛇那边偷出来的，我想杜朝选是个猎人要带弓箭和刀，不带刀还是什么猎人！我的想法是这把刀就是杜朝选的。”另外，关于杜朝选杀蟒时砍了几刀，也有不同的说法。有说只砍一刀的。M6：“这个宝剑只能砍一刀。”M19：“由于他急于要把蟒蛇杀掉，一剑下去，就把宝剑折成两段了。把蟒蛇除了，但宝剑也断了。”M24：“杜朝选就拿一把刀，一刀把那个蟒蛇的头斩下来。就这样斩掉了。”也有说砍了两刀的。M7：“杜朝选就进洞里砍蟒蛇，一面砍，蟒蛇一面叫：‘再来砍，再来砍。’杜朝选第二下就把宝剑砍断掉，断在蟒蛇的肚子里。”又有说砍了三剑（刀）。M22：“一剑斩过去，第二剑第三剑又斩过去，蟒蛇滚了几滚，被杀死了。”还有说砍了好几刀。M20：“他到了洞里，弓箭使不开，就用刀向蟒蛇砍去。但是这个蟒蛇被砍就会发作，他就再砍上几刀。”

周城人对于三种文化符号的不同解释之所以都能够成立，就是因为文化符号具有多义性，提供了不同解释的可能性。杨宗运先生作为周城宗教文化的传承者，他站在保存传统文化的立场上；而杨庆志先生的解释充满着思想的锋芒，他站在当代教育者的立场上。大娘娘手上的那把“锁”是朦胧的，当它被解释为“锁链”时，大娘娘就是一个被禁锢的形象；当它被解释为“银锁”或“手镯”时，大娘娘就是一个接受了爱情礼物的被爱者的形象。这里，杨宗运先生和杨庆志先生为代表的两种对立的观点都可以成立。“娃娃”符号的解释也同样如此。它虽然塑在二娘娘的旁边，看起来应该是二娘娘的孩子，但不必然是二娘娘的孩子。这是因为在中国文化传统的语境中，当姐妹同嫁一夫时，姐妹不问孩子的生母而共同抚育孩子；即使在现代社会中，妹妹为姐姐带孩子也是日常生活中常见的事。语境的不同提供了解释的多义性。至于杜朝选手中的剑（刀）到底是谁的剑，以及剑（刀）是砍了几下断掉的，都存在着容纳各种解释的空间。

一个文化符号之所以是“多义”的，就是因为它被放到了不同的“上下文”（语境）之中进行解释，这种不同的语境，就是不同的文化时空。这里所说的“不同的文化时空”，包含有两个维度：一是共时性的空间维度；二是历时性的时间维度。上述对于“断剑”和“娃娃”的解释，主要是共时性的维度；而对于“锁链”（银锁）的解释，既是共时性的，更是历时性的。文化总是在时间和空间中出现变迁，对于文化符号的解释也就会出现变化。上述杨宗运与杨庆志的不同解释正是这种变迁所造成。他们两人都忠实于文化符号原有的形象，而不是脱离原有的文化符号去随意解释。“大娘娘手被铁链子铐起，下面垂着一把锁”，这是杨宗运先生在20世纪50年代以前看到的神像符号，他的解释是从这种符号出发的。而杨庆志先生想改变传统的解释，但也必须从文化符号本身出发，他的新解释之所以能够成立，就是因为1978年重制的本主庙大娘娘的木雕神像以及2009年新建本主庙的泥塑神像的双手上的东西的确有点像一种作为饰物的银锁或手镯。他强调：“要尊重历史，还有就是要尊重现实。……本主庙塑像已经摆在那个地方了。人们也是按照这一种系统去崇拜。”[①] 由于时代思潮的不同，这两个时代塑造的神像已经出现了变迁，意义解释也出现了变化。杨雪博士的《隐藏的锁链：周城传说故事与女性社会地位变迁》[②] 一文专题讨论了这个问题。她将不同解释之间的差异看作是在社会变迁中“显示了女性地位变化”。她认为“杜朝选强娶二女”应是更早的传说版本，其所描述的是在传统社会中男性与女性的地位关系：男性既有斩杀恶蟒的勇武形象，也有霸占女性的不光彩行为，作为受害者的女性在面对男性的强威时，既有拒绝服从的不屈，也有逆来顺受的软弱。而作为现代语境下的英雄杜朝选，不再被允许有“霸妻”行为，女性不服从男性会被铐上锁链一事在现代社会中也不能被接受，于是“锁链”符号就出现了改写，它反映了对女性的尊重和女性地位的提高。

文化符号的“多义性”是它的一种社会性质，而上述解释主体的

---

① 杨庆志先生对文化符号本身的重视，也体现在他将蝴蝶泉的传说坚决排斥在杜朝选神话之外，因为他认为蝴蝶泉的传说与塑像中人物表达在逻辑上是矛盾的：“本主庙现实的塑像当中，大娘娘有一把银锁，二娘娘抱着一个娃娃，这个是现实。如果她们两个都投到泉水中去了，那么，二娘娘的这个小娃娃不好解释它，人家问起来我们就说不清楚。”“所以我说：如果你们要按照那种解释，我们这个塑像要重新来，它说不通啊。”

② 杨雪：《隐藏的锁链：周城传说故事与女性社会地位变迁》，载《西南边疆民族研究》2016年第21辑，第221—229页。杨雪，武汉大学社会学系2012级博士研究生，现为扬州大学社会发展学院讲师。

差异性则既具有社会性更具有个体性。如果我们将符号的多义性呈现与上一节的解释主体的相异性呈现结合起来，就成为图 4 -7 所示的情形。

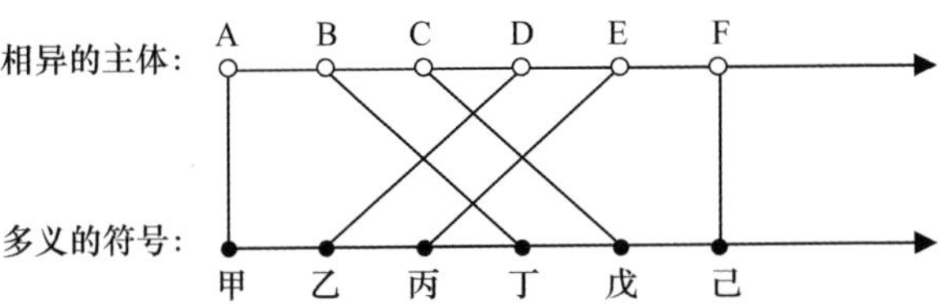

图 4 -7　多义符号与不同主体相互关系网络示意图

在图 4 -7 中，在“相异的主体”轴线上，A、B、C、D、E、F 表示不同的解释主体。由于生性与禀赋的不同以及所接受的社会文化影响不同，主体总是相异的。相异的主体在面对同一文化符号所提供的多义性选择时，他们总是各取所需，选择符合他需要的那种解释。在“多义的符号”轴线上，甲、乙、丙、丁、戊、己表示一个符号的多种涵义，就像我们在任何一部字典或词典当中都看到的“一字多义”“一词多义”一样。文化符号不是个人创造的，而是群体创造的，它在历史发展过程中成为多义。二者交错组合，就构成了多元解释的意义之网。

第六节　“扇面”：能指与所指关系的符号逻辑

以上的几节分析了主干型神话的基本意义和分枝型神话的区别性意义，也说明了形成区别性意义的两个方面的原因。现在我们从符号逻辑的角度对能指与所指的关系作综合说明。

在《对蹠人》第二卷中，我们曾经提出一个“符号扇面”的概念，这里仍然需要借用，并将其进一步展开，用以说明能指与所指的关系逻辑。如果我们将杜朝选神话的意义的钟摆式摆动进行抽象，同时将主干型神话和分枝型神话的树型分枝示意图以及多义符号与相异主体的解释关系进行抽象，也就是将图4－1、图4－2和图4－7作一个综合，就可以得到一个神话意义解释的“扇面”图。

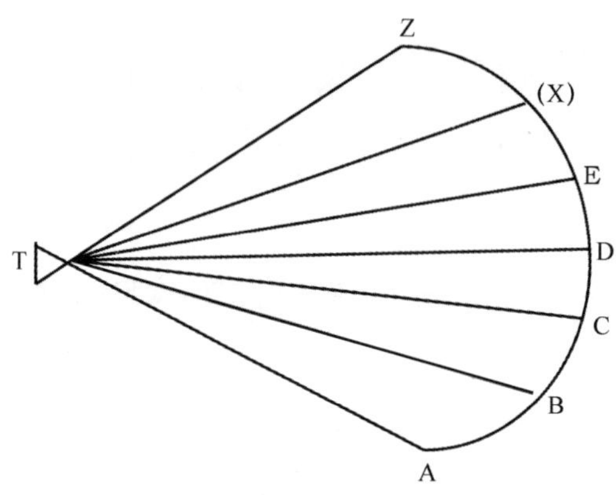

图4－8　杜朝选神话意义“扇面”示意图

在图4－8的符号“扇面”中，T代表神话符号，TB、TC、TD、TE分别代表神话符号意义解释的连线，如果将TD线设为主干型神话的意义，那么，TB、TC、TE线就是围绕着主干型神话摆动的分枝型神话。AZ弧线表示意义解释的可能性范围，TA和TZ表示扇面的两条边骨。这里有三个关键词需要说明，第一个关键词是“多元”。文化符号T的扇面意义解释是开放性的、多元性的，从T点至AZ弧线上的任意一点的连线都被承认是符号T的意义解释。不仅TB、TC、TD、TE的解释被认可为符号T的解释，而且TX（X代表弧线上的任意点）的任意连线都被认为是符号T的解释。第二个关键词是“方向”。扇面的打开具有方向性，它并不是全弧式的360度全方位的打开，而是只朝着某一个特定方向打开的。第三个关键词是“幅度”。虽然符号T的解释可以是多元的，但同时也是被限定的。它必须在TA和TZ这两条扇面的边骨之内摆动，而不能越出这一边界。这三个方面，形成了与格尔兹理论的几个对话点。

第一，符号“扇面”意义解释具有“多元”性。在“扇面”的概念下，格尔兹寻找深层“乌龟”的“深描”只具有理论意义或理想意义，而在实践中，存在的只是不同的解释者在文化符号的“扇面”上各取所需的解释，这些解释是可以共存的，而且是并置的。格尔兹的“眨眼”例证设想了四种具有不同意义的“眨眼”的动作：无意的抽动眼皮、挤眼、模仿与排练，在这里呈现出“意义结构的分层等级”的深度。但是，“挤眼”“模仿”“排练”只有当与无意的“抽动眼皮”相比才有“深”与“浅”之分，它们相互之间并没有“深”与“浅”之分。眨眼的例证，就事情的发生过程来说，它是线性的、一个接一个出现的；而就意义的解释来说，它不是线性的，而是多元并置的。因此，与其将其看作是“深描”问题，不如看作是理清文化符号的词语“扇面”上的意义多元性问题。“柯恩与羊”的例证同样如此。那样一个人物与事件纠结的故事，在理清意义结构的时候，只要弄清楚三种不同阐释成分的相互层叠和交织就行了，它并没有谁“深”谁“浅”的问题。犹太人、柏柏尔人和法国人在彼时彼地共同演出了一场“社会闹剧”。在这一场闹剧中，科恩索要赔偿，柏柏尔人的玛穆什部落的酋长维护这种赔偿，柏柏尔人的犯事部落承认作出赔偿，法国人没收了这种赔偿，是一次用多种语言和行动进行的社会性会话，其所诉诸的是“多元”意义的解释是否准确的问题，而不是“深描”与“浅描”问题。

第二，符号“扇面”的意义解释具有“方向”性。这个“方向”就是符号的“能指”的“所指”方向，而不是“指涉物”或“社会”的方向。意义的探求并不是以现实为对象，而是朝着符号逻辑内部规定的独立的方向前行，于此，格尔兹在《作为文化体系的宗教》一文中所论述的“对转”逻辑难以成立。在此文中，他将宗教和神话看作与现实生活存在着隐喻关系的象征体系，这些象征符号既“摹写”物理关系（归属“现实”），又指导物理关系（以“现实”为对象），二者之间存在着“归属”模式与“对象”模式的“对转”关系。① 他强调：

① 参见［美］克利福德·格尔兹《文化的解释》，纳日碧力戈等译，上海人民出版社1999年版，第107—110页。

> 一种概括化的宇宙秩序，一套宗教信仰，就是对社会关系与心理活动的世俗世界的一种注解。它使得这些关系和事件变得可以把握。但除了注解，这些信仰也是一个模版。它们不仅在宇宙意义上解释社会与心理过程，……而且，它们还塑造这些过程。①
>
> 在象征符号系统的作用下，“对象”模型与“归属”模型之间得以实现的可对转性，是我们心智的显著特征。②

格尔兹这种“归属”关系和“对象”关系的“对转”逻辑，与他的“意义”理论之间存在着深刻矛盾，因为二者方向相反，相互悖逆，并不兼容。如果说格尔兹的理论雄心在于打通符号的内部关系和外部关系的壁垒，那么实际做到的却是将符号的外部关系与内部关系夹缠不清地混淆在一起。“对转”是符号对于外部关系的功能性的运用，属于涂尔干与马林诺夫斯基的功能主义逻辑范畴，我们在下一章将进行分析；而“意义”则是属于符号的内部逻辑，是格尔兹独特的解释人类学理论范畴。只要承认文化符号存在着与物理世界或社会的“归属”关系和“对象”关系，这种理论就不能归属于意义理论。由于按照符号逻辑所要解决的问题和按照社会逻辑解决的问题并不相同，故而，“解释人类学同时在两个层面上操作”③ 使他的理论不能达到内部协调而出现断裂。

第三，符号“扇面”的意义解释具有一定的“幅度”。它不能任意驰骋。马尔库斯和费彻尔批评解释人类学中的“象征分析的缺点与结构主义相反，它缺乏系统性，而且象征分析者对意义的解说很随意，不遵循客观标准”④。解释的幅度总是受限的，既受限于解释者

---

① ［美］克利福德·格尔兹：《文化的解释》，纳日碧力戈等译，上海人民出版社1999年版，第141—142页。

② ［美］克利福德·格尔兹：《文化的解释》，纳日碧力戈等译，上海人民出版社1999年版，第109页。

③ ［美］乔治·E. 马尔库斯、米开尔·M. J. 费彻尔：《作为文化批评的人类学》，王铭铭、蓝达居译，生活·读书·新知三联书店1998年版，第48页。

④ ［美］乔治·E. 马尔库斯、米开尔·M. J. 费彻尔：《作为文化批评的人类学》，王铭铭、蓝达居译，生活·读书·新知三联书店1998年版，第52页。

个体禀赋、立场、观点、方法，也受限于解释者所处的时代、阶级、意识形态，还受限于符号“扇面”所提供的可能性宽度。正是因为“幅度”，才使民族志者具有自律性。民族志者应该自知他的局限，并承认自己的偶然性。他不在意并且希望在他之后的重新描述会更好，他蔑视最后的表述，而只是追求不同的表述。他批评旧的表述只是因为旧的表述是一种历史的表述，而他的自我批评则是意识到新的表述显然同样也是历史的表述，因此根本没有必要考虑如何避免被后来者扬弃的问题，或者说他已经预知并希望被后来者扬弃。民族志者不认为自己是“站在一个高点，从上往下观看一连串发生在时间中的事件的序列，他也不认为他已经从有观点的描述，提升到一个无观点的描述”[①]。消除他者的霸权不能成为建立自我霸权的手段。如果一定要说权力是无所不在的，那他所需要的则是揭露一切有限权力的有限性，特别是揭露自我权力的有限性，并采用一切手段消解自我由于叙事所形成的话语霸权。“从许多不同的观点，尤其从许多不同的时间位置，来刻画这些人，因而使这些人无一可以占据独特的优越地位。他向自己解释为什么这些都不是权威人物，都和他一样，只是偶然的产物，并透过这种解释，他获得了自律。”[②] 这是一种承认自我具有边界与限度的路径。我们对于杜朝选神话意义解释多元性的强调，也是一种消解自我解释霸权的选择路径。

---

① ［美］理查德·罗蒂：《偶然、反讽与团结》，徐文瑞译，商务印书馆2003年版，第153页。

② ［美］理查德·罗蒂：《偶然、反讽与团结》，徐文瑞译，商务印书馆2003年版，第146页。

第五章　神话的功能

神话有一种独特的"看"的方式，其功能是永远也不会从事物本身那里得到的。

——［德］恩斯特·卡西尔

20世纪初的功能主义人类学是关注符号与外部世界关系的人类学理论。文化符号之所以对社会生活产生"功能"性联系，是因为将符号建立在对于社会生活或社会事实具有"指涉性"的基础之上。关注内部关系的人类学理论，是将外部世界悬而不论的；而关注外部关系的功能主义理论，同样将内部关系悬而不论。功能主义理论是20世纪现代人类学进展逻辑上的开端环节，它存在着，就在那儿，至今仍然影响着众多的研究者。我们虽然将神话符号的内部关系"前推"并予以特别的强调，但是，也没有忘却被"后置"的符号的外部关系问题，因为它同样也是我们研究的逻辑链条上不可或缺的一个重要环节。

第一节　"功能"的概念与描写的"科学"

马林诺夫斯基对于神话的研究，是被奠定在他的功能主义之上的。他给"功能主义"下的定义是："此种学说的目的，在于以功能眼光来解释一切发展水平上的人类学事实，看这些事实在完整的文化体系中占什么位置；在这体系内各部分之间怎样的互相联系；而这体系又以何种方式与周围的物质环境互相联系。”① 马林诺夫斯基在这个定义中强调文化体系内各个部分的功能性联系以及文化体系与外部物质环境的功能性联系。他在为福条因的《多布的术士》所写的序文中，又进一步说明了文化与社会、法律、风俗、道德、经济制度等方面的功能性联系：“功能方法对人类学家的要求乃是：要他画出一幅原始文化的全图，并分析社会黏着的势力，法律风俗与道德的裁可，原始经济制度的原理，乃至土著思想与信仰的结构。……要他考察风俗制度与行为模式二者的相互关系。”②

既然文化与社会生活之间存在着功能性的联系，那么，功能主义就强调在田野工作中要运用一种“科学”的方法去描写异文化，其民族志也被称为“科学民族志”。这种所谓的“科学”方法，就是将客观的事物（文化）作为“指涉物”进行描写。马林诺夫斯基认为，在自然科学研究中，研究者要“对所用的仪器、进行观测的方式、观测次数、观测所花的时间、每次测量得到的近似程度等作确切的说明”，而“对于民族志，坦诚地对这类数据加以说明或许更为必要”，为此，他长时间地生活在村落中，与当地人融为一体，进行“人口普查，录写家谱，画出村落图并搜集了亲属称谓”，等等。③ 马林诺夫斯基特别强调，在民族志中要将主观因素与客观因素区别开来，分辨出哪些材料是由直接观察与土著的陈述和解说得来的，哪些材料是作者基于他的常识与心理领悟得来的。因此，马氏所谓的“科学”，其实就是使民族志中的“原始信息素材”具有直接“指涉物”的特征，这些指涉物包括器物、房屋、船只、工具等物质设备，各种知识和价值体系等精神文化，语言和社会组织共四个方面。④

功能主义的神话研究关注神话与社会的关系。马林诺夫斯基认

① ［英］马林诺夫斯基：《野蛮人的性生活》第三版特别序言，刘文远、纳日碧力戈等译，团结出版社 1989 年版，第 20 页。

② 转引自吴文藻《功能派社会人类学的由来与现状》，载王铭铭编选《西方与非西方》，华夏出版社 2003 年版，第 106 页。

③ ［英］马林诺夫斯基：《西太平洋的航海者》，梁永佳等译，华夏出版社 2002 年版，第 2、4 页。

④ ［英］马林诺夫斯基：《文化论》，费孝通译，华夏出版社 2002 年版，第 4—9 页。

为，原始社会的神话，有着“实际生活的背景”和“社会的上下文”。[①] 神话“深入地方的部落生活之中；神话乃有最重要的功能。神话是陈述荒古的实体而仍活在现代生活者，可因前例而给某种事物以根据，可使人有古来的榜样而有道德价值，社会制度，与巫术信仰。……神话是随时重生的，每一项历史变迁都创造一个神话。可是神话只是间接地与历史事实有关。神话是活的信仰所有的恒常副产品……也是社会现状的副产品”[②]。功能主义人类学“受到过涂尔干社会学的重大影响，但是它不是一种社会理论。它的方法论概念是用来促使人类学者对制度与信仰之间的相互联系、对整体社会文化系统或社会行动模式的维持与稳定加以关注。功能主义特别喜欢向人们表明，社会的表层性经济制度如何通过亲属制度或宗教信仰制度而得以建构，仪式系统如何促进经济的生产、如何组织政治行动，宗教迷信如何不是一种毫无根据的天方夜谭而是调控社会关系的宪章”[③]。

“结构—功能主义最主要理论来源应该是爱弥儿·涂尔干的社会学。”[④] 涂尔干的《宗教生活的基本形式》为功能主义的核心观点提供了理论来源，在这部著作中，涂尔干反反复复地论述了宗教与社会实在的一系列关系。涂尔干说：

> 社会是宗教的起源。[⑤]
>
> 我们在着手研究原始宗教的时候，便已经确认了它们与实在有关，并且表达了实在。……所以说，人们还必须透过符号，找

① ［英］马林诺夫斯基：《原始心理与神话》，载《巫术科学宗教与神话》，李安宅译，商务印书馆1936年版，上海文艺出版社1987年影印本，第182页。

② ［英］马林诺夫斯基：《原始心理与神话》，载《巫术科学宗教与神话》，李安宅译，商务印书馆1936年版，上海文艺出版社1987年影印本，第183—184页。

③ ［美］马尔库塞、费彻尔：《作为文化批评的人类学》，王铭铭、蓝达居译，生活·读书·新知三联书店1998年版，第50页。

④ ［英］阿兰·巴纳德：《人类学历史与理论》，王建民等译，华夏出版社2006年版，第67页。

⑤ ［法］爱弥尔·涂尔干：《宗教生活的基本形式》，渠东、汲喆译，上海人民出版社1999年版，第552页。

到它所表现的并赋予其意义的那个实在。最野蛮和最古怪的仪式，以及最奇异的神话，都传载着人类的某些需要以及个体生活或社会生活的某个方面。①

在所有信仰体系和膜拜体系的基础中，必然存在着某些基本的表现或概念，以及仪式态度，尽管它们的形式多样，却不论何时何地，都具有着同样的客观指涉以及同样的功能。正是这些恒久的要素，构成了宗教中恒久的具有人性色彩的部分，形成了人们在谈论一般宗教的时候所表达的观念的所有客观内容。②

他对神话说得更为明确：

神不过是对社会的形象的表达。③

这种神话以多种不同形式加以表现的实在，这种构成宗教经验的各种自成一类的感觉的绝对而永恒的客观原因，其实就是社会。④

而仪式作为一种膜拜神的行动，也同样作用于社会：

我们仅仅意识到它们还不够，我们还必须进入他们的作用范围之内，使自己处在最能感受到它们的影响的位置。……膜拜并非只是能够把信仰向外传达出来的记号系统，而是能够把信仰周期性地生产和再生产出来的手段的集合。不管膜拜在于身体力

① ［法］爱弥尔·涂尔干：《宗教生活的基本形式》，渠东、汲喆译，上海人民出版社1999年版，第2—3页。

② ［法］爱弥尔·涂尔干：《宗教生活的基本形式》，渠东、汲喆译，上海人民出版社1999年版，第5页。

③ ［法］爱弥尔·涂尔干：《宗教生活的基本形式》，渠东、汲喆译，上海人民出版社1999年版，第297页。

④ ［法］爱弥尔·涂尔干：《宗教生活的基本形式》，渠东、汲喆译，上海人民出版社1999年版，第551—552页。

行，还是在于精神活动，它总是行之有效的。①

仪式的功能与意义“实际上强化的就是作为社会成员的个体对其社会的归附关系”②。涂尔干甚至认为在神话中就能够“看到实在”，而且举出例证：“阿兰达人一开始就认为，神话社会的组织形式与现存社会的组织形式一模一样。”③ 涂尔干《宗教生活的基本形式》的总的结论是：宗教明显是社会性的。宗教表现是表达集体实在的集体表现；仪式是在集合群体之中产生的行为方式，它们必定要激发、维持或者重塑群体中的某些心理状态。④ “很显然，宗教生活必然是一种卓然出众的形式，它集中表达了整个集体生活。如果说宗教产生了社会所有最本质的方面，那是因为社会的观念正是宗教的灵魂。”“宗教反映着社会的所有方面，甚至是最卑鄙无耻，最令人生厌的方面。任何东西都可以在宗教中找到。”⑤

将以上重重叠叠甚至不避重复的各种说法概括起来，涂尔干关于“宗教是社会性的”这个总论述大约有三个层次的意义：一是指宗教“起源”于社会；二是指宗教“指涉”社会、“表达”社会、“反映”社会、“传载”社会、“表现”社会；三是指宗教“作用”于社会。在涂尔干那里，宗教与社会生活不弃不离的联系具有全方位性、一体性。涂尔干的宗教理论是一种双向关系的理论：它既起源于社会，反映社会；又作用于社会，对社会发挥着功能。

我们对功能主义关于神话的观点及涂尔干的宗教理论进行了回顾

---

① ［法］爱弥尔·涂尔干：《宗教生活的基本形式》，渠东、汲喆译，上海人民出版社1999年版，第550—551页。

② ［法］爱弥尔·涂尔干：《宗教生活的基本形式》，渠东、汲喆译，上海人民出版社1999年版，第297页。

③ ［法］爱弥尔·涂尔干：《宗教生活的基本形式》，渠东、汲喆译，上海人民出版社1999年版，第555页。

④ ［法］爱弥尔·涂尔干：《宗教生活的基本形式》，渠东、汲喆译，上海人民出版社1999年版，第11页。

⑤ ［法］爱弥尔·涂尔干：《宗教生活的基本形式》，渠东、汲喆译，上海人民出版社1999年版，第552、555页。

和介绍，是为了在下文中对杜朝选神话及其仪式所具有的功能进行考察，并在考察中对这种理论进行反思与检视。

第二节 庙宇与神像的“功能”：功利性与精神性辨析

作为超自然存在的神，通过“庙宇”“神像”和“仪式”获得了一种物质性存在和社会性存在。在田野观察中，最直接地能够证明杜朝选神话功能性的切入点大概莫过于庙宇（杜朝选本主庙）、神像（杜朝选本主的塑像）以及本主诞仪式（杜朝选寿诞庆典）所发挥的作用。

杜朝选的本主庙被称为灵帝庙、北本主庙，是周城村的第二座本主庙。按照周城人自己编写的《周城村寺庙纪事和本主传说》（内部资料，2009 年）记载，该庙坐落于周城九年制学校校园西北面，建于清康熙五年（公元 1666 年）。庙址朝向大峡谷镇妖压邪。北本主庙建成之时供奉的塑像只有三尊，即西大殿的中间是“打猎匠”本主，左边是大娘娘，右边是二娘娘。本主圣号为“主国太清真常灵帝”。周城过去一直流传着猎人斩蟒除害的故事，但一直不知道他姓甚名谁、何方人氏。公元 1908 年，周城乡绅聚集武庙圣谕堂举行庄严的扶乩仪式。扶乩结果指出，斩蟒猎人姓杜名朝选，永胜人氏，半仙之命，圣号：“主国太清真常灵帝”。从此之后，北本主庙名为“灵帝庙”，本主是“杜朝选”也得到定位。公元 1909 年（宣统元年）以后，政教合一的体制使周城村的宗教文化活动开展得日益频繁，洞经古乐会、方广会、莲池会等相继组建，相关活动制度逐步建立完善，其中，正月十四、十五、十六定为本主节。周城有两位本主，两座本主庙坐落在两处，相距较远，使本主节迎接本主的纪念活动极不方便。为了本主节纪念活动的集中与方便、周到与兼顾，在灵帝庙原已供奉的杜朝选本主、大娘娘、二娘娘的基础上增塑了景庄皇帝和赵木郎本主，作为一年一度的本主节活动所纪念的五尊能够启动的塑像。同时在大殿左开间增塑了三位子孙娘娘，其左有痘哥，其右为痧哥；殿内两边山墙壁上画有判官、牛头马面、猪神和鸡神。2008 年，灵帝庙因年久失修，大殿檐塌漏雨，周城村提出重修方案。由于灵帝庙庙址狭窄，且周城人口不断增加，加上灵帝庙与周城九年制学校校园相邻，本主文化活动不同程度地干扰着学校的教学，修缮小组优选并实施了“以庙让校”的迁建灵帝庙方案。灵帝庙迁建至龙泉路中段南边的下山神庙后面，庙址同样取向于大峡谷。当年年底修缮工程完工。新建灵帝庙布局上由坐西朝东的三合院组成，大殿内供奉的塑像与旧灵帝庙相同，只不过为了突出主题，修缮组作了调整：一是调整了塑像的位次，大殿中开间中间是本主杜朝选，左边是大娘娘，右边是二娘娘；大殿北开间中间是三位子孙娘娘，左右两边分别是痘哥和痧哥；大殿南开间左边是景庄皇帝，右边是赵木郎本主。二是把旧灵帝庙杜朝选、景庄皇帝、赵木郎、大娘娘和二娘娘等五尊木雕塑像在新灵帝庙改为泥塑塑像，以及把旧灵帝庙山墙墙壁上画的判官、牛头马面、猪神和鸡神等壁画在新灵帝庙改为泥塑塑像（见图 5－1 至图 5－12）。

图 5－1　杜朝选本主庙外景图

图 5－2　杜朝选本主庙的财神

图 5－3　杜朝选本主庙的牛神

图 5－4　杜朝选本主庙的马神

图 5－5　杜朝选本主庙的猪神

图 5－6　杜朝选本主庙的鸡神

图 5－7　杜朝选本主庙的生死判官

图 5－8　杜朝选本主庙的善恶判官

图 5－9　杜朝选本主庙山墙上的"忠"字

图 5－10　杜朝选本主庙山墙上的"孝"字

图 5－11　杜朝选本主庙侧厅的魁神

图 5－12　杜朝选本主庙的香炉

一般认为，本主庙的所有神都具有功能性，而这种“功能”都是指向具体的社会生活的，本主属神的配置正是这些功能的具体化。我们可以看到这些属神所司的职责分工似乎直指社会生活：

> 三位子孙娘娘为云霄、琼霄、碧霄，主管凡间育龄妇女怀胎、保胎、注定是男是女的生育，是老百姓求子求孙最为崇敬的送子之神。她们是《封神榜》中的赵公明妹妹，赵公明是财神，子孙娘娘就是财神妹妹。这三个人掌着混元金斗。阎王那边打发出来的鬼魂，或者是这个南斗星带来的这个鬼魂，要出生，全部要交给子孙娘娘来掌管。子孙娘娘把人的灵魂放在混元金斗里面转以后才出生。怀胎、保胎、生产，子孙娘娘是全盘负责。痘哥和痧哥配合子孙娘娘保佑七岁以下患天花、麻疹等疾病儿童的康

> 复。小娃娃的病有四种，痧麻痘疹，七八岁以下都是得的这种病。痘哥、痧哥拿着葫芦，里面有药，负责医治。另外，南北山墙各画一位判官，一位掌握《生死簿》，负责人间生死；另一位把持“善恶分明”警示牌，详实记录人在阳世间善恶。而山墙上所画牛头马面则属于本主的下属差使，听候本主意旨行事；猪神和鸡神亦为本主下属差使，主管六畜兴旺。①

灵帝庙除正堂之外，还有“右厅”，在这里设观音像。对联为：“观世态仍须大慈大悲，音善心尚求救苦救难”。观音菩萨在中国家喻户晓，是一位大慈大悲菩萨，俗人有难处可以求她帮忙。观音菩萨是大神，其神位远高于本主神之上，但为何被塑于本主庙的侧厅？这是中国民间一种普遍的现象，即在一些地方神的庙内，总是塑有一些神位很高的、最受欢迎的、信仰最为广泛的大神之像。这些神是本主所借助的力量，就像《西游记》中唐僧遇大难而孙悟空的本领又无法降妖时就去请南海观音菩萨和天上诸神帮忙一样。除观音菩萨外，灵帝庙在左耳房设“地母像”“地藏王像”“魁神像”等，都是本主所借助的力量。在地母厅的楼上有魁神厅，设魁神像。从本主庙与神像的功能来看，构成了一张详尽的、覆盖社会生活全方位的功能表，涵盖了物质生产和人自身的再生产的几乎所有方面。

我们再选取另一个视角来观察本主的功能，即本主庙的诸多对联，因为对联是本主神功能的文字性说明。由于南北本主庙的对联具有相互说明的作用，故而我们将其列在一起。周城南北本主庙的对联如表 5－1 所示。

与本主庙的诸神塑像一样，这些说明性文字似乎也同样说明了本主的功能是指向具体的社会生活的。

---

① 杨宗运口述：《周城文化习俗》（内部资料，2016 年），徐嘉鸿等采录。

图 5－13　莲池会的老妈妈们在本主庙念经

表 5－1　周城南北本主庙对联

厅别	对联类别	景帝庙（南本主庙）	灵帝庙（北本主庙）
正堂	柱联	（里）本命诛妖杀尽群妖万里河山归化日 主赫一怒勃然一怒英雄介胄成威风 （中）福善祸淫神之为灵昭昭也 馨椒香芳祭如在上洋洋乎 （外）大好风光物阜民康求福寿 河山气象德门义路定通神 横批：虔诚礼拜 朝参北极	（里）年逢正月十六共祝本主民族佳节会 万民齐心共乐欣赏喜悦欢庆颂新年 （中）仗剑除害为民谋幸福 丰绩伟业名誉满天下 （外）本主土主确保一方安宁是明主 大官小官能谋万家幸福算好官 横批：但愿如此
右厅 观音厅	对联		观世态仍须大慈大悲 音善心尚求救苦救难

续表

厅别	对联类别	景帝庙（南本主庙）	灵帝庙（北本主庙）
左耳房地母	柱联	（里）欲注天上施恩意 须向心中作善缘 （中）煮菜饭要求清法 做斋筵必须诚心 （外）古色古香招盛览 诚心诚意凭本身	（里）地利人和百业兴旺 母恩择远万事吉祥 （中）观山望景千古胜 手捧红香福如来 （外）本能奇才威武显 主将伟绩功勋扬
	墙联	地运宏开丰衣足食 母育功高敬老尊贤	
左耳房楼上	对联	观音老祖 万古长存慈航普渡 今设于堂虔诚念经	魁神 星险关勤攻即能克 方便门虽设不常开
宝藏库（香火炉）			金炉不断千秋火 银灯长明万紫盏 横批：灯明不息
大门	门联	（内）虎贲三千直扫幽燕之地慈航有路 龙飞九五重开尧舜之天变化神方 （外）帝庙巍峨秀笼点苍 景象峥嵘彩耀鹫岭	灵气西来瑞绕玉洱 帝业南启祥凝银苍 横批：灵帝永灵
备注		地母厅右壁设："周城各氏门中咸丰丙辰上殉难男女老幼位，民国丙寅"	大门内壁设："周城人民先祖之香席，己巳年春末立"

神像与对联两个视角的交错观察，是否已经证明本主神对社会生活发挥着功能？不过，所谓"功能"，其基本前提在于它是"有用"的、"有效"的，例如有机体的各个组成部分正是通过发挥功能而获得存在的价值。对于本主神来说，功能的检验标志就是灵验；如果不灵验，那么就不能证明功能的存在，这是一个很简单的逻辑。然而，可以基本肯定的是：本主对村民的所求根本不应验，这一点在周城人的思想中是被清清楚楚认识到的。不仅杜朝选本主不灵验，所有的本主都不灵验，甚至在大理地区最为著名的海东的红山本主也同样不灵

图 5－14　南本主庙神像

（自左至右：赵木郎、大黑天神①、景帝）

验。《他者的表述》中的主人公段绍升就说过他的亲身经历："海东有个红山本主，管辖的范围很广，我们这儿对他很信奉，每年四月十五去敬。过去我爷爷 1946 年病倒在床上，没有办法，他们说要去那边敬一敬。当然也没有把我的爷爷救活回来。敬还是白去了，我的爷爷还是 1946 年不在了。这是事实。"周城几乎每家每户每年都要去祭祀一次的这个本主，大家都知道它不灵验，即使具有浓厚神秘思维、笃信红山本主的村民也是如此。2017 年 2 月 16 日，周城一位村民组长给我讲述了他的一段思想经历：

---

① 大黑天神为白族神话中舍身救民的天神。传说玉皇大帝因事发怒要毁灭人间，命令一名侍者带着瘟药下凡去毁掉人间。侍者来到云南天空，不忍心毁灭美好的人间，决心牺牲自己拯救下方生灵，便把瘟药喝了，于是立即全身发黑，从天上掉下来。白族人民把他尊为"大黑天神"。

这个红山本主显化出来的就是蛇，小蛇子这么长的一个，红红的一条，就是红山本主。

那一回，红山本主到我们家了，显化出来的。我看见红山本主显化出来的一条蛇，红的小小的一条，在我家堂屋里。我把它夹起送出去了，它又爬到我鞋子里面。我媳妇说不怕不怕，把香点起，就把它送到下面去了，放到路上。我请人看相，他说："红山本主去过你家了。"我没说给他，他就知道了。他说："你想下，去过没有？红山本主去过你家了。"这是第一次。

第二次，红山本主又来到我家了。我没有去看、去敬。隔了一段，我媳妇脑溢血，就是出事了。来了两次就是不顺。后来去了红山本主庙，病已经得了，去了就赶不上。我如果早早地去那里敬他，会不会出事就不晓得了。也有人家敬了回来病没有好的。

农村人不是在城市里面。迷信不可不信，信也信上一点，不要信多了，不信也不可能。这个是我的心里话。

有的村民"敬还是白去了"，有的村民"敬了回来病没有好"，有的村民敬了以后会不会发生功效"不晓得"；但是所有这一切，并没有阻止他们对红山本主（包括杜朝选本主）的敬拜行动。这是一种非常奇特的现象：本主神并不对具体的社会生活发挥实际功能，但丝毫不影响人们持续不断地对本主神信仰与膜拜。"神并不灵验，但我仍然要去拜神"，这种没有任何理性的思维逻辑与行动逻辑几乎是周城村民的共同约定。周城村民的这种逻辑，起码说明他们祭拜杜朝选并不是为了某种实际利益的考量，也不是幻想有"意外的收获"。因此，我们必须在"功能"之外寻找其他解释。

我们在上一章已经分析了杜朝选神话的意义，看到了杜朝选是一个为民除害、具有勇敢与善良品质的人神。再看看这位红山本主神，他也同样如此。据大理一些正式的资料包括官方的宣传资料记载，红山本主是一个真实的历史人物，即唐代天宝年间曾经大败唐将鲜于仲通和李宓的南诏军事将领王盛、王乐和王宽（后更名王乐宽）祖孙三代。《红山景帝祠碑记》载：

红山景帝祠本主庙所供奉的本主王盛、王乐、王乐宽为父子祖孙三代，是六诏时东洱河蛮豪酋，乃鲁川大渍朋王氏家族。全力支持阁罗凤父子统一六诏，成为大功臣。大本主王盛受南诏王封为征南大军将，王乐官至清平官，小本主王乐宽从军将升至大军将，乃南诏英勇善战的名将之一。王乐宽原名王宽，立战功得金披虎皮，白语谓“虎”为“乐”，故更名为王乐宽。

唐天宝年间，奸相杨国忠把持朝政，挑起边疆民族不和。唐朝于天保十年（公元751年）令剑南节度使鲜于仲通率军讨南诏，时王盛镇守外南关。王乐宽首战告捷，力斩鲜于仲通长子鲜于昊，唐兵全军覆没，鲜于仲通只带数十骑败兵逃去。唐又于公元754年再次大举进攻，派遣李宓率领。王乐宽又获头功，李宓落水而死，全军覆没。这就是历史上有名的“天宝战争”。

王盛、王乐、王乐宽三代镇守外南关，为南诏立下赫赫战功。王乐宽战绩《德化碑》均有记载。他们死后，当地白族人民把他们敬为本主，历代祭祀至今。①

在这里，红山本主是一位立有军功的“军将”。而红山本主的事迹在周城民间传说中却又是另外的样子，上面那位村民组长给我讲述了红山本主由来：

那个老公公，好人一个呢！很久很久以前，他们有三兄弟，红山本主有三兄弟，还有一个妹妹，是我们周城这一片的人。他们是三兄弟，第四个是他的妹妹。他妹妹出去掉了②。红山本主是老大，有一天他说：“我们今年几月几日出去找我们的妹妹，找不到你们就不要回来了，找到你们就可以全部回来。”他们三

① 引自大理市洱源县双廊颖红山本主庙管委会编印《红山景帝祠碑记》，有删节。

② “出去掉了”，指“走失了”。

个，老二到下关去找，老大到海东去找，老三到沙坪去找。后来没有找到他的妹妹，老大就落脚到红山，就是红山本主。老二落脚在下关，老三落脚在沙坪。我听着他们讲给我的，老人讲给我的。

在这一讲述中，原先的真实的战争事迹被改编为颇具人心之“善”、人情之“美”的神话故事。

红山本主的例证可以作为杜朝选的旁证，证明村民们信仰与崇拜本主并不是因为本主对社会生活发挥了具体的功能，而是因为他们景仰本主的人格精神及赞颂他们的社会功绩；也就是说，祭拜本主所寄托的主要是某种社会理想和人格理想，即指向人们精神领域中对“理想”的诉求而不是指向具体社会生活的实际“利益”的诉求。无论是官方记载也好，周城民间传说也好，红山本主与杜朝选都被认为是为本地区民众做了好事的人，或者是一位颇具人文关怀的人、一位道德高尚的人。只有这样的人才能被奉为神，才能得到人们的祭拜。祭祀，既是一种理论态度，也是精神诉求的一种实践形式，本质上（而不是表面上）是一种不求功利的行为方式。于此，庙宇和神像“功能”的概念内涵发生了巨大的逆转。

龙泉寺的“功能”也可以为这里的观点提供另一种佐证。在周城，龙泉寺的地位最高，寺内对联的“功能”性说明基本上全部是精神性指向而非功利性指向（见表5－2）。

表5－2　**龙泉寺对联**

正堂	柱联	（一）气备四时与天地日月鬼神合其德 教垂万世继尧舜禹汤文武作之师 （二）古来不乏教门，能称始祖尊有几 世上好多流派，如是大道敬亦稀 横批：三教同源
正堂楼上玉皇殿	对联	德参天地 道贯古今 横批：万古一尊

续表

左殿文庙	柱联	（里）为千亿万年斯文主参天地以同流 见一十七世宰官身继帝王而宣化 （中）礼义廉耻温良恭俭让发扬伦理篇国风 一二三四五六七八九开创数字化时代 横批：文人蔚起 （外）十七世化身悉本孝忠为物则 三千年法眼惟凭德信取文章
右殿武庙	柱联	（里）大义在春秋慷慨一言成骨肉 丹心悬日月艰难百战识忠臣 （中一）道大能容容人容己容天下 教源至善善心善德善乾坤 （中二）赤面赤心功存汉室顶礼斯名将 黄脚黄手臭遗人间愧对此将军 横批：义贯千秋 （外）人间第一英雄耿耿忠心光日月 盖世无双豪杰堂堂正气壮乾坤
外门	门联	六甲六丁玄机大圣 光明光福永保长生
	柱联	（里）龙飞九天叱咤风云写宇宙 泉源八荒拍击山岳震江洋 （外）龙从万里水中耀 泉自九重天外来

备注：大门东边一间小房设祖先位，上书：本音各氏门中历代先祖之灵位

这些对联都是一些宏大话语：有些是大宇宙，如“天地日月”“九天”“八荒”“万里水”“九重天”“风云宇宙”“山岳江洋”等；有些是大历史，如“尧舜禹汤文武”“三千年”“教垂万世”“千亿万年”等；有些是大概念，如“道”“德”“容”“善”“源”等，这些都是人们精神世界的一些重要理念，与周城人的具体日常生活距离遥远。

总之，功能主义最核心的观点，是将生活当作目的，而将文化当作手段，手段为目的服务，如费孝通所言：“盖往昔学派，常以文化为自生自长，自具目的之实体，功能派始确认文化为人类生活之手段。人类之目的在生活，此乃生物界之常态，文化乃人类用以达到此

目的之手段。”[①] 而问题在于，文化本身有它自己的目的，当文化符号被创造出来以后，它指向“意义”，这种“意义”往往是对理想的诉求，而不在于实际利益的获得。当然，我们可以将这种理想诉求也说成是“功能”，但这种“功能”内涵已经不是涂尔干和马林诺夫斯基意义上的“功能”了。

第三节　本主诞仪式的“功能”：指涉性与自指性辨析

涂尔干说：“信念不是唯一的宗教现象，实践也可以是宗教现象。仪式是所有宗教的一个要素，它与信仰一样至关重要。”[②] 许多人类学家重视仪式对于社会生活的作用。范热内普将“过渡仪式”看作是个体成长中的一种地位变化的社会机制，“是从一个到另一个社会地位之过渡”。[③] 特纳将仪式视为一种“结构—反结构—结构”的“社会过程”（social process）。[④] 这些重要的仪式研究者的著作中的主要观点是，仪式是具有社会指涉功能的实践行为。但本研究所关注的是仪式是否只有唯一的“社会”面向，是否还有其他面向？

本主诞仪式是周城最重要的仪式，我们先作田野展示，再作分析讨论。我自 1999 年底至 2019 年暑假在周城白族村的田野工作期间，多次观察过本主诞仪式。这里选取 2001 年那一次为主要例证。而由于我对自己“眼睛看到的”也是有怀疑的，所以在呈现自我的观察材料之外，呈现了本主节前一位当地人的讲述，同时还抄录了当地仪式主持人记事本上的一些内容。下面是周城老年协会负责人桂大守在本主节前两天（2001 年 2 月 4 日）的讲述：

---

① ［英］马林诺夫斯基：《文化论》，费孝通译序，华夏出版社 2002 年版，第 2 页。

② ［法］爱弥尔·涂尔干：《关于宗教现象的定义》，载《涂尔干论宗教》，周秋良译，华夏出版社 1999 年版，第 84 页。

③ ［法］阿诺尔德·范热内普：《过渡礼仪》，张举文译，商务印书馆 2010 年版，第 139 页。

④ 参见［英］维克多·特纳《仪式过程：结构与反结构》，黄剑波、柳博赟译，中国人民大学出版社 2006 年版。

正月十四要将本主接出来，一共五位，杜朝选，大娘娘，二娘娘，一个南本主，一个新皇太子。扎好五个轿子，十四上午把它摆到街上，齐齐地摆好。摆好以后，方广莲池会①、洞经会人都来齐了以后，他们有一位总理，也可以叫司仪。洞经会总理当司仪。然后鸣鼓鸣号（开始出发）。龙狮队要走在前面，洞经会的器乐队跟着来，还有莲池会的老妈妈们。走到本主庙门口，由本届的新郎，即去年的正月十四到今年的正月十三期间结婚的新郎，他们先拜了佛像，就把本主背起来，放到轿子里，就走了。先是向北走，走到桃源村。为什么要到桃源村呢，因为杜朝选到周城来以前，从海东过来，就在他们那里戳了一个弓鱼洞，这个弓鱼洞过去对他们生活来说是相当有利的。面向那里就是让他看看桃源村的生活情况，对渡他过来的那两位恩人表示一下纪念。看了一会以后，就转回来，从小村巷口路口上来到一条街，一直走到镇南路周城河那里停下来。流传下来说我们的本主与仁里的本主有过恋爱关系，仁里的本主是一个女的。彩轿停下来几分钟，面向仁里的本主庙，让本主表示他们原来的情意。然后就从滇藏公路走过来，再到小街上，安放在搭好的佛堂内。然后开始唱戏，唱戏一开始就是“正台”，也就是跳财神。再演其他的戏。一般唱三天三夜，不唱戏就念经拜佛。到第四天，就送回北本主庙。送的时候不游街了，安放起来，南北方广莲池会的人要继续念经，念两几个小时②就结束了。这个本主节就算完了，到正月十七中午十二点就结束了。

办事处对信教方面的事，不参与，不干涉，但在政治上作引导，不要出不好的事，不要出不团结的事。在戏开始的时候，一般他们都出来，过去叫本主节。第一年恢复本主节时，当时有些政治因素在里面，他们为了改革开放，就把本主节改成了民族

① “方广莲池会”为“方广会”和“莲池会”的合称，方广会为男性成员，仅有5—6个人，莲池会为女性成员，会员众多。周城分为南北两片，故有南、北方广莲池会。

② “两几个小时”即“两个多小时”。

节，所以唱戏搭台，搞物资交流。他们在开幕的时候，在跳财神之前讲几句话。在结束的时候也讲几句话。一般在十六的下午就举行闭幕式。物资交流开始就是组织扎染厂、奶粉厂、个体私营的，还有门市部都可以拿东西出来展销。

新郎参加抬彩轿的传统留下来了，表示祝贺他们新婚以后来年生一个如意的娃娃。就是这个意思。

全年最隆重的就是本主节。我自己的理解，过去文化不发达，农民的生活比较艰苦，这些节日都是农民自娱自乐的活动。还有春节也是隆重的，三月三、四月十五蝴蝶会，四月二十四绕山林，五月端午节，我们这里都有一个纪念。端午节要吃中草药。还有六月六，也是佛教上的节日。六月二十五，是火把节，也是我们这里最热闹的。栽秧会是生产上的季节性的。还有七月十八南本主会，七月二十三放生节，八月半，九月九朝九斗，等等。十一月冬至节并不隆重，但是很重视，民间主要吃糯米粑粑。主要是过完十月农忙以后，大家歇一口气，增加一点气氛，你请我吃饭，我请你吃饭。腊月二十三是灶君诞，灶君对一个家起很大的作用，二十三到天上去汇报各家的事情，三十接回来，年三十买灶君的符，贴起来，旁边是利市仙官。

有三个节日最隆重，春节、火把节、本主节。这三个比较起来，花大钱花大力气人们最高兴的还是本主节，其次是火把节。这两个节日在我们这里人人都愿意花钱来办。唱戏每天 8500 元，是老年协会协调三个会①共同来办。我们这次要花 25000 元。我们为什么要花这么多钱，过去剧团只来 40 人左右，这次来了 50 多个人，住蝴蝶泉宾馆。还有路上要放鞭炮，所以花大钱。发动群众，大家都愿意花点钱，搞热闹一点。钱的出法：每个参加活动的交 5 元钱，新郎官要凑足一天一夜唱戏的钱。我们周城村子大，这一届新郎就有 80 多个。还有南北方广莲池会，大家凑钱，一个会有多少会员就凑一天唱戏的钱。洞经会人少，就不凑钱

---

① 指周城的三个宗教组织：洞经会、南方广莲池会、北方广莲池会。

了。还有像去年奶粉厂捐钱唱一天一夜，扎染厂捐钱唱一天一夜，这样钱就凑起来了。还有功德钱，就用在这上面了。办事处还是支持关心的，一是社会治安方面的费用，二是本主节也支持了一点钱。今年还是这样做的。唱戏年年唱，解放以前就有了，一直流传下来。外国人来得多。

2001 年本主节期间，我连续四天观察了周城本主诞的全过程，田野记录如下：[①]

一、正月十四（2001 年 2 月 6 日）接本主

上午 10 点 30 分开始准备出发。前面有两位老人抬着火盆，中间燃柏枝，他们说要走在接佛队伍的前头，表示干净一点。

在北广场大青树下，设置了周德会的香案，上有供品，洞经会奏乐，乐器有大鼓、大锣、笛子、二胡、唢呐。香案两旁站立着 6 个童男，分立两边，各三个一排，另有童女在后台等候。耍龙队也已到达现场参加接本主。五项花轿已在戏台下，新郎们准备抬轿接本主。

方广莲池会的老妈妈们盛装站立于香案两旁，手持香、纸、茶、酒、供果，等候接本主。有 10 位童女分别向香案下跪叩头。然后到案桌上抽签，她们手里分别捧着祭品，被称为十供样：花、果、香、食、衣、财、茶、水、珠、灯。

11 点，仪式开始。洞经会会长主持并发号令。第一步，敲响大鼓，吹响大号。第二步，合奏：敲鼓，拉二胡，吹笛子，敲小锣。第三步，再敲大鼓。第四步，再吹响大号。第五步，再合奏。第六步，队伍出发。队列排序：（一）两面红旗；（二）由两人抬火盆，上有柏枝；（三）四人抬两面大鼓，边走边敲；（四）四人抬两面大锣，边走边敲；（五）两人吹唢呐；（六）龙狮队；（七）又有三锣、一鼓敲过来；（八）莲池会老妈妈大队，

① 2001 年的本主诞全程为 2 月 6 日至 2 月 9 日（农历辛巳年正月十四至正月十七）。

每人手持香，共380人；（九）洞经会成员约50人。①

11点20分，队伍到达北本主庙。轿放在路口上，莲池会的老妈妈们进庙念经，北方广莲池会会长段继仁给本主挂红，完毕后新郎背本主上轿。背神像的途中，新郎抢着换背。本主轿前两排莲池会老妈妈敬香等待。本主像抬出放于轿中，放炮，开始行进。本主经过各家门点燃柏枝堆。迎本主的队列先到与桃源村交界的棕树河停留一下，莲池会老妈妈念经，然后队伍在村庄巡行。到了村南的周城河花轿又停留下来，让杜朝选到仁里邑去会他的情人，男人们便在那里说笑。然而再出发往回走，到了北广场（小街子），本主被请入头天搭建的“佛堂”内。

接着开始演出，第一个节目就是传统的“跳财神”（见图5－31）。先由一人扮成土地公公，手持杖，然后财神手捧一个巨大的金元宝出场，由土地公公拿公鸡点血于台前和财神身上，土地爷便退场，财神开始在台上演唱。又有两人手持“生意兴旺”“财源广进”的对联上台助兴，扮演的子孙娘娘怀抱一孩子上场，又一老道上场。跳了一会，财神便开始向台下抛撒水果糖和米粒，以示当年五谷兴旺，生活幸福。台下万头攒动观看演出（见

---

① 这里队伍记载不完整，2000年的接本主队伍的观察记载有18项：（1）洗净火盆、放鞭炮，（2）红旗，（3）吹奏及鼓，（4）锣、镲，（5）方广莲池会的善男信女，（6）洞经会会员，（7）十供样，（8）书、印，（9）领导组，（10）戏乐组，（11）斋筵、斋桌，（12）花瓶一对，（13）香炉两个，（14）茶、酒，（15）果品两盘，（16）莲池会经母八人，（17）米茶两盘，（18）佛伞。这些记载因我对队伍成员不能一一识别，故总有错漏。而在2007年3月3日（正月十四）接本主前，我抄录了洞经会李永正会长记事本上的序列共有28项：“（1）放火炮，（2）净火盆，（3）两面红旗，（4）龙队布标，（5）龙狮吹打乐队，（6）龙狮队，（7）大锣大鼓，（8）南北方广莲池会霸王鞭，（9）南北方广莲池会善男信女全体，（10）莲池南北片后班经母全体，（11）莲池南北片前班经母全体，（12）洞经古乐队布标，（13）细打细吹队，（14）洞经古乐队会员全体，（15）洞经古乐队细乐组，（16）书印6人，（17）方广古乐会领导全体，（18）十供样，（19）莲池会花瓶二人，（20）莲池会香一人，（21）莲池会茶二人，（22）莲池会酒二人，（23）供糖供果三人，（24）大经母16人，（25）打米二人，（26）香炉一人，（27）佛伞一人，（28）佛轿5台：新空太子，二娘娘，大娘娘，新官景帝，杜朝选。”而那天我观察的实际的序列与此吻合，没有错位。

图5－32）。

跳财神完毕，请来的滇剧团开始演出其他节目，莲池会老妈妈在香案前叩拜。

二、正月十五周城各农户祭拜本主

今天全天周城各家各户来到北广场陆陆续续祭拜本主，并且捐款。洞经会定时弹奏，莲池会的老妈妈则列队念经。

三、正月十六给本主拜寿

上午观看拜寿仪式。昨天洞经会李会长说八点半开始，我早上八点半前来到北广场，人还没有到齐。到九点的时候，才吃饭，李会长也要叫我吃一碗，这是一碗甜面条。

9点15分的时候，搬来了很多垫子，气氛也有了。祭堂里面的地上铺满了松毛。9点25分正式开始给本主祝寿。首先是苏法师宣布开始，接着是敲鼓、吹喇叭、奏乐，然后又是敲鼓、敲铃、吹喇叭。接着又是奏洞经古乐、敲鼓、敲锣、敲叮当，然后又是吹喇叭、弹奏洞经古乐，一段又一段。这些都完了，才开始正式拜本主。三个宗教组织有地位的人先拜，一共十个人跪着。苏法师是司仪，负责指挥，大家按照他的言语节奏行动："磕头，磕头，再磕头，起，跪；磕头，磕头，再磕头，起，跪；磕头，磕头，再磕头，起。"这就是所谓的"三拜九叩"。

然后开始上裱。由苏法师念裱文，那十个人又开始跪下去。裱文念了很长时间，不但念裱文，而且也念上裱人的名字。念完的裱文要烧掉，苏法师又开始指挥大家"三拜九叩"。从这时起，仪式就显得隆重。先是第一批人跪拜，由苏法师主持，跪拜者是三个宗教组织的领袖人物；然后李会长替换苏法师主持，第二批人跪拜，苏法师也参加到第二批人中间跪拜。第二批人拜完以后，重新又由苏法师主持。每一次跪拜都是"三跪九叩"。从第三批开始，就是一批又一批地去跪拜，洞经会的成员，莲池会的成员，最后是一般的民众。周城是一个万人的巨村，民众的跪拜络绎不绝。但是民众的跪拜，则是非常简单，不必三跪九叩了，都是敷衍了事，特别是一些青年与孩童，以跪拜为好笑好玩的取乐。

在现场看到桂大守，他说："正月十七上午送本主以后还有一个扫台戏。正月十四是'开台'，正月十七是'扫台'。这个扫台戏'福禄寿禧'四个老人都要出来的，祝大家平安，四个老人还带着两个童子。一个是利市童子，还有一个送子方面的什么人，反正这几个人都出场，祝贺大家四季平安，风调雨顺，五谷丰登，就是这三个内容。这是祝贺本村的人，这时本主已经送走了。"

四、正月十七（2001 年 2 月 9 日）上午送本主

今天是正月十七，9 点整，就听见李会长在广播里说十供样（十个童女）没有来齐。那天接本主也是十供样没有来齐，等了很长时间。今天又是十供样没有来齐，才来了七个人。今天送本主的格局与接本主应该完全一样，但气氛远不如接本主那般浓郁。

今天站的位置与上次有点不一样，龙狮队没有了，人也来得少。准备出发的队形是：李会长站在第一，十供样站在他后面，六个童男站在十供样的后面，然后是洞经会，方广莲池会的会员站在广场那边。

开始出发了，还是苏法师主持，击鼓、敲锣、吹长喇叭，接着是奏乐、向本主跪拜磕头。今天跪拜的只有三个人，洞经会会长和南北方广莲池会会长。

新郎开始背本主上轿。三五个人轮流背一尊神像，簇拥着。今天十供样的顺序是：左边：花、果、香、食、衣；右边：财、茶、水、灯。有一个捧"珠"的童女尚未到。

五个神像已经背进轿子里，9 点 17 分，送本主回庙的队伍正式出发。红旗由小男孩举着，走在前面，后面是两位老人抬着柏枝香炉。接着是敲锣敲鼓和吹喇叭的，再后面就是方广莲池会成员。方广莲池会会员今天只到了 204 人，再后面是洞经会会员，只到了 15 人。洞经会后面是十供样与六个背印的童男。后面是苏法师，再后面就是捧供品的经母，大概有二十几个老妈妈端着

供品，或者拿着香。

今天抬轿子的没有正月十四那天那么热烈与兴奋。

9点30分到了北本主庙。新郎将杜朝选的塑像背进本主庙，北方广莲池会的段会长与另一人在那里负责安放，在这之前，他们将那个台面打扫干净。每一个神像抬的时候，都是用红布蒙着眼睛，等到抬上来安放好了以后，才将红布取下来，围在神像的身上或脖子上。安放好以后，几十个新郎一起拜。今年据李会长的统计共有85个新郎，但今天并没有全部到齐，有的在外打工未回。新郎拜完以后，洞经会的成员又开始拜。端花端茶的经母也象征性地拜了一拜，然后将花、茶、水、盐等供品放在供台上。仪式就算完了，吃了饭就在这里念经。

仪式完成的时间是9点40分。那边北广场还要演出的是扫台戏。当我回到小街子时是9点48分，扫台戏早就开始了。我去看的时候，只是看到一位老人拿着一把大扫把在扫台，桂大守说这就是土地公公了。不过这扫台戏实在是太简单了，扫到东扫到西，最后抛了一点东西，台下人并不多，稀稀落落的，那东西落到自己面前就接一接，没有正月十四那种哄闹的气氛。桂大守所说的“福禄祷禧”加“招财童子”都没有看见，节目开头是否出现过我不知道。

一般认为，仪式是社会生活的象征性表达。我们的确在仪式的展演中看到其象征性、整合性，但是我们也同时看到仪式所具有的解构性力量，它解构了与现实生活的功能性联系。

作为宗教祭祀仪典，它应该具有神圣性，如果违背了某种仪式的程序，就会亵渎神灵，宗教场所也必须抱着虔诚的心态进入。但是，在杜朝选本主诞的仪式中，这种神圣性并不存在。每年周城的本主节，来自海内外的大量游客络绎不绝，本省本市众多的各类记者纷至沓来，所有的神圣性场所都成为游览拍照的世俗景点。人们可以在宗教圣地高谈阔论、说笑玩闹。即使是本地人，进出宗教圣地毫无庄严肃穆的表情，他们人人喜悦，个个轻松。而杜朝选作为神也非常平易

图 5－15　抬净火盆者

图 5－16　举红旗者

图 5－17　拿花枝者

图 5－18　吹喇叭者

图 5－19　抬鼓者

图 5－20　抬锣者

图 5－21　莲池会身着一色服装接本主

图 5 – 22　洞经会成员一边行走一边演奏

图 5 – 23　佛伞

图 5 – 24　持米与茶者

图 5－25　舞龙者将龙头高高举起

图 5－26　舞狮者的精彩表演

图 5－27　前不见头、后不见尾的接本主队伍

图 5－28　十供样

图 5－29　给本主挂红

图 5－30　新郎抬本主轿子

图 5－31　跳财神

图 5－32　万头攒动观看演出

近人。新郎可以直接与神接触，背着本主上轿；在巡游的路途中，本主就在普通民众的旁边，像是一位亲切的朋友；孩子们更是一群一群地聚拢来，与坐在轿中的杜朝选神像嬉戏。甚至人们可以取笑本主那些并不光彩的逸闻轶事。周城这位风流本主不仅娶了两位姑娘做夫人，还去邻村仁里邑找了一个情人；每当本主节轿子在周城与仁里邑的交界处周城河边停留时，这位本主便去会他的情人，我看到队伍里那些男人们总是神秘莫测地窃笑。在这里，本主被戏谑了，崇高转化成为滑稽；也正因为如此，本主与民众的距离感消失了。

当仪式失去神圣性、庄严性的时候，它的审美功能、娱乐功能就凸显出来了。人们对本主节各个环节的安排以及仪式的场景设计有着很高的审美要求。接本主的彩轿扎得漂亮而骄傲，新郎抬着轿子非常神气。龙狮队那条黄色的巨龙，当它被举着缓缓行进的时候，龙头高傲地翘起；当它被舞动的时候，龙身和龙尾摆出特别优美的姿态。龙狮队的那头狮子一副憨态，这个草原上的暴君现在也变得温顺可亲。有一个舞狮者跟我说，每年本主节的时候他都是舞狮者，而在周城也就是他舞狮最好，他还认真地跟我介绍舞狮的要点，似乎将我看作他的学徒，并且说今年本主节的舞狮，请我一定要去观看他的表演。我那次的确认真地欣赏了他那高妙的技艺。霸王鞭的队伍一边走一边跳，节律鲜明。莲池会的老妈妈穿着同一色的节日盛装，整齐而统一。大鼓大锣，小号唢呐，各自敲奏出特有的韵律，交错出现。洞经古乐的演奏时而铿锵坚定，时而柔和悠扬……所有这些，都形成一种强烈的审美效果。在仪式过程中，无论是接本主，还是唱戏，都给全体村民带来巨大的欢愉与快乐。前述桂大守所说“这些节日都是农民自娱自乐的活动”，下文段晓涌也说这是一种“自娱自乐”，表明村民们将一年中最隆重的宗教圣仪的性质看作是“自娱自乐”活动。

仪式的审美性、娱乐性、世俗性是仪式的共性，这些都是仪式的“自指性”特征而非“指涉性”特征。这些特征在另外一个杜朝选的专门祭祀日也得到明显的表现。“三月三”是杜朝选杀蟒的日子，周城村民这天要到神摩山脚下“三月三场地”去举行祭祀仪式。在那个仪式的整个过程中，除了方广莲池会的老妈妈念经之外，其余完全是游春活动，并且还有传统的男女间的对歌。下面的几张图片是我2000年农历三月三在仪式现场拍摄的照片（见图5－33至图5－36）。

图5－33　“三月三场地”莲池会老妈妈念《杜朝选经》

图5－34　“三月三场地”莲池会老妈妈跳“霸王鞭”

图 5 – 35　“三月三场地”游春场面

图 5 – 36　“三月三场地”对歌场面

综上所述，我们对于本主诞仪式观察的要点在于：仪式作为一种文化符号，具有内部关系与外部关系两个方面：其外部关系是通过符号的“指涉性”来实现的，其内部关系是通过符号的“自指性”来实现的。然而，在仪式实践中，虽然外部关系与内部关系是同时存在的，但仪式的指涉功能总是被转换为自指性功能；而且自指性功能较之指涉性功能更为重要，因为指涉性功能在仪式中常常被遗忘。

第四节 神话、仪式与日常生活

在本节中，我们从仪式的“集体欢腾”的热烈场面转入仪式期间周城农家的日常生活活动，看仪式在村民的日常生活中占有怎样的位置，是否在发挥着“功能”。2007 年寒假我在周城做田野工作期间，曾请周城村民段绍升及其五子将 2007 年 2 月 12 日至 2007 年 3 月 12 日整一个月的日常生活事务记录下来。我将其中本主节期间（正月十四至正月十七，公历 2007 年 3 月 3 日至 3 月 6 日）的记载呈现出来。这些简单而素朴的日记所显示的，是当地人在本主节仪式期间的个人与家庭宗教活动和日常生活的基本内容。

段绍升日记

正月十四　星期六　多云有小雨：今天是本主节的第一天，接本主，同时开始演戏活动。老伴 8 点多钟就穿上莲池会的礼仪服去参加接本主的队伍。10 点我在吃早饭前就把接本主的队伍经过门前所需的香火盆备好。12 点本主经过门前时香烟缭绕，鞭炮齐鸣，显得十分隆重。中午 2 点至 4 点到古戏台前的广场观看由云南滇剧二团演出的滇戏《屠三妖》等节目。

正月十五　星期日　晴：今天老伴仍到龙泉寺参加莲池会活动。今早我如常自己洗衣服至 9 点多后开始做早饭，我和老二家仍拼拢在老四家吃。11 点吃过早饭后到古戏台广场与几位老朋友聊天。并看了今天文艺活动的海报：白天由省滇剧团演出古装戏《屠夫丞相》，夜场是联欢晚会，有本村的洞经古乐队、南北方广莲池会、省滇剧团的代表节目，尤其是正在本村做社会调研的武汉大学的四位师生也要出节目，特别引人注目。晚饭后7点我们南邻居一位60岁的病人因病久治未愈而去世了。到古戏台上的演出开始时（8点多），我和全家都去观看演出。9点左右轮到武汉大学师生演出家乡民歌。此前朱教授在台上发表简短的讲话，他向他的第二故乡的乡亲们致以节日的祝福、慰问，并对他多年来对周城的某个家庭、某个村民的调研目的作了说明。看完武汉大学三位女研究生《浏阳河》的清唱后就回家看电视、休息。

正月十六　星期一　晴　本主节：今天是每年一度的周城村本主节。因为全村有多家请客（接未婚妻第一次进未婚夫家门），所以方广莲池会和洞经古乐队的成员都不参加龙泉寺的集体伙食（暂停一天）。老伴做早饭，我到北广场小街子与老朋友们闲聊，又到南广场展销处逛街。12点至下午2点午休。下午2点至4点看滇戏《千里送京娘》，本家族中有两家迎未婚媳请客，我俩分工，我去段绍文家，老伴去段继仁家。下午5点左右，朱教授来我家，告诉我说明天早上7点前就离开周城。晚上看滇戏《御和桥》至11点。老伴没去看，她说看不懂，所以在家看电视。立花[①]今晚去下关坐火车返回武汉。

正月十七　星期二　晴：今早到晓云的房地基处和晓涌的新房处浇花浇菜地。9点30分返回到古戏台广场观看了省滇剧团的最后演出《土地公公扫台——对周城全民的祝福》，这是欢送本主之后的惯例戏。看完回家做早饭与老四家同吃。老伴一整天参加莲池会在北本主庙念经。下午4点后我和其他一些老人应本主节组委会的邀请一起赴龙泉寺会餐。7点30分在堂屋里听见村委会的广播通知北广场（小街子）放电影。老伴和我领了老四的儿子立雷和女儿立霞去看电影。但才看了5分钟，就觉得站立不住，

① 立花为段绍升孙女，段晓云之女。当时在武汉某大学读书。

也看不惯那么大的图像，所以还未知片名就返回堂屋看电视。

长子段晓云日记

3月3日[①] 阴 短时有小阵雨：上午接待前来参加本主节活动的上级相关领导，中午参加本主节开幕式，下午在村委会值班，下班后家里收大蒜。

3月4日 晴：全天在绣花房处理杂事。

3月5日 晴 本主节：上午参加镇“土地整理”工作会（喜洲镇经多年的努力争取到了上关至永兴一万亩的土地开发整理项目，项目资金由国家土地局补助1400万元。项目工程为道路建设、土地平整、沟渠建设、绿化等）。中午参加本主节颁奖仪式，今年是历史以来本主节捐资金额最多的一年，共捐72000多元。其中有3人每人捐了1万元。对千元以上捐资者颁发纪念奖。下午继续参加“土地整理”工作会，下会后到绣花房安排了明天的工作后，约献洲、宏亮他们两个绣花工回家吃晚饭。晚上7点40分驾车送立花赶晚上10点半前往昆明的火车。

3月6日 晴：今天是10社的集体国有土地转让挂牌报价的最后一天。上午召开10社转让领导小组及6个受让户的相关人员参加的会议。上午会议结束后接待云南省社会科学院社区发展研究中心的两位同志前来周城进行乡村旅游的调查。下午继续进行“国土拍卖”。晚饭是到龙泉寺参加本主节活动聚餐。晚8点钟到小街市场看广场电影。虽然有8年没放映广场电影，但今晚来看电影的人也不多。

次子段晓松日记

3月3日 星期六 正月十四 多云转晴：今天是本主节活动的第一天，主要内容是接本主佛像。因为竹丽[②]上早班，她生

① 段绍升五子的日记皆用公历记日。

② 竹丽为段晓松之妻。

怕我误事，就于离家前把大长香和火炮准备在醒目的位置，再三给我交代：等接佛像的队伍经过门前的时候，一定别忘了点好大长香、熏上香火盆、放鞭炮这些事。父亲把火盆、柏树枝等抬到铺面，方便熏香火的时候抬出去。我家火盆底火用的是前两天茶堂梨炭火所剩的余火，我把它弄成堆摆好，到用时一扒开就能把柏树枝熏起来。立雷家用的火盆里我放了一个从火炉里取出的蜂窝煤，这样做的底火更旺。我们两家的香火盆生起来的时候，把整条路面熏得香烟滚滚。接佛像的队伍由唢呐队、穿上节日装的莲池会老妈妈队伍、洞经古乐队、霸王鞭队（边走边舞）、舞龙队等组成，前不见头，后不见尾。行经之处，鞭炮声此起彼伏。队伍的最后面才是四抬大轿，抬的是佛主神像（五尊）。整个接佛像的游行活动一直持续到中午两点左右。接佛活动结束后，古戏台上开始唱滇戏，据说戏团是从昆明请来的。白天一场，晚上一场。晚上我和竹丽到尉美家闲[①]，看来她家就要开始建盖北坊房子[②]以及大门。

3月4日　星期日　正月十五　晴：今天元宵节，是竹丽农历的生日。也就是从今天起竹丽就29周岁了，她又轮到了休息，原计划早上去抽蒜薹，饭后带她到“下山口”温泉泡澡、游泳，下午回来再打农药。竹丽早上8点多钟就到地里抽蒜薹，差不多12点还不见回来。我就骑摩托车去看，结果三分之一的蒜薹还没抽完。我学着抽了半个多小时后，两个人才回家来吃饭。因为错过今天以后就好几天不能完成此项任务，所以她说今天“下山口”就去不成了。早饭后我俩继续到地里抽蒜薹，因为技巧不到位，我的工效不高，直到三点钟，两个人还没有完成整块地的第二个三分之一的任务。我因为接到好几个催我回来的电话，加上我对蒜薹的破坏性较大，竹丽就让我先回去。几个朋友在位于小街边的烧烤店楼上闲，我也在他们旁边闲了两个多小时。下午6

① “闲”指“闲坐”“闲聊”。

② 周城民居多为“三坊一照壁”，照壁在东边，“三坊”即西坊、南坊、北坊。

点半钟还不见竹丽回来，母亲说她已经把蒜薹卖掉，现在去打农药。我就又一次帮打农药。共打了两桶农药，每人完成一桶。回到家时大约已经7点半。

3月5日　星期一　正月十六：今天是正宗的本主节，家族里有两家人都“喊儿媳”，即初次把说定了的儿媳妇请到家里，让她与亲戚朋友双方互相认识，亲戚朋友们每户都要给“儿媳妇”钱。起床洗漱后我就到云鹏家里去帮忙。

3月6日　星期二　晴：洗漱之后突然想起需要到中心校盖公章，我就很快到了中心校，盖的是《2007年度农村义务教育学校预算编制基表》的公章。通过摩托车上的风吹，鼻炎症状又加重了许多，所以到四弟那里拿了一瓶鼻炎康。中午一位朋友打来电话，叫我到他家帮助设计一下房里橱柜的做法。我上去以后，看到的橱柜台板料用的是楚石，我向他提了一些建议，他也很赞同。晚饭受另一朋友的邀请，我和几个人到他家吃晚饭。晚上10点钟我用摩托车将其中一位朋友送回到中兴庄。

三子段晓涌日记

3月3日（星期六）：今天早上和以往一样，早早地就起床到办公室上班了。上班后没有什么大的事情，因为今天是休假日。我就在办公室翻阅一些上级下发的文件，多数是属于有关内控制度的规定。近几年来农村信用社的管理制度逐步走向正规化、规范化，相关制度也制定了不少。有时候连看文件也要用很多的时间才能看完，甚至有时候看也看不完。我认为中央也多次要求地方党政和单位不要或少搞一些文山会海是正确的，我们在最基层就是要做一些实际工作，有些规章制度固然重要，但一旦太多就难以全部落到实处，所以应尽量精简为益。今天是农历正月十四，我们周城村过本主节接神像本主的日子，我在单位要带班不能回家，也就不可能参与盛大的庆典了。这个日子对我和妻子又是比较特别的日子，在18年前的今天我们俩结婚，属我俩的结婚纪念日。为了工作我只能放弃和媳妇庆祝这个特殊的日子了。

3月4日　（星期天）：星期天我在家休息。早上和媳妇一起到周城小菜场买菜。今天的菜场比往日热闹多了，要过本主节。昨天把周城的本主接到这里，所以人们在这里进行一系列活动。有的人在烧香拜佛，有的老妈妈在念经，戏台也装扮得五彩缤纷、花枝招展。整个街场有浓厚的节日气氛。从昨天就开始在这里唱大戏，近十多年来过本主节就请来戏团唱戏，这已经成为周城的历史文化了。因为晚上应开[①]她们要参加演出，所以白天她们就开始作准备，我也为她们服务忙来忙去，一会儿拿道具，一会又去拿服装什么的。晚饭在我们家吃，邀请她们这个组的所有演出队员和乐师几个，她们请来的两位化妆师也一起吃晚饭。吃饭的气氛比较好，还谈论到她们以前的一些趣事。小时候整个国家比较贫穷落后，吃饭也困难，吃不饱，过节唱戏也请不起戏班，更不要说自编自演节目了。而现在国家富裕了，老百姓的日子越过越红火了，吃饭吃得这么丰盛，以前想都不敢想。晚上演出开始，台下的观众近万人。本村有上万人，还有邻近的村民也来观看，所以可以说人山人海。应开她们的演出更引起观众的掌声，我也拿着摄像机，拍下了一些美好的场面。周城人民就比较喜欢她们组织的这种自娱自乐的演出节目，省滇剧团所演的滇剧也没有这么多的观众呢。这一晚上应开她们从演出开始到结束都比较兴奋，有点失眠了。她总是说在什么地方她演错了，真遗憾。我跟她讲没有十全十美的事，她们只是业余演出。

3月5日　（星期一）：早上把工作安排好后邀请同事几个到我们家过节吃饭。周城人有一种习惯，每逢有盛大节日，特别是像今天过本主节，一定要请一些亲戚朋友到家吃吃饭，叙叙旧，在一起欢聚，彼此之间增进感情，亲情更加深厚。中午饭就有两桌人参加。吃饭后，我媳妇为我们准备好水果、茶水，我们到新房子小别墅里娱乐休闲。有些人打牌，有些人到旁边的蝴蝶

① “应开”为段晓涌之妻。

泉公园逛。我也陪几位外地人到蝴蝶泉公园逛，看到了周城商贸旅游街上到处都是穿着白族节日盛装的人们和来旅游的外地游客。游客见到这么多的“金花”好不高兴，有的用相机拍照，有的用摄像机摄影，记录下了这美好的画面。晚饭来的人更多，原来计划有四桌客，但到吃饭的时候五桌都有点挤。大家非常高兴，相互敬酒，相互祝福。祝福我们家饭店生意兴隆，祝福我工作顺利，祝福我们全家身体健康。我也回敬客人们，对他们的到来表示感谢，祝他们事事顺意。晚上我们一起到小广场观看唱戏。看戏的人比较多，但没有昨晚那么多的人，也没有那么好的气氛，戏还没有唱完人已经走了一大半，我们也回家休息。

3月6日　（星期二）：今天和往常一样，7点20分送立玲[①]到校上课，我也到单位上班。早上解决了几台工作上的事情，中午和同事几个一起下乡调查贷款以及到分理处了解一些工作当中遇到的问题。有些问题当面进行了安排更正，有些问题有待以后解决。例如工作人员之间的协调问题，我对他们提了要求，如何做好协调工作，才能保证按质按量完成好各项业务，才能更好地把工作做得依法合规。业务上出现一些不相统一的问题，一时无法作出一个统一的规定，只能在以后的工作中逐步规范统一。还有就是人心有些不齐，要求他们必须齐心协力做好工作。俗话说“人心齐，泰山移”，所以必须人心齐，任何困难都难不倒我们。

四子段晓波无日记[②]

五子段晓平日记

3月3日：早上在绣花房剪东西，后回食馆，接本主放鞭炮。

① “立玲”为段晓涌之女。

② 段晓波没有按照我请求的时间段记日记，而是从3月7日记载至4月5日，故本主节期间没有他的日记。

中午几个朋友在我食馆里“三打一”，我也跟他们玩。晚上领两个孩子去北广场看戏。今年村里请着省滇剧一团的，质量水平很高，看得很开心。

3月4日：早上在绣花房，后回食馆帮忙。中午也在绣花房，下午去协会[①]开会。晚上跟小女儿洁亮陪二老吃晚饭。虽然洁亮很闹、很调皮，可爹妈看见很喜欢。晚上领着洁亮看联欢，联欢很丰富，有本村的老百姓自编自演的节目，最精彩的是朱老师和他的三个研究生讲了几句心里话，唱了一首民歌，很受欢迎。看完联欢后回绣花房值班。

3月5日：早上在食馆招呼，中午在绣花房做，下午和小女儿洁亮在三哥家吃晚饭。大女儿和她妈去大理，明天她要上学，她妈去卖绣花产品。

3月6日：早上起来一直到1点在绣花房做，中午去下关保养轿车，一直到7点才回来。下午回来后在绣花房做到晚上10点钟，后回食馆休息。

以上，我们直接呈现了当地人对于本主诞的完整记述。我们先依据这些记述将段绍升一家的主要活动列表（见表5-3）：

表5-3　本主诞仪式活动与家庭日常生活时间安排表

日期		家庭成员					
具体日期	时段	段绍升	段妈妈	长子	二子	三子	五子
正月十四	上午	★宗教活动	★宗教活动	公务活动	★宗教活动	上班	★宗教活动
	下午	看滇剧	★宗教活动	公务活动		上班	打牌娱乐
	晚上				去朋友家		看戏

① “协会”指大理市餐饮协会。

续表

日期		家庭成员					
具体日期	时段	段绍升	段妈妈	长子	二子	三子	五子
正月十五	上午	家务	★宗教活动	处理家务	劳动	家务	经营食馆
	下午	朋友聊天	★宗教活动	处理家务	劳动	为演出帮忙	开会
	晚上	看演出				看演出	看演出
正月十六	上午	闲聊逛街	家务	公务活动	给朋友帮忙	上班	经营食馆
	下午	看滇戏	亲友家	公务活动	给朋友帮忙	陪外地人	去三哥家
	晚上	看滇戏	看电视	送女儿上学		看戏	
正月十七	上午	劳动、看滇戏	★宗教活动	公务活动	工作	上班	经营绣花房
	下午	会餐	★宗教活动	公务活动	给朋友帮忙	上班	保养轿车
	晚上	看电影电视	看电影电视	看电影	和朋友聚餐		经营绣花房
宗教活动与日常活动时间比例		1：12	6：12	0：12	1：12	0：12	1：12

就段绍升及其五子这个联合家庭来看，他们对于仪式的关注度并不高，参与率也很低，深入度更浅。整个仪式期间共四天，分为12个时间单位，有记述的六个人全部加起来共有72个时间单位，而参与宗教活动的仅有9个时间单位，占12.5%。而如果除去作为莲池会成员的段妈妈外，其余5人共60个时间单位仅有3个时间单位参与了仪式，占5%。全家只有段妈妈一人参与了主要仪式活动。

段绍升是将杜朝选作为一个人间英雄来看待的，因为杜朝选对社会作出了贡献，为人民做了好事，所以人们崇拜他、祭祀他。在正月十四接本主的日子，他按照仪式的要求早早地就将香火盆准备好，在本主队伍巡行时，段绍升及与他居住在一起的二子、四子共三家燃起香火盆、点燃鞭炮。在整个仪式期间，他只有这一个上午是正式地参加了宗教活动，还有一次参加村庄长老在龙泉寺的会餐，其余时间基本上是看戏、看演出、看电影等活动。虽然会餐带有“人神共食”

的内涵，看戏、看演出、看电影也带有“人神共乐”的意义，但这都是从理论上说的，对于段绍升来说，并不带有任何宗教情感，而且可以自由决定是否参加。因此，这些活动在他那里都被看作是日常生活中的娱乐活动和聚餐活动。段绍升之妻是莲池会成员，她是四天中参加宗教活动最多的家庭成员。但是，段绍升在《他者的表述》中的讲述显示，她并不是一位虔诚的宗教信仰者，参加莲池会只是为了“老有所乐”，为了寻找玩伴。长子段晓云时任周城村主要领导，他在仪式期间参加了开幕式、颁奖仪式以及聚餐三次活动，都是将其作为工作任务来完成的；除此之外，都是日常的村务活动、经济活动以及亲属关系活动等。老二段晓松多年坚持在海拔 4500 米的苍山深处花甸坝小学担任教师。整个学校只有他一个老师，几个学生，被称为“一师一校”。他在本主节期间下山过节。接本主的这一天，他除了完成周城每家每户都必做的点香火盆、放鞭炮之外，四天中再没有参与仪式活动的记载，连“看戏”都没有参加。他对宗教仪式的记载没有多少兴趣，与此相反，在本主节期间的正月十五元宵节的日记中，他颇为详细地书写了对妻子的赞颂以及夫妻之间的深情。老三段晓涌在四天中一次宗教活动都未参加。他是喜洲镇农村信用合作社的主任，有着繁忙的行政事务。接本主的那天，恰好是他与妻子结婚 18 年的纪念日，他因为没有时间庆祝这个纪念日而遗憾。不过第二天马上就做了补偿。他的妻子杨应开参加正月十五晚上的演出，他去帮忙，并邀请大家来吃晚饭。这些都是日常生活的记载。老五段晓平从事个体经营，一是经营餐馆，二是经营绣花房。四天中他也只是参与了第一天本主巡游时在自家门前“放鞭炮”。他在本主节期间除了关心家庭经济活动之外，更多地记载了娱乐活动，在看节目时注意力放在艺术鉴赏上，关注滇剧一团的“质量水平”，关注民间节目是否“精彩”。

从上述几份日记中，我们看到周城村民对待宗教仪式的一般性态度，缺乏神圣感是一种普遍的特征。有的将其作为一种娱乐，如段绍升、段妈妈；有的将其作为行政工作的一部分，如段晓云；有的将其作为一种村庄的文化庆典，如段晓松、段晓涌、段晓平。六份日记中只有一人对仪式活动念念在心，就是段晓松之妻竹丽。从段晓松日记中“再三给我交代”“生怕我误事”“一定别忘”“离家前把大长香和火炮准备在醒目的位置”这些用词来看，竹丽相当重视仪式。但是，另一个重要事实是，在日常工作与宗教庆典发生冲突时，她仍然将日常的经济生活放在首位，并没有选择参加仪式。这些都反证了仪式并不对具体的社会生活产生功能。道理很简单，如果段绍升一家认为仪式具有实用功能，那么任何人都应该将所有的其他工作先放在一边，抱着神圣的态度积极参与到仪式活动中来，而我们没有看到这种态度和行动。

涂尔干将宗教和世俗社会生活分割为两个不同的领域，他说：

> 已知的一切宗教现象，无论是简单的还是复杂的，都有一个共同的特征：即把人所了解的全部事物一分为二，划分为两大类别，也就是截然不同的两个种；这两个类别通常可以用世俗的和神圣的这两个词来表达。①
>
> 要在神圣事物与世俗事物的关系中确定神圣事物的性质，唯一的手法就是指出它们的异质性。这种异质性足以将它们分类，并将神圣事物同一切其他事物区别出来，因为它非常特别，它是绝对的。在人类思想史上恐怕再也找不到两个范畴，能像“神圣”与“世俗”那样极端对立和截然不同。……不论何时何地，神圣事物与凡俗事物总是被人想象为两个不同的类别，两个没有任何共同之处的世界。②

马林诺夫斯基重复了涂尔干的论述，他说：“无论怎样原始的民族，都有宗教与巫术、科学态度与科学。通常虽都相信原始民族缺乏科学态度与科学，然而一切原始社会，凡经可靠而胜任的观察者所研

---

① ［法］爱弥尔·涂尔干：《涂尔干论宗教》，周秋良译，华夏出版社1999年版，第106页。

② ［法］爱弥尔·涂尔干：《涂尔干论宗教》，周秋良译，华夏出版社1999年版，第108页。

究过的，都很显然地具有两种领域：一种是神圣的领域或巫术与宗教的领域，一种是世俗的领域或科学的领域。”① 而由周城本主诞期间农家生活的观察带给我们的启示是：神圣与世俗并非“极端对立”，也非“截然不同”，二者之间边界模糊，倒像是将宗教放置在社会日常生活之内来看待似乎更为合适。进一步说，这种“对立”“不同”即使存在，即使分隔为两个领域，普通民众也并不认为仪式在具体的社会生活中发挥着功能。

第五节　“转喻”：符号的外部关系逻辑

让我们再回到第一章的奥格登和瑞恰兹的关于能指、所指与指涉物的三角形，同时将其简化一下。

在图 5－37 中，我们看到了能指的“叛逆”行为：本来指涉物造就了能指，诞生了能指，并且希望它与自己保持同一、“指涉”自身；而偏偏这个被造就的、被诞生的能指，却抛弃了指涉物、远离了指涉物，与它心仪的“所指”结成了一对，成为符号内部的能指与所指的永不分离的关系。不仅如此，一旦符号脱离了母胎，按照自己的生命方向前行，它能够繁衍出与任何事物没有任何关联的新的符号。这就是弗雷格语言哲学与索绪尔语言学的基本要义之一。这对于想用符号去替代事物的表述者无疑是一场灾难，却也毫无办法。这使我们明白：无论是神话也好，仪式也好，庙宇和神像也好，这些文化符号对于社会现实生活而言，它不是“隐喻”，而是“转喻”。我们已经说过，隐喻是一种“叙述投影”，既然是“投影”，那么在隐喻的逻辑中，“形”与“影”具有相似性，便可以用叙事来替代事实。而“转喻”则与此不同，它具有如下两个方面的特征，这两个特征确定了符号与外部世界的关系逻辑。

① ［英］马林诺夫斯基：《巫术科学宗教与神话》，李安宅译，商务印书馆 1936 年版，上海文艺出版社 1987 年影印本，第 1 页。

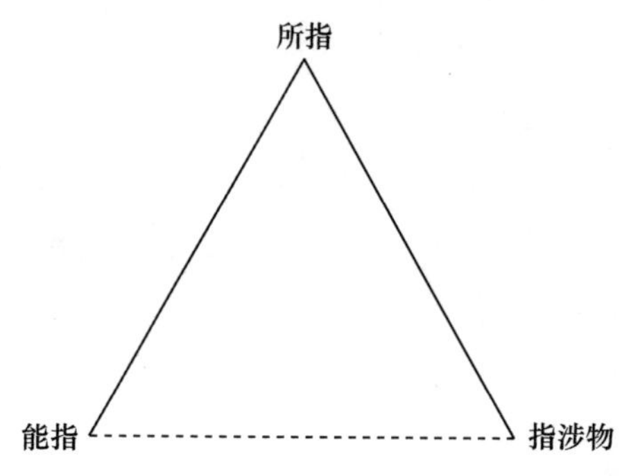

图 5－37　能指、所指与指涉物三角关系图

第一，符号与外部世界不存在“相似性”关系。人类是符号的动物，他们要相互交流，在相互交流中要表述实在的世界；而他们只能用符号进行交流，为了能够把握实在并表象实在，符号的产生总是与实在的世界存在着某种关联。然而，它无法在表象世界中达到与之相同或相像，它也无法在把握世界中达到确定无误，因此，符号与客观世界只具有“相关性”，而不具有“相似性”。我们曾经强调“事”（客观存在的事实、事物、事件）与“叙事”（用符号来表述这些事实、事物、事件）的巨大的、本质性的区别。“叙事”不仅不能达到与“事实”（事物）的等同，也不能达到相似性。例如，我们要表述一个活生生的人，表现出这个人的某种立体感，但我们只能使用符号作为叙事手段，于是我们往往通过“点”式描写达到“线”的连接，再通过“线”的连接达到“体”的呈现。如将这种方式抽象化为某种模式，则如图 5－38 所示。

在图 5－38 中，我们用抽象的立方体的几何图形“Z”表达为物体的诸面相。“Z”由六个面构成，即平面 1234、平面 5678、平面 1265、平面 2376、平面 3784、平面 1485。A、B、C、D、E、F 六个点分别代表立体的六个“面”上的某个位置的“点”。“AB”“BC”“CD”“DE”“EF”“FA”在图形中虽然都是一条直线，但它代表的

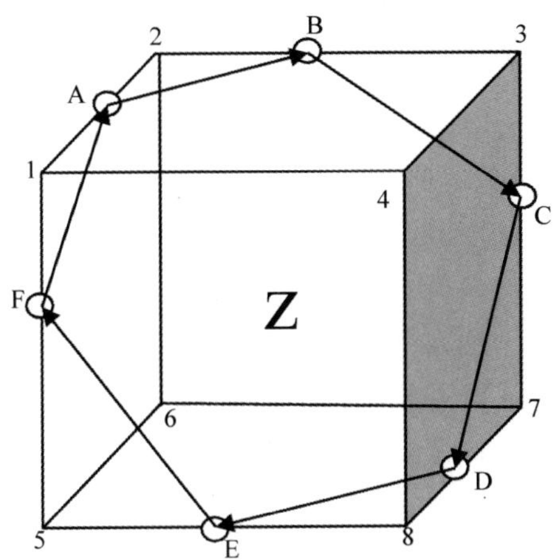

图 5－38　“Z”立体叙事示意图

是上述六个面的叙事[①]，于是“A—B—C—D—E—F—A”的连线就代表一种立体的叙事模式。然而，问题在于，“A—B—C—D—E—F—A”的连线不仅不是立体“Z”本身，它与“Z”立体也没有相似性，它只是我们在叙事中用符号说话的一种方式。

无论涂尔干的社会学理论和马林诺夫斯基的功能主义是否意识到符号作品根本无法达到与客观世界相一致，他们都在理论上假设这种一致性。他们“就在那些最初的概念矛盾似乎禁止我们达到真实客体的那一刻加以反映，并且被假定为与这一客体相一致”[②]。这种假定是他们研究工作的前提，因为他们不这样做，他们对于异文化的研究就是无效的。功能主义民族志认为对当地文化的描绘是客观的、科学的，他们在这种象征性描绘中，把对事物的知觉层面当作了事物本身。这个世界没有一种象征可以概括，运用符号的写作

① “AB”代表平面 1234，“BC”代表平面 2376，“CD”代表平面 3784，“DE”代表平面 5678，“EF”代表平面 1485，“FA”代表平面 1265。

② ［美］弗雷德里克·詹姆逊：《马克思主义与形式》，李自修译，百花洲文艺出版社 1995 年版，第 46 页。

永远也达不到接近现实。罗蒂认为“镜式”哲学中所反映的东西之所以并非现实，是因为其反映的内容是由反映模式决定的，这种模式包容了相当广泛的可能性；而且不同的人有着不同的反映模式。在经过“象征性转换”以后，符号与具体的社会现象就成为两个完全不同的东西。符号形式不等于客观实在的形式，它不是一个单纯摹本。

> 从这样一种观点来看，神话、艺术、语言和科学都是作为符号而存在的。这并不是说，它们都只是一些凭借暗示或寓意手法来指称某种给定实在的修辞格，而是说，它们每一个都是能创造并设定一个它自己的世界之力量。在这些它自己创造并设定的世界中，精神按照内在规定的辩证法则展现自身。……因此，这些特定的符号形式并不是些模仿之物。①

第二，符号与外部世界不存在“功能性”的对转关系。符号与外部世界的相关性，是就其起源而言；而当符号一旦形成之后，它就是一个“活”的生命体，它成为一种自在自为的、具有自我生命能力与行动能力的“能指”与“所指”系统。神话“会演化出一种积极的自身生命力和活动力，使我们通常称之为事物的直接实在性的那种东西趋于黯然失色，甚至使经验世界中丰富多彩的感觉经验在其面前也显得那样苍白无光”。② 它离开了社会生活，按照自身的逻辑运行，并不通过“对转”的方式对具体的社会生活发挥作用或功能。“语言、神话或艺术，因为它们也都各有一种独特的‘看’的方式，也都在自身内部各有其特殊而合适的光源，在概念之光初照之下产生的直观，其功能是永远也不会从事物本身那里得到的，也是永远无法通

---

① ［德］恩斯特·卡西尔：《语言与神话》，于晓等译，生活·读书·新知三联书店1988年版，第36页。

② ［德］恩斯特·卡西尔：《语言与神话》，于晓等译，生活·读书·新知三联书店1988年版，第37页。

过其客观内容的性质而理会的。”[1] 文化符号所表达的不是当下的存在与当下的实际利益，它的意义指向更高的理想，它的功能也指向更高的理想。“文化被认作是比人的‘此在’更高层次的表征，表达了人按自己的意愿对生存状态的提升。”[2]

于是，在“转喻”的视野之下，我们可以将神话及仪式与社会生活的关系看作一种“转折”关系。它们所具有的某种对于社会生活的象征性仅仅是相对于它的“来处”而言，而不是相对于它的“去处”而言。而当这种象征符号产生之后，它就立即发生“转折”，但这种“转折”并非通过“对转”重新转回到它所由之产生的现实生活中去，而是一种“内转”，即由外部逻辑转换成为内部逻辑，由“指涉性”转换成为“自指性”，转向了它自己的生命的方向，转向了它自身的符号逻辑的方向。

---

① ［德］恩斯特·卡西尔：《语言与神话》，于晓等译，生活·读书·新知三联书店1988年版，第39页。

② ［德］彼得·科斯洛夫斯基：《后现代文化》，毛怡红译，中央编译出版社1999年版，第12页。

附 周城三个宗教组织仪典列表

表 5－4 周城三个宗教组织仪典列表

序号	时间（农历）	仪典名称	活动地点	诵唱经典	主办宗教组织
1	正月初一	弥勒菩萨圣诞	龙泉寺		北莲池会
2	正月初九	玉皇诞	龙泉寺玉皇殿	玉皇经四卷	洞经会
2	正月初九	玉皇诞	南本主庙	日月经等	南莲池会
2	正月初九	玉皇诞	龙泉寺	玉皇经	北莲池会
3	正月十五	天官诞	龙泉寺文昌殿	三官经	洞经会
3	正月十五	天官诞	南本主庙	天官经	南莲池会
3	正月十五	天官诞	龙泉寺	天官经	北莲池会
4	正月十六	本主诞（杜朝选）	北广场、南北本主庙	文昌大洞经等	三会合办
5	二月初三	文昌会	南本主庙	文昌经	南莲池会
5	二月初三	文昌会	龙泉寺	文昌经	北莲池会
6	二月初八	释迦牟尼佛出家	龙泉寺		北莲池会
7	二月十五	祭太上老君			洞经会
7	二月十五	释迦牟尼佛涅槃	龙泉寺		北莲池会
8	二月十九	观音会	龙泉寺大殿	观音经	洞经会
8	二月十九	观音诞	南本主庙	观音经	南莲池会
8	二月十九	观音诞	北本主庙	观音经	北莲池会
9	三月初三	祭本主杜朝选	神摩山下龙王庙	日月经等	南莲池会
9	三月初三	祭本主杜朝选	龙王太子庙		北莲池会
10	三月十五	财神会	龙泉寺大殿	大洞经	洞经会
10	三月十五	财神会	南本主庙	日月经等	南莲池会
10	三月十五	财神会	蝴蝶泉		北莲池会
11	三月十六	山神会	山神庙	三官经	洞经会
11	三月十六	山神会	山神庙	山神经	南莲池会
11	三月十六	山神会	山神庙	山神经	北莲池会

续表

序号	时间（农历）	仪典名称	活动地点	诵唱经典	主办宗教组织
12	三月二十	中央皇帝诞	喜洲寺里本主庙		北莲池会
13	三月廿八	东岳大帝会	龙泉寺文昌殿	十王经	洞经会
13	三月廿八	东岳大帝会	南本主庙	日月经等	南莲池会
13	三月廿八	东岳大帝会	北本主庙		北莲池会
14	四月初四	文殊菩萨寿诞	龙泉寺		北莲池会
15	四月初八	太子诞	龙泉寺文昌殿	大洞经	洞经会
15	四月初八	太子诞	南本主庙	日月经等	南莲池会
15	四月初八	太子诞	龙泉寺		北莲池会
16	四月十五	祭德道治水龙王	旗摩洞龙王庙①	三官经	洞经会
16	四月十五	龙王会	龙王庙	日月经等	南莲池会
16	四月十五	龙王会	龙王庙		北莲池会
17	四月廿一	绕山灵	洱海边龙王庙		北莲池会
18	四月廿五	绕山灵	庆洞村爱民皇帝庙	日月经等	南莲池会
19	五月初一	之会	北本主庙		北莲池会
20	五月十三	单刀会	龙泉寺关圣殿	觉世经	洞经会
20	五月十三	单刀会	龙泉寺	忠义人间第一	南莲池会
20	五月十三	单刀会	龙泉寺	忠义人间第一	北莲池会
21	五月廿八	城隍会	龙泉寺文昌殿	十王经	洞经会
21	五月廿八	城隍会	南本主庙	日月经等	南莲池会
21	五月廿八	城隍会	北本主庙		北莲池会
22	六月初六	朝六斗②	龙泉寺文昌殿	斗母经	洞经会
22	六月初六	朝六斗	南本主庙	日月经等	南莲池会
22	六月初六	朝六斗	龙泉寺		北莲池会
23	六月初十	小黄龙庙补课③	大理洱海边才村	日月经等	南莲池会
24	六月十一	将军洞补课	大理下关	日月经等	南莲池会

① 也可以在龙泉寺，或者洱海边。
② “朝六斗”从初一至初六共六天。初一、初三、初六为仪式日。
③ “补课”是一种外祭形式。

续表

序号	时间（农历）	仪典名称	活动地点	诵唱经典	主办宗教组织
25	六月十二	城隍庙补课	大理古城	日月经等	南莲池会
26	六月十三	东岳宫补课		日月经等	南莲池会
27	六月十四	爱民皇帝庙补课	大理庆洞村	日月经等	南莲池会
28	六月十五	补课	将军洞		北莲池会
29	六月十九	观音菩萨成道	北本主庙	观音经	北莲池会
30	六月廿四	关圣祭	龙泉寺关圣殿	觉世经	洞经会
30	六月廿四	关圣诞	龙泉寺关圣殿	日月经等	南莲池会
30	六月廿四	关圣帝君会	龙泉寺关圣殿		北莲池会
31	七月初一	打开地狱门	南本主庙		南莲池会
31	七月初一	打开地狱门	北本主庙		北莲池会
31	七月初一	老祖宗寿诞		祖宗经等	南莲池会
32	七月初七	魁神会	北本主庙魁神殿①		洞经会
32	七月初七	魁神会	北本主庙魁神殿		北莲池会
33	七月十五	地官诞			洞经会
33	七月十五	水官诞	南本主庙	九拜水官	南莲池会
33	七月十五	水官诞	北本主庙	九拜水官	北莲池会
34	七月十八	南本主诞	南本主庙	文昌大洞经	洞经会
34	七月十八	南本主诞	南本主庙	日月经等	南莲池会
34	七月十八	南本主赵木郎诞			北莲池会
35	七月二十	下兴庄本主②	下兴庄天王寺		北莲池会
36	七月廿三	海边补课	洱海边	泥鳅经等	南莲池会
36	七月三十	地藏王圣诞	北本主庙		北莲池会
37	八月初二	沙坪街补课	沙坪街	日月经等	南莲池会
38	八月初三	灶君诞	龙泉寺文昌殿	文昌大洞经	洞经会
38	八月初三	灶君诞	南本主庙	灶王经等	南莲池会

① 或者在龙泉寺文昌殿。

② 下兴庄本主与赵木郎为结拜兄弟。

续表

序号	时间（农历）	仪典名称	活动地点	诵唱经典	主办宗教组织
38	八月初三	灶君诞	龙泉寺	灶王经	北莲池会
39	八月初八	谷子诞	南本主庙	日月经等	南莲池会
39	八月初八	谷生日	北本主庙		北莲池会
40	八月十四	爱民皇帝	庆洞村		北莲池会
41	八月十五	观音老祖寿诞（接观音老祖）	龙泉寺	观音经等	三会合办
42	八月二十	沙坪本主补课	上关沙坪		北莲池会
43	八月廿四	祭孔子	龙泉寺		北莲池会
44	八月廿七	祭孔子	龙泉寺观音殿	孔子经	洞经会
45	九月初九	祭斗母朝九斗①	龙泉寺、本主庙	斗母经等	南北莲池会
46	九月十五	磨豆生日			南莲池会
46	九月十五	磨豆生日	龙泉寺		北莲池会
47	九月十九	观世音出家	北本主庙		北莲池会
48	九月三十	药师佛圣诞	龙泉寺		北莲池会
49	十月初一	之会	北本主庙		北莲池会
50	十月十五	水官诞	龙泉寺文昌殿	三官经	洞经会
50	十月十五	水官诞	南本主庙	日月经等	南莲池会
50	十月十五	地官诞	龙泉寺	地官经	北莲池会
51	十月十八	祭地母			洞经会
51	十月十八	地母诞	南本主庙	日月经等	南莲池会
51	十月十八	地母诞	北本主庙		北莲池会
52	十一月初七	国母诞	庆洞村	日月经等	南莲池会
52	十一月初七	国母诞	庆洞村本主庙		北莲池会

① “朝九斗”从九月初一至九月初九共九天，仪式日期为九月初一、初三、初六、初九。

续表

序号	时间（农历）	仪典名称	活动地点	诵唱经典	主办宗教组织
53	十一月十七	阿弥陀佛寿诞	南本主庙	日月经	南莲池会
53	十一月十七	阿弥陀佛寿诞	龙泉寺		北莲池会
54	十一月十九	太阳诞	龙泉寺文昌殿	文昌大洞经	洞经会
54	十一月十九	太阳诞	南本主庙	日月经等	南莲池会
54	十一月十九	太阳诞	龙泉寺		北莲池会
55	腊月初一	之会	龙泉寺		北莲池会
56	腊月初八	释迦牟尼佛成道	龙泉寺		北莲池会
57	腊月廿三	灶君诞	龙泉寺文昌殿	文昌大洞经	洞经会
57	腊月廿三	灶君升天	南本主庙	灶王经等	南莲池会
57	腊月廿三	灶君升天	龙泉寺	灶王经	北莲池会
58	腊月廿五	朝鸡足山	宾川鸡足山		北莲池会

第六章 “神话”是什么

我们才处于形成过程之中。

——［德］恩斯特·布洛赫

在前面的各章中，我们陈述了杜朝选神话的诸变体，从 20 世纪三种主要的人类学理论出发，对杜朝选神话的功能、结构、意义进行了讨论，探索了符号的内部关系和外部关系的逻辑，包括能指与能指关系的符号逻辑、能指与所指关系的符号逻辑以及符号与外部世界的关系逻辑。我们提出了“序列”“扇面”“转喻”三个分析性概念用于概括这三重逻辑的主要内涵。在此过程中，我们以对杜朝选神话的分析与解释所能达到的视界检视了功能主义、解释人类学以及结构主义理论的适应度。一部民族志，既是认识论的，也应该在本体论和目的论上有所思考。现在，我们要问的是，杜朝选神话到底是什么？杜朝选到底是谁？我们研究这个神话又到底是为了什么？我们希望在这几个涉及“本体”与“目的”的问题上作一些简要说明。

第一节 为什么是“蟒蛇共蝴蝶”？

按照维柯“出生”和“本性”是一回事的原则，“杜朝选神话是什么”这个追问神话本质的问题决定于“杜朝选神话是怎么生成的”这个追问神话发生学的问题。杜朝选神话是一个蟒蛇共蝴蝶的结构，在这一结构中，大的、恶的蟒蛇被刚性的杜朝选的勇敢行为杀死了，

“刚性”成为“崇高”；而小的、善的蝴蝶是两个报恩的柔性女子化成的，“柔性”成为“优美”。神话将这两个阔狭顿异甚至意义相互矛盾的事物组合和交融在一起，进而获得了崇高而优美的双重属性。

杜朝选神话的生成是一个“文化叠合”的变迁过程。所谓“文化叠合”是指当一个地区的文化由于长时期的发展变异的积累出现新文化现象的时候，旧文化现象的许多主要部分并不是以消亡和破产为基本特征，而是经过选择、转换与重新解释以后，依然被一层一层地重叠和整合在新文化结构之中。另外，对于传播而来的异地文化，也是通过选择、转换与重新解释以后，被一层一层地重叠和融合在新文化结构之中。于是，不同时间、不同地域发生的文化现象便凝结、层累、整合在同一种文化结构之中。既然文化变迁存在着“多重文化时空叠合”现象，我们便可以用“历时性还原”的方法将共时态呈现在我们面前的文化，还原到历时态中去。“叠合”是从历史到现状将发展的结果凝结为共时态，“还原”则是从现状到历史将发展的过程展现出来。[①] 因为在“文化叠合”的变迁中后来的变体总是和先前的变体并存，杜朝选神话在历史发展中总是通过不断楔入和吸纳新的基本能指而逐渐繁衍起来，故而，我们可以将杜朝选神话 45 个变体（除 M5）的共时性呈现还原为几个不同发展阶段上的历时性形态。在 45 个变体中有的讲述简约，有的讲述繁复，如果将那些只是片段式的有意强调某一个情节的变体除外[②]，某些简约的变体就可以看作是较早出现的变体，某些繁复的变体则是后来发生的变体。一方面，这些新增加的基本能指与原来的基本能指相互兼容或不兼容，进而成为情节越来越曲折、内容越来越复杂、意义越来越丰富的变体；另一方面，新生的较为繁复的变体与原先的具有简约性的变体共存于当下的民间口头讲述中。

从当地人讲述的各变体来看，杜朝选神话由简单到复杂的变迁依据历史与逻辑统一性原理大致可以划分为五个不同的阶段。早期有古

---

① 参见朱炳祥《“文化叠合”和“文化还原”》，《广西民族学院学报》2000 年第 6 期。

② 例如 M3 就是这样的例证，它只强调了某一特殊的情节。

文献记载的，可以确定准确年代。近代以来的神话讲述虽然都是口述变体，但其中有的讲到神话在时间中的变迁问题，例如说杜朝选被奉为本主是杀蟒以后的事，蝴蝶泉的故事是后来被添加到杜朝选神话中去的。另外一些变迁阶段虽然无法进行准确的时间考证，我们可以借助逻辑来反推历史。使用这种“反推法”，当然可能出现个别的、具体的阶段划分存在着交错混杂甚至并不准确的现象，但整体发展的大阶段则是清晰的。

杜朝选的神话最早只是杀蟒除害的故事。这个故事不仅古代文献中有记载，而且与周城村同属喜洲镇的河矣城村有一个同样的故事可以作为旁证。大理学者徐嘉瑞在《大理古代文化史》中引述《白古通》：

> 《白古通》：洱海有妖蛇，名薄刦，兴水淹城，段赤城除之。羊皮村斜阳峰下，有一塔，名蛇骨塔，塔后一寺，名佛图寺。相传有大蛇，常食村中人畜，兴洪水。段赤城者，义士也，决心为民除害，浑身尽缚钢刀，手亦持钢刀让大蛇吞入腹中，结果蛇被段赤城所杀，赤城亦死。村人葬赤城于斜阳峰上，并灰蛇骨为塔。塔在峰麓，洱水环抱，宛如新月，即今蛇骨塔也。
>
> 谢肇淛《滇略》：“赤城，叶榆人，有胆略。蒙诏时，龙尾关外有大蟒吞人畜，赤城披甲持双刀赴蟒，蟒吞之，刀出于背，蟒亦死，土人剖蟒腹，出赤城骨葬之，建塔冢上，煅蟒骨以垩塔。”可知这故事相传已久。①

段赤城的故事和杜朝选的故事都是一个杀蟒的故事，因为有古代典籍的记载，所以杀蟒的故事早就已经在大理地区流传是可以确定的。在现有杜朝选神话诸变体中，M6 和 M26 就是例证，它仅由“猎人”“蟒患”和“杀蟒”三个基本能指构成。这种简单的变体可以看作早期故事的“文化遗留”，这三个核心基本能指在变迁中一直被“叠合”在后来的变体之中，因而杜朝选神话所有 45 个变体（M5 除

① 徐嘉瑞：《大理古代文化史》，云南人民出版社 2005 年版，第 181 页。

外）全部具有这三个基本能指。它们的重要性来源于它们在“出生”的时候就已经出现，后来，其他基本能指围绕着它们逐渐被衍生出来，“射雁”“射蟒”“洗衣”“合谋”“盗剑”这些基本能指可能就是在这一过程中逐步形成的。

第二阶段：增加了“本主”和“祭祀”两个基本能指。神话的简述如下：“杜朝选杀死蟒蛇，为民除害，周城人将他奉为本主。”M13、M17、M32、M37 共 4 个变体可以作为例证。杀蟒和立为本主既是逻辑上的因果关系，也是时间上的先后关系。按照周城人自己编写的《周城村寺庙纪事和本主传说》记载，杜朝选的北本主庙建于 1666 年，当时尚不知杜朝选的名字，仅取名为“打猎匠本主”。到了 1908 年，周城乡绅举行扶乩才确定打猎匠的名字叫杜朝选。同样，段赤城杀蟒的神话，后来也转变为一个本主神话，大理市文化局编《白族本主神话》载：

> 从前，在西洱河畔的羊皮村，有个放羊的小伙子，名叫段赤城。有一天，他赶着羊群经过马耳峰山垭时，有几只羊突然飞进山垭里去了。他十分惊奇，便追着去看，忽然闻到一股腥臭气，又感到有一种吸力，就赶快退了回来。第二天傍晚，他再不敢领羊从山垭口经过，却牵了一只狗到那里，让狗到山垭口吃东西。一会儿，那只狗竟四脚朝天地掉进山垭里去了。第三天傍晚，段赤城又去山垭里看。有几个好事的人，也悄悄尾随着他。这才发现有一条大蟒蛇正张开血盆大口，在那里吸食着一只山羊。他们吓得不敢多看，跑回村里去告诉大家。
>
> 从此，人们纷纷议论着，山里原来有一条大蟒蛇作怪。可是，谁又能把这条蟒蛇除掉呢？段赤城听说乡亲们要杀蟒蛇，就向乡亲们表示：“我愿意双手拿刀，身绑利刃，去和蟒蛇拼个你死我活。万一它把我吸到肚里，我手里有刀，身上有刀，刀口有毒，也可以杀死它。”
>
> 过了几天，一切都准备好了。附近村子里的人都置酒相送，像往常送战士出征一样。段赤城装束停当，手拿双刀，身绑利

刃，蓝布包头，脚穿草鞋，辞别众乡亲，大步向马耳峰走去。众乡亲也各执武器，准备迎战。黄昏时后，人们把活羊和装着许多刀子和石灰的羊皮包送到了山垭口。一会儿，山风吹起来了，一股恶腥味迎面扑来。蟒蛇闻到了羊味，便一口吞下了那些活羊和羊皮包，刀刃刺着蟒蛇的肚子，石灰腌着蟒蛇的肠子。它疼痛难忍，忽地跃起，摇动着巨大的身躯向洱海冲去。这时，只见段赤城站在一块大礁石上，腾空而起，纵身跳入洱海。洱海的浪涛更大了，恰似一匹发狂的怪兽，怒吼着，冲击着。天大亮了，人们从四面八方涌来。在西洱河岸边，躺着一条比水桶还粗、长约五丈的大蟒蛇，口流黑血，一动不动。大家壮着胆子把它剥开，发现段赤城也牺牲了。乡亲们盛殓了为民舍身除害的勇士段赤城，举行了隆重的葬仪，把他葬在羊皮村后马耳峰下的小山岗上，并立他为本主。①

杜朝选与段赤城的神话都是杀死蟒蛇在前，立为本主在后，两个村庄是相同的，可以相互为证。

第三阶段：将相邻的桃源村弓鱼洞的传说吸纳到神话中来，又增加了“渡海”和“弓鱼”两个基本能指。神话简述如下：“杜朝选渡海而西，戳弓鱼洞回报船夫；然后又杀蟒除害，周城人将他奉为本主。”M15 和 M41 等变体可以作为例证。当然，这一阶段与第二阶段相互调换位置在逻辑上也能成立。但这种位置的调换，并不影响对整个神话的变迁进程的说明。

第四阶段：又增加了“报恩”和“成婚 1”两个基本能指。神话简述如下：“杜朝选渡海而西，戳弓鱼洞回报船夫。然后他杀蟒除害，救出二姐妹；二姐妹为报恩，嫁给了杜朝选。因为杜朝选为周城作出了贡献，周城人将他奉为本主。”M3、M4、M7、M8、M9、M10、M11、M12、M14、M16、M20、M21、M22、M25、M27、M28、

① 大理市文化局编：《白族本主神话》，中国民间文艺出版社 1988 年版，第 12—14 页，有删节。

M30、M31、M33、M35、M36、M39、M42、M44、M45 共 25 个变体都可以作为例证。增加“报恩”与“成婚 1”，神话的主题得到进一步延伸与深化。这一类型的变体情节曲折，思维容量较大，符合神话变迁后期形态的复杂化特征。

第五阶段：将邻村仁和村“蝴蝶泉的传说”吸纳进来，再增加了“拒婚 1”“跳潭 1”“化蝶 1”“迫娶”“成婚 2”“拒婚 2”“跳潭 2”“化蝶 2”共 8 个基本能指，形成了主干型神话与分枝型神话的不同表述。M1、M2、M18、M19、M23、M24、M29、M34、M38、M40、M43、M46 共 12 个变体皆可以作为例证。杜朝选神话将仁和村“蝴蝶泉的传说”纳入自身之内，是近些年才出现的，村中年长一些的讲述者甚至可以说出具体的变迁时间。这是神话的一次最重要的变化。蝴蝶泉的传说本就是一个独立的传说，即雯姑与霞郎的爱情故事。郭沫若先生 1961 年游蝴蝶泉时写有一诗，记载了他所搜集到的蝴蝶泉的传说。我 2000 年在周城田野工作期间，经常出入于蝴蝶泉，抄录了蝴蝶泉陈列馆墙壁上的这首诗：

蝴蝶泉头蝴蝶树，蝴蝶飞来千万数；首尾联接数公尺，自树下垂疑花序。

五彩缤纷胜似花，随风飘摇朝复暮；蝶会游人多好奇，以物击之散还聚。

今来时已近中秋，蝴蝶不来空盼顾；蒙蒙烟雨洒点苍，举头但见生云雾。

我闻有女名雯姑，茅屋一椽泉畔住；父年五十常采樵，女年十五工积素。

春初父女上苍山，适遇青年一猎户；青年一箭中稚鹿，鹿奔雯姑脚下伏。

雯姑见鹿甚哀怜，抱入怀中求饶恕；青年自道名霞郎，愿以稚鹿相赠付。

稚鹿含泪声呦呦，似诉肩头箭尚着；霞郎拔箭敷以膏，鹿渐无声忘所苦。

雯姑深感霞郎德，荷包相赠心相许；月下泉边时对歌，小鹿依依作伴侣。

地方霸主号虞王，久慕雯姑貌媚妩；欲纳为姬遭拒绝，求之不得乃动武。

一日率众至泉边，劫去雯姑杀其父；小鹿奔上玉局峰，觅得霞郎所住处。

口含霞郎身上衣，牵拽霞郎下山去；霞郎下山至泉边，得见雯姑所遗书。

霞郎奔赴虞王府，救出雯姑回玉局；虞王追逐鹰犬多，霞郎势孤难抵御。

奔至泉边路已无，跳入泉中如双鹜；小鹿亦以身相殉，同以清泉作坟墓。

顿然暴雨倾盆下，雷电交加天地怒；虞王见势无如何，回首奔逃如脱兔。

俄而雨过更晴明，鸟语花香见情愫；泉中一对蝴蝶飞，飞出清泉上天路。

金黄小蝶相追随，小鹿之魂所凝聚；展翅翩跹复翩跹，风送馨香闻四处。

四方蝴蝶尽飞来，首尾联作秋千舞；从此年年蝶会开，四月廿五年一度。

奇哉此景天下孤，奇哉此事堪作赋，低首自惜来太迟，期以明春不再误。

合欢古树罩深潭，泉沫泠泠清似露，清茶酹祷蝴蝶魂，阿雯阿霞春永驻。

于是，一个单纯杀蟒为民除害的神话，吸纳了弓鱼洞和蝴蝶泉的故事以后，演绎为一个内容丰富饱满的个体报恩和群体报恩的完整版的“蟒蛇共蝴蝶”神话。

在表6-1中，由于讲述者的讲述背景和关注点不同，或者再加上人们的“思维容量”总是有限的，所以复杂的神话讲述总是对于一些情节有所忽略或遗漏，因此就出现了一些不完整的类型。在第四阶段，完整的类型应该是“杀蟒＋弓鱼＋报恩＋成婚1＋本主”，但却有M3、M8、M10、M22、M25、M27、M28、M30、M33、M42、M45共11个变体属于不完整类型，其中M10、M22、M25、M28、M30、M42、M45共7个变体无“弓鱼”这一基本能指；M3、M8、M27、M33共4个变体既无“弓鱼”也无“本主”“祭祀”共三个基本能指。在第五阶段，完整的类型应该既具有蝴蝶的故事的各项选择性的基本能指（排除矛盾的部分），同时也应该具有其他各项基本能指，但是在7个不完整类型中，M1和M29无“本主”“祭祀”两个基本能指，M23、M38和M40无“弓鱼”这一基本能指，而M2和M43则既无“弓鱼”又无“本主”“祭祀”基本能指。

表6－1　　　　**45则神话历时性变迁一览表**

序号	第一阶段	第二阶段	第三阶段	第四阶段		第五阶段	
	单纯杀蟒	杀蟒＋本主	杀蟒＋弓鱼＋本主	杀蟒＋弓鱼＋报恩＋成婚1＋本主	不完整类型	杀蟒＋蝴蝶泉故事＋本主	不完整类型
M1							▲
M2							▲
M3					▲		
M4				▲			
M5							
M6	▲						
M7				▲			
M8					▲		
M9				▲			
M10					▲		
M11				▲			
M12				▲			

续表

序号	第一阶段	第二阶段	第三阶段	第四阶段		第五阶段	
	单纯杀蟒	杀蟒+本主	杀蟒+弓鱼+本主	杀蟒+弓鱼+报恩+成婚1+本主	不完整类型	杀蟒+蝴蝶泉故事+本主	不完整类型
M13		▲					
M14				▲			
M15			▲				
M16				▲			
M17		▲					
M18						▲	
M19						▲	
M20				▲			
M21				▲			
M22					▲		
M23							▲
M24						▲	
M25					▲		
M26	▲						
M27					▲		
M28					▲		
M29							▲
M30					▲		
M31				▲			
M32		▲					
M33					▲		
M34						▲	
M35				▲			
M36				▲			
M37		▲					
M38							▲

续表

序号	第一阶段	第二阶段	第三阶段	第四阶段		第五阶段	
	单纯杀蟒	杀蟒 + 本主	杀蟒 + 弓鱼 + 本主	杀蟒 + 弓鱼 + 报恩 + 成婚 1 + 本主	不完整类型	杀蟒 + 蝴蝶泉故事 + 本主	不完整类型
M39				▲			
M40							▲
M41			▲				
M42					▲		
M43							▲
M44				▲			
M45					▲		
M46						▲	
合计	2	4	2	14	11	5	7

当周城村民将杀死蟒蛇、为民除害的杜朝选奉为本主，以及被救的二姐妹坚决要嫁给杜朝选为妻这些情节纳入杜朝选神话的时候，神话由原先只是歌颂杜朝选个人英雄行为之“善”，又增加了周城村民的回报之“善”，神话的主题出现了改写，成为一种“善的交换”模式。而当周城村民将桃源村弓鱼洞的奇异现象编织成神话的材料放到杜朝选神话中来，又将本来并无关联的仁和村蝴蝶泉的故事添加到杜朝选神话中来的时候，神话的“善的交换”主题在迂回曲折中得到了加强。在这一过程中，可以看到周城村民在创造和深化神话主题方面的努力非常巨大。在这一吸纳与创造过程中，他们不求结构与情节之间的有机关联与和谐，而只求主题的强化与统一。当蝴蝶泉的故事纳入杜朝选神话之后，“蟒蛇共蝴蝶”的神话产生了新的多重的复杂意蕴。女子报恩是坚定的、彻底的、无条件的、一定要报的、无视生死的，这既是善的，也是美的。杜朝选杀死蟒蛇为民除害，这同样既是善的，也是美的，二者相互对照、相互辉映、相互一致，成为神话真正的“和声”。“蟒蛇共蝴蝶”既完成了神话“善的交换”模式的

塑造，也完成了神话“美的旋律”的表达。杜朝选和二位娘娘在神话变迁中所表现出来的“行动特征”是对于社会理想的一种追寻。

第二节 “杜朝选”是谁?

现在再来追问神话中的人物性质：这个主人公杜朝选，他到底是谁？有着怎样的内涵？与杜朝选相关的二位娘娘又到底是谁？她们又有着怎样的内涵？不过，我们现在要把目光放到更为阔大的空间以及更为久远的时间中去观察，即将杜朝选神话延伸到更大的意义世界中去，观察其纵深的历史意蕴。在这里，我们无法进行详尽的考证，只能选择神话中几个最重要的基本能指作一些概观式的、纲要式的分析。

大理学者徐嘉瑞将杜朝选杀蟒的神话，推演到两千多年以前的“羿射河伯”的神话，不仅认为二者之间有着密切关联，甚至直接认为羿射河伯“与杜朝选神话相同”。他说：

> 此种神话，与《天问》后羿的神话，极其相似。《天问》：“帝降夷羿，革孽夏民，胡射夫河伯，而妻彼雒滨。”朱熹《集注》：“河伯化为白龙，游于水傍，羿见射之，眇其左目，羿又梦与雒水神虑妃交。”按射河伯，妻雒嫔，当为一事，朱熹、王逸皆以为两事，误矣。屈原所以惊疑，为其是一件事，盖上帝命羿为民除害，何以射河伯后，将河伯所强占之雒嫔，据以为己之妻，正义又何在乎？故呼天问之也。若以杜朝选故事解释《天问》，则知其为一事无疑，而屈原所以惊疑之故，亦得之矣。河伯之都在西方阳纡，故知河伯传说，乃西方羌族神话，或有由西北传入大理之可能。①
>
> 《天问》所云：“帝降夷羿，革孽夏民，胡射夫河伯，而妻彼雒嫔。”与杜朝选神话相同。不独是也，《天问》羿射河伯之

---

① 徐嘉瑞：《大理古代文化史》，云南人民出版社2005年版，第181页。

> 神话，自王逸、朱熹以至今人如玄珠（沈雁冰）之解释，皆以为两事，反须借大理神话将“射河伯”“妻雒嫔”连为一事。而屈原怀疑之点，始得大明。则欲谓此种神话，与楚辞无关，不可得也。①

徐嘉瑞将地隔数千里、时隔数千年的故事看作是同一个故事，认为杜朝选就是羿，“射”与“妻”的行为方式也相同。至于所“射”对象不同（一为河伯，一为恶蟒）和所“妻”对象区别（一为雒嫔，一为二位娘娘）当然就是古代神话的当代转换。这种看法虽属牵强，但是就其文化传承与变迁的“语境”来说，则有其意义，由此可以看到杜朝选神话产生的历史纵深度和地域的宽广度。

不过，如果我们从另一个视角进入，则意义的距离也许更为接近，这就是：“斩蛟”。“蛟”与“蟒”皆为蛇，“斩蛟”的行为就是“杀蟒”的行为。循着这个线索从几千年以前一直追索下来，就如一条有着无数支流的滔滔大江，绵延不绝，流传至今。刘守华先生在《中国民间故事史》中理出了一条历史线索。他认为先秦《吕氏春秋》中《次非刺蛟》中的“蛟”亦为江中之蛇，就是水中兴风作浪祸害人类的邪恶精灵，而斗蛟斩蛟的核心母题在东汉应劭的《风俗通义》中就已经出现，后来流传甚广的许逊斩蛟的故事可能就是由这个神话移植而来。许逊为东晋道士，他的斩蛟故事自唐代段成式的《酉阳杂俎》以来就已一直流传。宋人的《太平广记》和《青琐高议》皆有记载。② 这个故事后来又不断被发挥，演绎成为一个丰富而巨大的文化系统。

由以上“射河伯”与“较蛟”两条线索，都可以看到杜朝选杀蟒的背后其实就是一个中国文化传统的巨大的意义系统，而这个意义系统的核心思想就是为民除害。

如果说“除害”的主题是作为“施事者”的视角叙事，那么

---

① 徐嘉瑞：《大理古代文化史》，云南人民出版社2005年版，第182—183页。

② 参见刘守华《中国民间故事史》，湖北教育出版社1999年版，第710—717页。

“报恩”的主题则是作为“受事者”的视角叙事。“许身报恩”，这几乎成为中国民间神话故事中一个最重要的“情结”。“蛇妻”的故事从宋人洪迈《夷坚志》中的《衡州司户妻》等篇章到宋人话本，再从宋人话本到明代冯梦龙写的《白娘子永镇雷峰塔》，情节多变，摇曳生姿。[①] 这些都可以看作是杜朝选神话中二姐妹报恩的语境。家喻户晓的中国民间神话故事中最完整、美学价值最高的一部作品《白蛇传》，是这个神话故事链条上的重要一环。这个故事说有个叫许仙的人，前生救了两条蛇，一青一白；后来白蛇经过了一千年的修炼，才等来了报恩的机会，化作女人嫁给了许仙，青蛇化作丫环也跟着。如果我们将报恩等待的时间长度换算为报恩之志的烈度，那么白蛇报恩的“韧性”与二位娘娘报恩的“烈性”是等值的。

报恩的故事在中国古代文献中，无论是神话（文学）叙事传统还是史学叙事传统，大多不是单向的叙事，而是双向的叙事，即我们上面所述及的杜朝选神话中的“一来一往”的“善的交换”模式。施予者并非出于为了得到对方回报的意图而施予，回报者也并不只是践行对等利益关系的回报，双方都是怀抱着“善”的意图并实践着“善”的行动。[②] 举一则唐代传奇《柳毅传书》为例。这个神话故事中柳毅拒婚的坚定性和龙女报恩的坚定性与杜朝选神话几无二致。《柳毅传书》说的是唐高宗年间，有儒生柳毅，“应举下第，将还湘滨”，给受难的龙女传书于其父洞庭龙王，后洞庭龙王之弟钱塘君救出龙女，并欲将龙女嫁于柳毅，被柳毅严词拒斥。其后柳毅先娶张氏亡故，再娶韩氏又亡，在历经艰难挫折之后，柳毅与龙女终于结为夫妇。我们引述一下作者李朝威关于“柳毅拒婚”与“龙女报恩”两个情节的描述。

柳毅在传书龙宫使龙女得救之后，当洞庭龙王之弟钱塘君“因酒作色”，威逼柳毅娶龙女为妻时，柳毅有一段“拒婚”的言辞对答：

---

① 参见刘守华《中国民间故事史》，湖北教育出版社1999年版，第371—379页。

② 《史记》记载了众多这种类型的故事。

> 毅肃然而作，欻然而笑曰："诚不知钱塘君孱困如是！毅始闻跨九州，怀五岳，泄其愤怒；复见断金锁，擎玉柱，赴其急难。毅以为刚决明直，无如君者。盖犯之者不避其死，感之者不爱其生，此真丈夫之志。奈何箫管方洽，亲宾正和，不顾其道，以威加人？岂仆之素望哉！若遇公于洪波之中，玄山之间，鼓以鳞须，被以云雨，将迫毅以死，毅则以禽兽视之，亦何恨哉！今体被衣冠，坐谈礼义，尽五常之志性，负百行之微旨，虽人世贤杰，有不如者，况江河灵类乎？而欲以蠢然之躯，悍然之性，乘酒假气，将迫于人，岂近直哉！且毅之质，不足以藏王一甲之间，然而敢以不伏之心，胜王不道之气，惟王筹之！"①

李朝威所描写的柳毅以生命为抵押，坚决拒绝钱塘君的威压逼婚。在这里，柳毅的人格精神深刻之处在于：由于龙女的美貌，柳毅对她有着爱慕之情，也正因为如此，他的拒婚才具有意义。这种意义在于对社会而言，他的行为为社会树立了道德的榜样；对于个体而言，他践行了个体自我的人格完善。"为了义举，爱情可抛"，这是柳毅的人生信条。他牺牲的虽然不是生命，但也的确牺牲了个人利益。

而对于龙女的报恩，李朝威描述得更为哀婉迤逦。那个"许身报恩"的龙女，毕其心智无论如何要达成心愿。龙女与柳毅，两个人的心路跌宕起伏，情意缠绵悱恻。当龙女化作人间的卢氏女嫁给了柳毅后，柳毅感到妻子与龙女非常相似，就说起了过去遇龙女之事。此时他的妻子说了一句话："人世岂有如是之理乎？然君与余有一子。"前一句话承接着柳毅的话而来：人世间难道真有这样的道理吗？她既不肯定也不否定，是一种不置可否的态度；然后马上话题一转，告诉丈夫她已经怀孕了。而等到生了孩子满月之后，龙女才说出了真相，告诉柳毅及亲戚，她就是洞庭君之女，是来报恩的。为什么采取这种方式呢？因为她的叔叔原来跟柳毅提过亲，但他不从。后来看到柳毅

---

① 李格非、吴志达主编：《唐五代传奇集》，中州古籍出版社 1997 年版，第 64 页。

先后娶的两个妻子相继去世，龙女感到有了机会，就化作了卢氏女来报恩。现在已经与柳毅结为连理，愿生死相伴，终生伺奉。龙女一边哭，一边说：“原来不敢说这件事，是因为你不重色，拒绝了叔父提亲。现在我说出了此事，是因为我已经怀了你的孩子，知道你有‘感余之意’。我一个女子可能拴不住你的心，但我知道你爱孩子。因为孩子，我想与你共同生活。不知你意下如何？我现在是又愁又怕。还有一事我不明白，就是我托你带信给父王时，你笑着对我说：‘有朝一日你回到洞庭家里，不要不愿意见我呀。’我不知道你当时说这个话是不是对我有情意。如果有情意，后来叔叔提亲，你为什么又不同意呢？你当时是因为不喜欢我呢，还是生气的原因呢？你开口说话。”听了这一番动情的话，柳毅告诉她说：“好像命里注定一样啊。开始在泾河边见到你听到你的经历的时候，只是为你抱不平，为你受的苦难做我应该做的事，其他我没多想。对你说那句话，只是偶然说出的罢了，没有其他意思。后来钱塘君逼我和你成亲，哪有这样的道理呢？就把我的气激出来了。我本来是一种‘义行’，哪有杀其夫娶其妻的道理呢？此外，我一直操行高尚，哪能屈从于某种压力呢？我的心性耿直，即使遇到利害关系时也是如此。不过，虽然拒了婚，但是将别之日，见到你依依不舍的样子，心里非常遗憾。后来又因为人生世事，没有什么理由与你相见。啊，今天，你是卢氏女，在人间生活，从此以后，永结欢好，再无任何顾虑了。”妻子听到这些话，娇泣不已。

上面引述的两段情节，与神话中的杜朝选“拒婚”以及二姐妹“许身报恩”何其相似！些许差异或者也有：第一，柳毅一开始就见到了龙女，然后才“传书”的；而杜朝选则是首先决心杀蟒，为民除害，只是射蟒以后在菁沟中偶遇洗衣女，并且以为是妖蟒所变。第二，龙女是一个美貌女子，作者李朝威用了“殊色”这个词来形容；而在杜朝选的神话中，当地人的口述变体都没有说到在杜朝选眼中二位女子是美貌的。[①] 第三，就报恩的坚定性与迫切性来说，二位娘娘

① M22 说两位姑娘是“周城最好看的”仅为讲述者的视角，而非杜朝选的视角。

较之龙女是有过之而无不及的。这有两个情节可以说明：一是当柳毅与龙女全家告别时，龙女只是遵母命“当席拜毅以致谢”，没有任何主动性表示；二是当龙女处于两难之中时，如果不是因为知道柳毅娶二妻皆亡，那么她可能会从父母之命而嫁给别人。这些显示了传统女子的屈从品格。而杜朝选神话中的二位女子被拒婚之后，所选择的是跳进蝴蝶泉，以身殉情，以死明志。以上三点说明，杜朝选神话较之《柳毅传书》所揭示的“善的回报”的主题更为凸显。就人格精神而言，杜朝选之于柳毅，并无逊色之处；二位女子之于龙女，更是有过之而无不及。

杜朝选神话中的“化蝶”，在中国文化传统中也有着诸多结构与主题相类似的叙事，著名的如“梁祝化蝶”。《梁山伯与祝英台》是一个为爱情而化蝶的故事。唐初梁载言《十道四番志》就记载“义妇祝英台与梁山伯同冢”。到了明代冯梦龙《古今小说》记载：祝英台为宜兴人，梁山伯为苏州人。并说祝英台是哥嫂将其许于马家，文中还有地裂、入坟、化蝶之说。而在杜朝选神话中，两个娘娘跳泉是为了殉情，杜朝选跳泉也同样是为了殉情，是对两位娘娘行动的回应。蝴蝶的世界到底是否美好我们并不知道，知道的仅是神话所寄托的蝴蝶世界是美好的世界，是理想的世界。鸳鸯蝴蝶这一类动物，由于它们总是成双成对地在一起，使人们将之作为爱情的理想。而蝴蝶泉正是蝴蝶成群的地方。《南诏野史》（下卷）载：“蝶泉：大理府龙首关之南泉。从石腹中涌出，旁有蝴蝶花一株，高丈余。夏月花开状如蝴蝶，而蝶衔之，蝶与蝶复首尾相衔，长垂至地，亦奇观也。”《徐霞客游记》对此描述道：“泉上大树，当四月初即发花如蛺蝶，须翅栩然，与生蝶无异。又有真蝶千万，连须钩足，自树巅倒悬而下，及于泉面，缤纷络绎，五色焕然。游人俱从此月，群而观之，过五月乃已。”神话中的跳潭化蝶正是处理现实与理想关系的一座桥梁。

在以上纲要式的观察中，我们看到：杜朝选是为民除害的夷羿、许逊和柳毅的化身；而二位娘娘则是报恩的龙女、白蛇和祝英台的合体。在这样一个大的文化脉络中理解“杜朝选（包括二位娘娘）是谁”的神话设置，我们得到的是与第一节相互呼应的结论，即杜朝选与二位娘娘的“身份特征”也与他们的“行动特征”一样，同样在呼唤着某种社会理想与人格理想，而这种社会理想与人格理想，由杜朝选与二位娘娘共同演绎的“善的交换”模式，则源自中国文化的悠远传统。

第三节 神话与时代

正因为如此，神话具有时代意义，同时也赋予了我们研究神话所具有的意义。当代的一些学术研究，有一种“回归神话”的走向，回归神话就是回归人的创造性本质、回归人的理想与信仰诉求。

本民族志从符号学的视角出发，以20世纪三个主要的人类学理论视角对杜朝选神话进行了解释，同时又以杜朝选神话研究检视了这三种理论的适用范围。我们看到：神话的确显示人类思维的结构，但这种结构是“序列”的结构，“双项对立”是可以包含在“序列”之中的结构。神话是具有意义的，各种意义虽然也具有“深浅”之分，但它们都是主体的不同解释，各种意义的解释服从于“扇面”的符号逻辑，它们是多元的、开放的，具有方向性，而且是被限定的。神话与社会生活也的确存在着联系，但这种联系不是“隐喻”式的联系，而是“转喻”式的联系。神话及仪式并不与具体的现实生活存在“对转的逻辑”。神话就是神话，它是它自己。神话是自主的、有生命力的、独往独来的、按照自身的逻辑运行而不是按照社会的逻辑运行的符号形式。神话所发挥的功能，不是具体的、具有功利特征的功能，而是发挥着人类追求理想、追求希望的功能。人们创造神话就是一种“自我创造”行为，就是一种追求理想的行为。神话是人通过创造神的方式来创造理想的自我。神是理想的人，人是具体的神，人在神话中照见了他自身。

理想的伟大使命就在于：“它为可能性开拓了地盘以反对对当前现实事态的消极默认。正是符号思维克服了人的自然惰性，并赋予人以一种新的能力，一种善于不断更新人类世界的能力。”[①] 神话的主旨是在“善”与“恶”的冲突中彰显“善”的价值与意义，“扬善惩恶”是神话的重要诉求。在杜朝选神话中，寄托着当地人对美好社会与美好人格的“理想”与“希望”，而在对杜朝选的研究中，同样寄托着民族志者对美好社会与美好人格的“理想”与“希望”。这种“理想”，这种“希望”，是布洛赫意义上的“理想”与“希望”，它具有改造世界、改造社会的意义。布洛赫说：“具体的真正的希望则是最真诚的行善者”[②]，它“蕴含着人性的核心，最终都与摆脱邪恶的拯救有关，都与‘自由王国’有关。……在此，中心问题到处停留在愿望价值问题或‘至善’上”[③]。

杜朝选神话所显示的“理想”与“希望”，其实只是克服冲突所达到的一种和谐，是人与自然的和谐、人与人的和谐。这种和谐是弗洛姆意义上的“生存”状态而不是“占有”状态。“占有”的状态即使是出于“交换”的目的，也是不愉快的、不和谐的，很容易转入暴力行为，这在杜朝选神话中已经有所说明。“理想”与“希望”是精神世界的奥德赛。当然，我们强调“理想”与“希望”，对于“现实”并不是虚无主义的态度，“现实”与“可能”是同时存在的。“希望”既与过去的事实及现实的事实相联系，也与未知的未来事实相联系。“希望”不能理解为消极意义上的脱离实际的幻想，而是积极意义上的理想，是被期待的目标，它给人以鼓舞，给人以力量，给人以方向。神话这种符号形式，具有诉诸“理想”与“希望”的能力。

当前地球上的人类，沉迷于过度丰厚的物质生活，而这种优裕的物质生活会如重重迷雾，使我们根本就认识不到人类生活的真正本质；而且，它往而不返，使我们的反思与改变极为艰难。举一个简单

---

① ［德］恩斯特·卡西尔：《人论》，甘阳译，上海译文出版社 1985 年版，第 78 页。

② ［德］恩斯特·布洛赫：《希望的原理》，梦海译，上海译文出版社 2012 年版，作者前言第 4 页。

③ ［德］恩斯特·布洛赫：《希望的原理》，梦海译，上海译文出版社 2012 年版，作者前言第 19 页。

例证。弗洛姆曾警示人们“私人小轿车”是当代社会的“毒品”，“私人小轿车不经济，污染环境，对人的心理健康也有害，总之是一种毒品，它使人产生一种虚假的强大感，引起人的嫉妒心理和有利于个人自我逃避”。[1] 而我们现在似乎已经对这个毒品上瘾了，离不开它了。弗洛姆的警世之言之所以得不到重视与实践，除了认识的原因之外，还因为我们身处高速运行的现代社会中，并没有实践的条件。离开了小汽车，我们上班怎么办？我们出行又怎么办？更有，小汽车对于某些人来说，已经不是它的使用价值，而是它的象征意义。我们可以看清现在社会中如鸦片、冰毒之类的显性毒品，全世界没有哪个国家允许这些毒品公开存在；但我们却总是忽略那些毒性更为凶险的隐性毒品，同样，全世界没有哪个国家开展禁止“小轿车”的社会运动。这是值得深思的。我们的社会只看到当下的汽车产业带来的经济收入与出行方便，而看不到这类事物给人类的长远生活与社会发展造成的负面影响。鸦片一类的毒品只对吸食者那一小部分个体造成毒害，而现代社会的很多消费品则可以说给全人类带来不可逆的危害，不仅是物质之害，也是精神之害。我们这个世界也许是因为过度的“文明”而得了某种病症，也许是因为“文明”在某个地方走了岔路而偏离了正确的前行方向。

因为物欲泛滥，我们这个时代就是一个特别需要理想和希望的时代，是一个特别需要神话的时代。工业革命本来应该带来人类的福祉，但它同样带来很多副作用。工业革命以后科学技术的飞速发展，又使人类无限扩张了征服与统治自然界的欲望，使本来仅仅作为自然界一个类属的人类站到了整个自然界的对立面。再次暴发大规模侵略战争的可能性至今尚未被消除。核武器这一人类发明的可以毁灭自身的武器，更使全世界时时刻刻处于不安全之中。在“我们这个时代”，人类所创造的物质无限丰富，但是人类的精神却高度紧张。这个时代肯定出了大问题。

---

① ［美］埃里希·弗洛姆：《占有还是生存》，关山译，生活·读书·新知三联书店1989年版，第189页。

为了避免这种灾难性的后果，我们应该有新的思维方向。当代需要一种思想，不仅应该对近代与现代思想进行检视、反思与批判，而且应该是对人类有史以来的思想成果进行一次最系统、最深刻、最全面、最彻底的检视、反思与批判。这种检视、反思、批判，是我们走向新的出发点的条件。这是一项新的“人类的工程”，这一工程就是对当代人类的重新设计。布洛赫认为人类历史还处于某种“前历史”阶段，“我们才处于形成过程之中”[①]。或许我们人类真的还只是处于“童年”阶段，它“正在形成”但“尚未形成”。我们需要迅速成长起来，也需要迅速成熟起来。

当下的时代，民族国家林立，世界是以“国家”作为最高利益单位而不是以“人类”作为最高利益单位。“国家优先主义”“国家至上主义”成为不同民族、不同国家民众的普遍诉求。因此，我们亟须一种新的世界性目光，我们需要一次真正的觉醒，即雅斯贝尔斯所说的“人类精神的第二次觉醒”。我们需要高瞻远瞩，我们需要风雨同舟！我们再也不能如过去那样相互残杀，在这种残杀中获得某个集团的局部利益与某个个体的极度虚荣；我们再也不能无限地滥用资源，在这种滥用中获得远远超过自身需要的物质享受。我们需要一种观念上的彻底变革，人类学家的研究应该促使这种变革。这种变革要使人们认识到：既然人类全部同居于一个地球村之内，那么共同利益远远大于局部利益，在“个人”“家庭”“地区”“集团”“民族”“国家”利益之上，永远高悬着“人类”共同利益的太阳！

当代自然科学的相关发现论证并预示着某种巨大的思想变革。近代物理学开始的标志是运动、能量，以及外部无限宇宙的守恒。热力学第一定律是近代的核心原则，它奠定了关于存在物的自身守恒的假设。同时，进化的观点成为宇宙论及生物学的基础。而当代物理学发现了从守恒原则到熵的原则，发现了有限性与非平衡性。热力学第二定律是19世纪发现的，并没有对近代意识产生影响，直到1972年因

---

① ［德］恩斯特·布洛赫：《蒂宾根哲学导论》，转引自布洛赫《希望的原理》，梦海译，上海译文出版社2012年版，第1页。

为《增长的极限》一书的出版，这一定律才开始产生广泛影响。地球与我们所处的太阳系的能量与资源储备是有限的，能量形式、物质原料并不是简单地可转化、可延伸的，衰减比守恒更为可能是近代之后的重要原则。生态问题正是由热力学第二定律引出的，由于这个定律，“人们建立起能量有限性和自然结构可毁性的观念”。生态问题决定了人对自然无限制统治的终结，决定了近代以来完全支配自然的乌托邦愿望的终结。在现代设计中，“一切事物都没有自然生成的有效性，一切都得在理性面前审察交往的合法性。这样，理性就成了相当于宗教凝聚力的东西。在此，理性表现为现代及启蒙的女神”①。然而，问题在于，绝对理性统治是有缺陷的设计。理性不是绝对的。如果理性提出绝对的要求，它就不可能与自然相融合，而只会统治它们。在现代的对自然无限开发使用的所谓“科学世界观”中，事物失去了它的本来权利。自然在那里存在，它并不是由我们产生出来的。自然有它自己的权利，不依赖于我们是否以及如何按照我们的知性范畴去思考这种权利。如果我们不重视这种自然权利，我们将在毁灭自然生活的同时毁灭我们自己的生命。19 世纪末叶与 20 世纪上半叶，现代的历史原本可以为了人的更高本质免除几次人类牺牲，可是没有！我们需要反思与重构，需要新的开始。我们这个时代是需要神话的时代，需要理想的时代。人类学家应该为了这种理想事业而努力工作！

---

① ［德］彼得·科斯洛夫斯基：《后现代文化》，毛怡红译，中央编译出版社 1999 年版，第 16—19 页。

主要参考文献

（梁）宗懔：《荆楚岁时记》。

（明）徐霞客：《徐霞客游记》。

（明）杨慎：《南诏野史》（胡蔚本）。

《马克思恩格斯选集》（第1—4卷），人民出版社1995年版。

蔡华：《人思之人》，云南人民出版社2009年版。

陈来：《古代宗教与伦理》，生活·读书·新知三联书店1996年版。

大理白族自治州编写组：《白族民间故事》，中国民间文艺出版社1988年版。

大理市文化局编：《白族本主神话》，中国民间文学出版社1988年版。

高丙中：《中国人的生活世界》，北京大学出版社2010年版。

贾芝、孙剑冰编：《中国民间故事选》（第二集），人民文学出版社1980年版。

李星华：《白族民间故事传说集》，中国民间文艺出版社1982年版。

李玄伯：《中国古代社会新研》，开明书店1949年版。

李亦园：《生态环境、文化理念与人类永续发展》，《广西民族学院学报》2004年第4期。

李子贤编：《云南少数民族神话选》，云南人民出版社1990年版。

刘城淮：《中国上古神话》，上海文艺出版社1988年版。

刘晓春：《仪式与象征的秩序》，商务印书馆2003年版。

马戎：《民族社会学》，北京大学出版社2004年版。

马学良主编：《中国少数民族文学作品选》，上海文艺出版社1981

年版。
史宗主编：《20世纪西方宗教人类学文选》（上下卷），金泽等译，上海三联书店1995年版。
陶阳、钟秀：《中国创世神话》，上海人民出版社1989年版。
陶阳、钟秀：《中国神话》，上海文艺出版社1990年版。
王铭铭、潘忠党主编：《象征与社会》，天津人民出版社1997年版。
王铭铭编选：《西方与非西方》，华夏出版社2003年版。
《闻一多选集》（第一卷），开明书店1948年版。
萧兵：《楚辞与神话》，江苏古籍出版社1987年版。
邢福义：《汉语语法学》，东北师范大学出版社1996年版。
徐嘉瑞：《大理古代文化史》，云南人民出版社2005年版。
杨政业：《白族本主文化》，云南人民出版社1994年版。
袁珂：《古神话选释》，人民文学出版社1979年版。
云南省编辑组：《白族社会历史调查》，云南人民出版社1991年版。
张朋川：《中国彩陶图谱》，文物出版社1990年版。
张锡禄：《大理白族佛教密宗》，云南民族出版社1999年版。
张振犁：《中原古典神话流变论考》，上海文艺出版社1991年版。
赵勤：《大理周城风物录》，德宏民族出版社1994年版。
赵旭东：《本土异域间》，北京大学出版社2011年版。
赵毅衡编选：《符号学》，百花洲文艺出版社2004年版。
郑为：《中国彩陶艺术》，上海人民出版社1985年版。
中国人民大学历史系云南大理周城志稿编写组：《云南大理周城志稿》（内部资料，1985年）。
中国社会科学院考古研究所编：《新中国的考古发现和研究》，文物出版社1984年版。
"周城村寺庙纪事与本主传说"编写组：《周城村寺庙纪事和本主传说》（内部资料，2009年）。
"周城宗教文化概述"编写组：《周城宗教文化概述》（内部资料，2011年）。
朱狄：《原始文化研究》，生活·读书·新知三联书店1988年版。

［德］彼得·科斯洛夫斯基：《后现代文化》，毛怡红译，中央编译出版社 1999 年版。

［德］恩斯特·布洛赫：《希望的原理》，梦海译，上海译文出版社 2012 年版。

［德］恩斯特·卡西尔：《符号　神话　文化》，李小兵译，东方出版社 1988 年版。

［德］恩斯特·卡西尔：《人论》，甘阳译，上海译文出版社 1985 年版。

［德］恩斯特·卡西尔：《神话思维》，黄龙保、周振选译，中国社会科学出版社 1992 年版。

［德］恩斯特·卡西尔：《语言与神话》，于晓等译，生活·读书·新知三联书店 1988 年版。

［德］汉斯－格奥尔格·伽达默尔：《真理与方法》，洪汉鼎译，上海译文出版社 1999 年版。

［德］卡尔·雅斯贝尔斯：《智慧之路》，柯锦华等译，中国国际广播出版社 1988 年版。

［德］马克斯·韦伯：《社会科学方法论》，李秋零、田薇译，中国人民大学出版社 1999 年版。

［德］马克斯·韦伯：《宗教社会学　宗教与世界》，康乐、简惠美译，广西师范大学出版社 2011 年版。

［德］麦克斯·缪勒：《比较神话学》，金泽译，上海文艺出版社 1989 年版。

［德］麦克斯·缪勒：《宗教学导论》，陈观胜、李培茱译，上海人民出版社 1989 年版。

［德］威廉·洪堡特：《洪堡特语言哲学文集》，姚小平译，湖北教育出版社 2001 年版。

［德］威廉·洪堡特：《论人类语言结构的差异及其对人类精神发展的影响》，姚小平译，商务印书馆 1997 年版。

［俄］弗拉基米尔·雅可夫列维奇·普洛普：《神奇故事形态学》，贾放译，中华书局 2006 年版。

［俄］雅可布森：《雅可布森文集》，钱军等译，湖北教育出版社 2001

年版。
[法] 阿诺尔德·范热内普：《过渡礼仪》，张举文译，商务印书馆2010年版。
[法] 爱弥尔·涂尔干：《涂尔干论宗教》，周秋良译，华夏出版社1999年版。
[法] 爱弥尔·涂尔干：《宗教生活的基本形式》，渠东、汲喆译，上海人民出版社1999年版。
[法] 迪迪埃·埃里蓬：《今昔纵横谈——列维-斯特劳斯传》，袁文强译，北京大学出版社1997年版。
[法] 葛兰言：《中国人的宗教信仰》，程门译，贵州人民出版社2010年版。
[法] 列维-布留尔：《原始思维》，丁由译，商务印书馆1981年版。
[法] 列维-斯特劳斯：《结构人类学》（1）（2），张祖建译，中国人民大学出版社2006年版。
[法] 列维-斯特劳斯：《结构人类学》，谢维扬等译，上海译文出版社1995年版。
[法] 列维-斯特劳斯：《神话学：餐桌礼仪的起源》，周昌忠译，中国人民大学出版社2007年版。
[法] 列维-斯特劳斯：《神话学：从蜂蜜到烟灰》，周昌忠译，中国人民大学出版社2007年版。
[法] 列维-斯特劳斯：《神话学：裸人》，周昌忠译，中国人民大学出版社2007年版。
[法] 列维-斯特劳斯：《神话学：生食与熟食》，周昌忠译，中国人民大学出版社2007年版。
[法] 列维-斯特劳斯：《野性的思维》，李幼蒸译，商务印书馆1987年版。
[法] 列维-斯特劳斯：《忧郁的热带》，王志明译，生活·读书·新知三联书店2000年版。
[法] 梅洛-庞蒂：《符号》，姜志辉译，商务印书馆2003年版。
[法] 皮埃尔·吉罗：《符号学概论》，怀宇译，四川人民出版社1988

年版。
［法］让·波德里亚：《象征交换与死亡》，车槿山译，译林出版社 2012 年版。
［法］热拉尔·热奈特：《转喻》，吴康茹译，漓江出版社 2013 年版。
［古希腊］柏拉图：《文艺对话录》，朱光潜译，人民文学出版社 1982 年版。
［美］埃里希·弗洛姆：《占有还是生存》，关山译，生活·读书·新知三联书店 1989 年版。
［美］爱德华·萨丕尔：《语言论》，陆卓元译，商务印书馆 1985 年版。
［美］戴维·利明、埃德温·贝尔德：《神话学》，李培茱等译，上海人民出版社 1990 年版。
［美］弗雷德里克·詹姆逊：《马克思主义与形式》，李自修译，百花洲文艺出版社 1995 年版。
［美］弗雷德里克·詹姆逊：《语言的牢笼》，钱佼汝译，百花洲文艺出版社 1995 年版。
［美］华勒斯坦等：《开放社会科学》，生活·读书·新知三联书店 1997 年版。
［美］克利福德·格尔兹：《地方性知识》，王海龙等译，中央编译出版社 2000 年版。
［美］克利福德·格尔兹：《地方知识》，杨德睿译，商务印书馆 2014 年版。
［美］克利福德·格尔兹：《论著与生活》，方静文、黄剑波译，中国人民大学出版社 2013 年版。
［美］克利福德·格尔兹：《文化的解释》，韩莉译，译林出版社 1999 年版。
［美］克利福德·格尔兹：《文化的解释》，纳日碧力戈等译，上海人民出版社 1999 年版。
［美］克利福德·格尔兹：《追寻事实》，林经纬译，北京大学出版社 2011 年版。
［美］蒯因：《语词和对象》，陈启伟等译，中国人民大学出版社 2012

年版。

［美］理查德·罗蒂：《偶然与团结》，徐文瑞译，商务印书馆 2003 年版。

［美］罗伯特·墨菲：《文化与社会人类学引论》，王卓君、吕乃基译，商务印书馆 1991 年版。

［美］马蒂尼奇编：《语言哲学》，商务印书馆 1998 年版。

［美］马歇尔·萨林斯：《历史之岛》，蓝达居等译，上海人民出版社 2003 年版。

［美］马歇尔·萨林斯：《石器时代经济学》，张经纬等译，生活·读书·新知三联书店 2009 年版。

［美］乔治·E. 马尔库斯、米开尔·M. J. 费彻尔：《作为文化批评的人类学》，王铭铭、蓝达居译，生活·读书·新知三联书店 1998 年版。

［美］乔治·瑞泽尔：《后现代社会理论》，谢立中等译，华夏出版社 2003 年版。

［美］伍兹：《文化变迁》，何瑞福译，河北人民出版社 1989 年版。

［美］武雅士主编：《中国社会中的宗教与仪式》，彭泽安、邵铁峰译，江苏人民出版社 2014 年版。

［美］希利斯·米勒：《解读叙事》，申丹译，北京大学出版社 2002 年版。

［挪威］弗雷德里克·巴特等：《人类学的四大传统》，高丙中等译，商务印书馆 2008 年版。

［瑞士］费尔迪南·德·索绪尔：《普通语言学教程》，高名凯译，商务印书馆 1980 年版。

［英］C. K. 奥格登、［美］I. A. 理查兹：《意义之意义：关于语言对思维的影响及记号使用理论科学的研究》，白人立、国庆祝译，北京师范大学出版社 2000 年版。

［英］阿尔弗雷德·诺思·怀特海：《宗教的形成　符号的意义及效果》，周邦宪译，译林出版社 2012 年版。

［英］埃德蒙·利奇：《列维－斯特劳斯》，王庆仁译，生活·读书·

新知三联书店 1985 年版。

［英］埃文思－普里查德：《努尔人》，褚建芳等译，华夏出版社 2002 年版。

［英］安东尼·R. 沃克：《泰国拉祜人研究文集》，许洁明等译，云南人民出版社 1998 年版。

［英］保尔·汤普逊：《过去的声音——口述史》，覃方明等译，辽宁教育出版社 2000 年版。

［英］格里戈里·贝特森：《纳文》，李霞译，商务印书馆 2008 年版。

［英］马克·柯里：《后现代叙事理论》，宁一中译，北京大学出版社 2003 年版。

［英］马林诺夫斯基：《科学的文化理论》，黄剑波等译，中央民族大学出版社 1999 年版。

［英］马林诺夫斯基：《文化论》，费孝通译，华夏出版社 2002 年版。

［英］马林诺夫斯基：《巫术科学宗教与神话》，李安宅译，商务印书馆 1936 年版。

［英］马林诺夫斯基：《西太平洋的航海者》，梁永佳等译，华夏出版社 2002 年版。

［英］马林诺夫斯基：《野蛮人的性生活》，刘文远等译，团结出版社 1989 年版。

［英］马林诺夫斯基：《一本严格意义上的日记》，卞思梅等译，广西师范大学出版社 2015 年版。

［英］奈杰尔·拉波特、乔安娜·奥弗林：《社会文化人类学的关键概念》，鲍雯妍、张亚辉译，华夏出版社 2005 年版。

［英］帕林德：《非洲传统宗教》，张治强译，商务印书馆 1999 年版。

［英］普里查德：《阿赞德人的巫术、神谕和魔法》，覃俐俐译，商务印书馆 2006 年版。

［英］普里查德：《原始宗教理论》，孙尚扬译，商务印书馆 2001 年版。

［英］特雷·伊格尔顿：《二十世纪西方文学理论》，伍晓明译，陕西师范大学出版社 1987 年版。

［英］王斯福：《帝国的隐喻》，赵旭东译，江苏人民出版社 2009

年版。

［英］维克多·特纳：《象征之林——恩登布人仪式散论》，赵玉燕等译，商务印书馆 2006 年版。

［英］维克多·特纳：《仪式过程：结构与反结构》，黄剑波、柳博赟译，中国人民大学出版社 2006 年版。

后　记

此次出版的三本民族志《蟒蛇共蝴蝶》《知识人》《太始有道》是继《他者的表述》《地域社会的构成》《自我的解释》之后的三卷，至此，《对蹠人》系列民族志（第一辑）共六卷的写作出版工作已经完成。

人类学者的职责在于思考和研究“人类”问题。我做人类学研究与撰写民族志的目的也是希望对我自己、我所属的群体以及我所接触到的各种文化中的个体与群体有所思考、有所关怀，进而对人类终极前途有所思考、有所关怀。

我希望用这六本民族志小书，为“主体民族志”呐喊几声。强调“主体性”，即强调“自我”与“他者”的“交互主体性”或“主体间性”，强调“三重主体”的同等叙事权力。为什么要提出“主体”问题呢？初衷在于对经典民族志将殖民情结带进民族志所形成的霸权心态的反思与批评，在前行的道路上又带出了更多的思考。“主体”的问题，说到底，最核心的思想是将对“人类共同体”的终极关怀作为一个重要命题，将研究对象从“社会”“文化”“民族”的具体背景中抽出来，放到整体的“人类”背景中去，即将民族志作为一种“人志”来写，而不是作为“文化志”“社会志”来写。

我在思考《对蹠人》六卷民族志的写作时，对各卷之间的相互关系有一个大致的设计。这一设计中的“自我”与“他者”各有三卷作品，即《自我的解释》《知识人》《太始有道》是书写“自我”的作品，《他者的表述》《地域社会的构成》《蟒蛇共蝴蝶》是书写“他者”的作品。而在“自我”与“他者”的关系中，首先是“个体”之间（“我”与“他”）的对蹠关系，作品为《自我的解释》与《他者的表述》。其次是“群体”之间（“我们”与“他们”）的对蹠关系，作品为《知识人》与《地域社会的构成》。再次是超越个体与群体之上的一般意义上“人”与“神”的对蹠关系，作品为《太始有道》与《蟒蛇共蝴蝶》。诸卷关系图示如下：

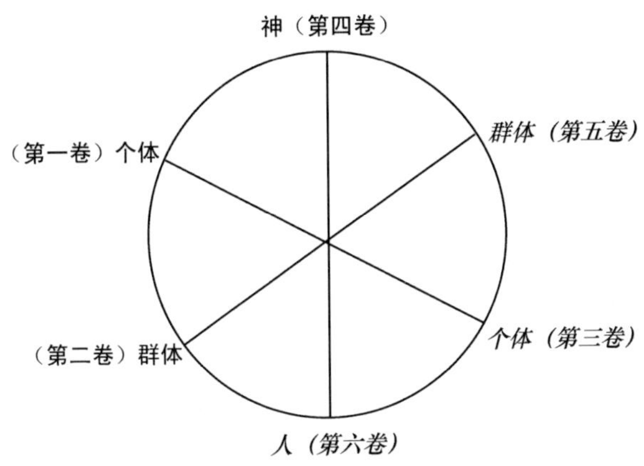

《对蹠人》（第一辑）诸卷关系图

这三组对蹠关系，不仅仅是题材的分类，同时也是主题的分类，存在着不同的对象以及不同的命题。

此六卷的完成与出版，感慨系之。致谢的方式已经成为陈词旧调，但是当数本书已经见诸文字的时候，那些支持过、帮助过、鼓励过我的人也总是使我难以忘怀，并需要说明。衷心感谢本民族志中46个神话变体的提供者。武汉大学人文社会科学院资助了第四卷《蟒蛇共蝴蝶》、第五卷《知识人》的出版，武汉大学社会学院资助了第六卷《太始有道》的出版，感谢武汉大学人文社会科学院方卿院长、张发林副院长、夏义堃副院长、曾彦主任以及社会学院贺雪峰院长、李玉龙书记对我的学术研究的长期关心与支持。张发林副院长看到《对蹠人》六卷的预告信息中尚有三卷未出版，便立即打电话给我说学校资助后三卷的出版。中国社会科学出版社田文编审，无论从编辑者的角度，还是从评论家的角度，她都是《对蹠人》六卷民族志的“恩人”，是作为民族志最重要的“第三主体”之一。我一直在想象着《对蹠人》诸卷中的“三重主体”能够相聚在一起的情景，那将是一件多么开心、多么有意义的事情。《对蹠人》第一卷出版的时候，书中的主人公段绍升打电话给田文编审，说：“我今年 80 岁，我一定要好好地保重身体，等着田老师到我们白族来访问，到我们家来作客。”一种人情的真挚、淳朴与敦厚总是社会生活中最美好的东西，它们总是能够感动人。在武汉疫情的危重时刻，北京大学蔡华教授、周城村民段绍升先生、台湾交通大学简美玲教授多次打电话与发邮件问询情况。在我紧张的写作过程中，金凤美老师、何菊博士、徐嘉鸿博士和李娟提供了许多帮助与关心。这些，都使我从某一个细微之处看到作为研究者的我们所追求的理想社会的希望之光。理想社会并非凭空就能够实现，它一定是在现实社会的基础之上建立起来的，而现实社会中也存在着理想的种子。人类总是从“现实性”走向“可能性”，这种“可能性”绝不低于人的存在物而存在。

我自 1993 年开始人类学田野工作，或者说早在 20 世纪六七十年代即开始“准田野工作”，在此期间，向我提供资料者和讲述者不计其数。仅就大理周城白族村而言，我自 1999 年底至 2019 年暑假持续 20 年大约有 1000 多天（包括 2000 年一个完整年）的时间内，我的田野工作录音资料整理打印装订起来的就有 70 多本，加起来大约有 1000 万字左右。尚有几十盘录音磁带未整理。这些资料不仅是我的辛勤工作的成果，更是当地人的心血付出。资料在我面前所显示的是一个个活生生的人，他们时时刻刻都在看着我的工作。每当我懈怠，他们催我奋发。当很多人期盼着你替代他们去完成某一件事情的时候，你就不仅仅是一个人。当然，这仍然是传统学者的情怀。对于我来说，还有一层：我写书是为了终止我书写，在这一方面，我还有话要说。坚持研究者在批评他人的构建中输入一种否证机制的理念，保持叙事中的自我解构的动能，是我学术研究的重要追求。所以，后边的工作还要继续去做。我本来应该早些完成这些工作，却被拖延了下来。如今，我已进入晚年，所剩时日不多，身体也不时出现问题，这是一个极大的不利因素。但是也有某些特殊的优势：当回首往事之时，数十年中所接触的人物、所经历的事件以及所累积起来的田野材料，往往被浓缩交叠于一处，纷然杂陈，众声齐鸣，它们在思维与感觉中混融起来，同时又将思维与感觉混融起来。这一特征有助于在新的书写中打通感性与理性的壁垒，打破研究工作在课堂、出版物、学术会议之间旋转中给自身制造的桎梏。

朱炳祥

2021 年 2 月 16 日于武汉大学